ケネディはベトナムにどう向き合ったか

JFKとゴ・ジン・ジェムの暗闘

松岡　完［著］

ミネルヴァ書房

ケネディはベトナムにどう向き合ったか——ＪＦＫとゴ・ジン・ジェムの暗闘　目次

注　本文の引用文中に用いられる「ベトナム」「ベトナム政府」「ベトナム軍」などは、一般的に南ベトナム（ベトナム共和国）を指す。また引用文中の傍点は、原文イタリックもしくはアンダーライン。

おもな登場人物

【アメリカ―ワシントン】

ジョン・F・ケネディ	大統領
リンドン・ジョンソン	副大統領
マクジョージ・バンディ	国家安全保障担当大統領補佐官
マイケル・フォレスタル	国家安全保障会議スタッフ
アーサー・シュレジンガー	大統領特別補佐官
セオドア・ソレンセン	大統領特別顧問
ロバート・ケネディ	司法長官，ケネディの弟
ディーン・ラスク	国務長官
ジョージ・ボール	国務次官
アベレル・ハリマン	極東担当国務次官補，1963年4月から政治担当国務次官
ロジャー・ヒルズマン	国務省情報調査局長，1963年4月から極東担当国務次官補
ポール・カッテンバーグ	国務省極東局スタッフ
ロバート・マクナマラ	国防長官
ウィリアム・バンディ	国防次官補
マックスウェル・テイラー	統合参謀本部議長
ジョン・マッコーン	CIA 長官
ウィリアム・コルビー	CIA の極東責任者（1962年6月まで CIA サイゴン支局長）
チェスター・クーパー	CIA ベトナム作業班長
マーガレット・ヒギンズ	『ニューヨーク・ヘラルド・トリビューン』記者

【アメリカ―サイゴン】

フレデリック・ノルティング	1963年8月まで駐南ベトナム大使
ヘンリー・キャボット・ロッジ	1963年8月から駐南ベトナム大使
ウィリアム・トルーハート	駐南ベトナム代理大使
ジョン・メクリン	米大使館広報担当参事官
ポール・ハーキンズ	軍事援助司令官
ジョン・リチャードソン	1963年10月まで CIA サイゴン支局長
ルシアン・コネイン	CIA サイゴン支局員

【南ベトナム】

ゴ・ジン・ジェム	大統領
ゴ・ジン・ニュー	大統領政治顧問，ジェムの弟
ゴ・ジン・ニュー夫人	事実上のファーストレディ
グエン・ゴク・ト	副大統領，ジェム打倒後の首相
グエン・ジン・トゥアン	国務相
ズオン・バン・ミン	政府軍の将軍・大統領軍事顧問，ジェム打倒の中心人物
チャン・バン・ドン	政府軍の将軍，ジェム打倒の一員
チャン・ティエン・キエム	政府軍の将軍，ジェム打倒の一員

略語一覧

AFV	American Friends of Vietnam	アメリカ＝ベトナム友好協会
AID	Agency for International Development	国際開発庁
ARVN	Army of the Republic of Vietnam	南ベトナム政府軍
CIA	Central Intelligence Agency	中央情報局
JCS	Joint Chiefs of Staff	統合参謀本部
JGS	Joint General Staff	統合参謀司令部
MAAG	Military Assistance and Advisory Group	軍事援助顧問団
MACV	Military Assistance Command, Vietnam	軍事援助司令部
MRC	Military Revolutionary Council	軍事革命評議会
NLF	National Liberation Front	民族解放戦線
NSC	National Security Council	国家安全保障会議
SEATO	Southeast Asia Treaty Organization	東南アジア条約機構
USIS	United States Information Service	広報文化交流局
USOM	United States Operations Mission	経済援助使節団
VOA	Voice of America	アメリカの声放送

序章　運命が交錯した日

1　一九六三年の政変

一九四九年・中国、蔣介石《ジァン・ジェシ》。中国国民党の指導者、中華民国政府の総統として日本とも戦ったが、長期にわたる内戦の果てに、毛沢東《マオ・ツェドン》率いる中国共産党に敗れ、台湾に逃亡した。

見捨てられた人々

一九五九年・キューバ、フルヘンシオ・バティスタ。第二次世界大戦中の一九四〇～四四年、戦後は一九五二年以来、独裁政権を担ったが、キューバ革命でドミニカに亡命した。

一九六〇年・韓国、李承晩《イ・スンマン》。大韓民国初代大統領として独裁体制を築いたが、大統領選挙の不正を機に退陣を要求する蜂起を招き、アメリカの支持も失ってハワイに亡命した。

一九六三年・南ベトナム、ゴ・ジン・ジェム。一九五四年、ジュネーブ協定でベトナムが南北に分割された後、反共国家建設を目指したが、南ベトナム政府軍（ＡＲＶＮ）のクーデターで失脚、殺害された。

一九七五年・南ベトナム、グエン・バン・チュウ。一九六七年に大統領となりベトナム戦争遂行に尽力したが、敗北直前に辞任、台湾を経てイギリスに亡命した。

一九七九年・イラン、モハマド・レザ・パフラビ。「白色革命」の名のもとに西欧化と近代化、工業化と経済発展に努めたが、イラン革命によってフランス亡命を余儀なくされた。

ゴ・ジン・ジェム
（AFP ＝時事）

一九八六年・フィリピン、フェルディナンド・マルコス。一九六五年から独裁体制を維持したが、「ピープルズ・パワー」の高まりで権力の座を追われ、ハワイに亡命した。

いずれも発展途上世界の反共指導者である。アメリカが冷戦外交のいわば代理人として支援した政治家である。虎の威を借る狐さながら、権力を思うがままに行使した独裁者である。

彼らは悲劇の主人公でもあった。情勢が急変したとたん、何の躊躇もなく見捨てられたからである。

アメリカにとって同盟国、いや衛星国の政治家など、いくらでも取り替え可能な部品だった。アメリカ第三五代大統領ジョン・F・ケネディと、南ベトナムのゴ・ジン・ジェム大統領との関係がそうだったように。

ジェム没落とケネディ

インドシナ半島南端近く、ベトナム社会主義共和国の都市・ホーチミン。半世紀前、そこはサイゴンと呼ばれていた。いまは地上に存在しない国、ベトナム共和国（南ベトナム）の首都である。

一九六三年一一月一日、そこに突如クーデターが発生した。翌日、ジェム大統領は、秘密警察や情報機関などを握る弟ゴ・ジン・ニューとともに、命まで落としてしまう。サイゴンの大使館で広報を担当していたジョン・メクリン参事官によれば、ジェムが築き上げた独裁体制は、わずか一両日で「空っぽの貝殻のように」姿を消した。

政府交替劇の主役は、南ベトナム政府軍の将軍たちである。だが太平洋を遠く隔てたアメリカも、彼らの行動に深く関わっていた。それゆえに、これまで批判の対象になってきた。

少なくともケネディは、将軍たちによるクーデターの企てを阻止しなかった。ジェム政府打倒直後、ヘンリー・キャボット・ロッジ大使のもとを訪れたチャン・バン・ドン、レ・バン・キム両将軍は、アメリカのいわば未必の故意に「心のこもった謝意」を表明している。

いや、ケネディの行動は無作為にとどまらなかった。彼はクーデターを是認——少なくとも黙認——した。陰謀の一員であり、のち南ベトナム首相となるグエン・カオ・キの言葉を借りれば、アメリカの「暗黙の了解」なしに彼らが行動に出ることなどありえなかった。

ケネディはクーデターにむしろ積極的に協力した。のち大統領として、ベトナムからの米軍撤退を実現したリチャード・ニクソンは、ケネディがジェムの失脚と暗殺をもたらした陰謀の「種を蒔いた」ことを強く批判する。

それどころか、ケネディは政府打倒に主導権をとり、ベトナム人を行動に駆り立てた。アメリカこそジェム打倒の主役だった。著名な国際ジャーナリスト、大森実はそれを「ケネディ・クーデター」と呼んではばからない。

ジョン・F・ケネディ
（AFP＝時事）

失われた正統性

たとえどれほど欠点があろうと、ジェムは南ベトナムの正統な指導者だった。経済援助使節団（USOM）で活動していたルーファス・フィリップスによれば、ジェムとともに「憲法も、立憲政府も、全土で政府の下部機構を運営していた人々もことごとく」この世から消えてしまった。

それまでジェムを支えてきたゲリラ戦専門家エドワード・

婦人部隊を視察するゴ・ジン・ニュー夫人
（右端）
（時事通信フォト）

ランズデールは、アメリカが「ベトナムの憲法を破壊」し、それを「ゴミ箱に放り捨てた」と述べ、憤りを隠そうともしなかった。戦争本格化にともなって一九六二年に設立された軍事援助司令部（ＭＡＣＶ）を率いるポール・ハーキンズ司令官は、クーデター翌日のことだが、暴力による政府交替を促した「わが国は、もはや共和国ではない」と苦々しげに吐き捨てた。

　南ベトナムを統治する政府の正統性を損なうことが、その不倶戴天の敵である民族解放戦線（ＮＬＦ）、いわゆるベトコンの目的だったはずである。アメリカが関与したクーデターはそれを「無料で」提供したようなものだと、のちにニクソン政権で大統領補佐官としてベトナム和平に尽力する国際政治学者ヘンリー・キッシンジャーも批判する。ジェム政府転覆はベトナム戦争史上、重要な分水嶺だったと多くの者が指摘している。

同盟国への裏切り

　事実上ジェム政府の御用新聞だった、サイゴンの英字紙『タイムズ・オブ・ベトナム』は、クーデター直後、その刊行最後の紙面で、アメリカが「友人を背後から撃った」と糾弾した。事実上のファーストレディだったジェムの義妹、ゴ・ジン・ニュー夫人はたまたまアメリカに滞在中で難を免れたが、アメリカの「残虐な裏切り」「反逆」「汚い犯罪」を非難し、のちになっても「ケネディ政権が同盟者なら敵など要らない」と皮肉った。

アジアの反共指導者たちは、アメリカがいかに身勝手きわまりない国か、その盟友であることがいかに危険なことかを学んだ。クーデターからほぼ一カ月後、権力を握ったチャン・ティエン・キエム、ズオン・バン・ミン両将軍はロッジ大使にこう尋ねた。もし隣国カンボジアの指導者ノロドム・シハヌーク（シアヌーク）が「共産主義者」だと判明したらアメリカはどうするのか。ジェムと同じようにシハヌークを追い出し、別の「民族主義者」を権力の座に据えるのか。聞く方も聞く方だという気もするが、ここは彼らの率直さに敬意を表しておくべきかもしれない。

2　崩落の起源

手ひどい失策

ケネディ政権に参画した人々を含め多くの者が、一九六三年一一月のクーデターを大失敗だったと考えている。

外交官であるフレデリック・ノルティング大使は、クーデターという「最悪の選択肢」に心を奪われてしまったケネディ政権の「手ひどい過ち」を糾弾する。

情報畑からは、一九六二年までＣＩＡ（中央情報局）サイゴン支局長をつとめ、のちに長官となるウィリアム・コルビーや、レイ・クライン情報担当副長官がこの過ちを批判する。

軍人の立場からは、ランズデールがクーデター、とくにゴ・ジン・ジェムとゴ・ジン・ニュー、二人の兄弟が殺害されたことを「われわれがかつてとったうちでも最悪の行動」だったとする。のちベトナムで五〇万人を超える米軍を率いたウィリアム・ウェストモーランド将軍も、それを「悲しむべき失敗」だったと振り返った。

ケネディの親友であり、かつてジェムを支えたマイク・マンスフィールド民主党上院院内総務ですら、ケネディがジェムという「正しい馬」から将軍たちという「間違った馬」に乗り換えたことを「非常に重大な過ち」と見ていた。彼は、のちに駐日大使となる人物である。

敵も同様である。民族解放戦線のある指導者は、「アメリカ人がジェムを傷つけるほど愚かだとは信じられなかった」と語った。北ベトナム（ベトナム民主共和国）の労働党（現ベトナム共産党）機関紙『ニャンザン』の元編集長タイン・ティンは、アメリカが「悪いものを捨てて、もっと良い、値打ちのあるものに替えたつもりが、実はもっと質の悪いものを掴まされた」のだと嘲笑し、ジェム打倒は「明らかに間違い」だったと断定している。

批判の急先鋒に立つ一人が、ケネディ暗殺で副大統領から大統領に昇格したリンドン・ジョンソンだった。昇格直後、ジョンソンはロッジに、「われわれはジェムを支持できなかったことで間違いをおかした」と語った。一カ月近くたっても彼は、「君たちホワイトハウスの連中」は大きな間違いを犯したのだと、ケネディ腹心の部下で、ジェム放逐推進派の一人マイケル・フォレスタルに、恨めしげに述べている。ジョンソンは、ケネディ暗殺をジェム殺害の報いであるかのように受け止めていた。「われわれは彼の殺害に手を染めた。同じことがここでも起きただけだ」。

だがクーデターも暗殺も、すでに過去の話だった。新大統領としてジョンソンは、みずからが反対した行動の結果、まき散らされた「破片をかき集める」（ニクソン）役まわりを演じる羽目に陥った。それはまさに歴史の皮肉である。

政治的真空

危険を冒し、手間をかけたにもかかわらず、ジェム打倒の結果「たいして何もよくならなかったように見えた」とグエン・カオ・キ将軍はいう。ベトナム戦争の代名詞的存在となったロバート・マクナマラ国防長官がいうように、クーデターがもたらしたのは「政治的真空」以外の何物でもなかった。

ケネディ政権の統合参謀本部（ＪＣＳ）議長で、のち駐南ベトナム大使にもなるマックスウェル・テイラー将軍によれば、それまでジェムの手で「政治的騒乱という魔神」を閉じ込めてきた「政治的なパンドラの箱」がついに開けられてしまった。南ベトナムの国民をかろうじて一つにつなぎとめていたのが、独裁者ジェムとその一族への怨嗟だったからである。

ジェム擁護派の一人だった『ニューヨーク・ヘラルド・トリビューン』の経験豊かな女性記者マーガレット・ヒギンズは、クーデター後の南ベトナムを「法なきジャングル」と表現した。ジェム批判派の一人で、のちベトナム戦争報道でピュリツァー賞を受ける『ニューヨーク・タイムズ』記者デイビッド・ハルバースタムによれば、後に残ったのはジェムの肖像が刻まれた一ピアストル硬貨だけだった。

混沌の中で苦悶

クーデター直後、サイゴンを訪れたコルビーが目の当たりにしたのは「混沌と混乱」そのものだった。一九六三年初めに現地を視察した経験を持つアール・ホイーラー陸軍参謀総長は、クーデターで南ベトナムが「むちゃくちゃになった。一年前に味わいつつあった軍事的な成功を二度と取り戻すことはできなかった。南ベトナム政府に関する限り、政治状況は着実に悪化した。政府はますます弱体化していった」と述懐している。

ワシントンでジェム打倒に邁進していたベテラン政治家、アベレル・ハリマン政治担当国務次官でさえ、ジェム時代は「その後の混沌とした状況に比べれば、まだまし」だったという。対外援助を担当するデイビッド・ベル国際開発庁（ＡＩＤ）長官も一九六六年に、ジェム政府崩壊後に情勢が「きわめて流動的」になり「時には混乱」したと上院外交委員会で証言した。

のち駐日大使にもなるアレクシス・ジョンソン政治担当国務次官代理は、「ジェムに欠陥があったからといって、その後継者がジェムよりいくらかでもましだということにはならなかった」と回想している。ディーン・ラスク国務長官はそれを教訓として一般化した。「クーデターを起こしても、必ずしもよりよい指導者が登場するとは限らない」。

この惨状を利用する力を持っていたのは事実上「共産主義者だけ」だった。「われわれにはそうする力がなかった。どうすればよいかわからなかったからだ」。これがグエン・カオ・キ将軍の言い訳である。

またもや政府崩壊

マクナマラによれば、ケネディが遺したのは、「未経験」で「地歩もおぼつかない」政府だった。ケネディ暗殺後の一二月一〇日、アメリカに協力していたオーストラリア人のゲリラ戦専門家、フランシス・セロング豪訓練使節団長は、ロッジにこう述べた。新政府発足から五週間、いまや連中の「無能」ぶりは明らかだ。「戦争も国家もばらばらになりつつある」。現地は「いまだに大混乱」だ。後はロッジが「ベトナム政府を支配」するしかない。南ベトナムでは「多くの重要な点で状況は改善されるどころか悪化し、それが重大な失望となった」。二年前に共産側の侵略を告発する白書を作成した、国務省のウィリアム・ジョーデンの言葉とともに、一九六三年は暮れてゆく。

一九六四年一月三〇日早朝、ベトナムが再度アメリカ外交の「表舞台」（テイラー統合参謀本部議長）に戻ってきた。グエン・カーン将軍によるクーデターである。その「あまりの簡単さ」（テイラー）は、ジェムを倒して成立したズオン・バン・ミン政府が、いかに脆弱だったかの証明である。

ジョンソン政権は、むしろ「ぱっとしない軍事政権が崩壊したことに安堵」（コルビー）すら覚えていた。ロッジは「まあアメリカと同じだ。政治で敗れた者のことなど誰もおぼえていやしない。将軍たちは登場したが、結局駄目だった。それでカーンが連中を追い出したのだ。連中のことは忘れろ。次とやっていけばいい」とあからさまに語った。

二月八日、カーン将軍の新政府が発足した。ウィリアム・バンディ国防次官補がいうように、アメリカは「戦い続けてくれる政府なら何でも」支えるつもりだった。マクナマラはさっそく南ベトナムを訪問し、カーンと手を携え、「ベトナム万歳」を唱えながら全土をまわった。援助も大幅に増大した。UPI通信記者ニール・シーハンにいわせれば、「新しい医師」を通じて「いままでと同じ薬を、もっと大量に投薬しよう」としたのである。

回転ドアの時代へ

ジェム政府崩壊直後、ゴ・ジン・ニュー夫人はこれが「物語の始まり」にすぎないと、憤りもあらわに不吉な予言を残している。まさにその言葉どおり、サイゴンを舞台に、「回転ドア」「万華鏡」「椅子取りゲーム」「狂気じみた政治的シーソー」「百鬼夜行」「誤算の連鎖」などと描写される権力交替劇が、華々しくその幕を開けた。

ケネディの弟で司法長官だったロバート・ケネディは、ジェム後の時期を「政府の混沌と国内の権力闘争に終始した一五カ月」と呼ぶ。グエン・カオ・キ将軍は、ジェム政府転覆から二年近く、「南ベトナムは政治的混沌のためにずたずたになった。何一つうまくいかなかった」と述懐する。

ジョンソン大統領には、サイゴンに登場する政府のどれもこれもが「政治的自殺への強い衝動」に駆られているとしか思えなかった。ワシントンきってのベトナム通といわれた国務省極東局のポール・カッテンバーグは、「ベトコンではなく南ベトナムという同盟者によって」事態は着実に悪化させられていったという。まるでジェム時代の再現だった。

作家の開高健は、一九六四〜六五年のベトナム滞在記『ベトナム戦記』の中でこう述べている。サイゴンの特産品は「テロ、デモ、デマ、クー（デター）」の四つだ。この国には「四つの政府」が存在している。「内閣と、将軍たちと、仏教徒と、ベトコン」だ。しかし内閣も将軍も「ネコの眼よりいそがしく変るからお話にならぬ」。本当に権力を持っているのは仏教徒と民族解放戦線しかない。

一九六三年にケネディが直面させられたものこそ、まさにその原型だった。

もう一つの「もし」

ベトナム戦争末期の南ベトナムでは、ジェムを懐かしむ空気が拡がり、盛大な追悼式典が行われるようになった。式典参加者は一九七一年の五〇〇〇人が、七二年には二万人、七三年には四万人とうなぎ登りだった。

その根底にあるのは、かつて独裁者として忌み嫌われた人物への再評価である。それはケネディ政権参画者にも共有されていた。いわく「もし本気になればやれたはずの男」「献身的な民族主義者」(ラスク国務長官)。「南ベトナムを一つにできる、唯一本物のベトナム人民族主義者」(マクナマラ国防長官)。「南ベトナムを一つにまとめ上げることができたはずの唯一の人物」(マンスフィールド民主党上院院内総務)。「その欠点や弱点がどうであれ、しっかりした反共の愛国者」(テイラー統合参謀本部議長)。

ベトナム戦争について繰り返されてきたのが「もしケネディが生きていたら」という問いである。だがもう一つ、もしジェムが倒されなかったら、も重要な問いかけだった。

ジェムを追い出していなかったら「事態を収拾できただろう」とハーキンズ軍事援助司令官。「アメリカの戦争へのエスカレーションは起きなかっただろう」とマクナマラ。「実際にそうなったよりはまし」、つまりアメリカが泥沼の戦争にはまり込むことはなかっただろうとCIAのコルビー。

戦争アメリカ化の起点

テイラーが回顧録の一章でタイトルとした、一九六三年の「災厄の秋」は、ジェム政府転覆で幕を閉じた。だがそれは戦争の長期化とアメリカ化をもたらした。アメリカはこれ以降、「サイゴンに出来てはつぶれていった歴代政府の不安定と無能」をぼやきつつ、みずから戦いに身を投じていく。とどのつまり、政府交替に「非常に深く関与」したことが、後継者ジョンソンを戦争拡大に追いつめたのだと、ノルティングはケネディを批判する。

ジェム政府打倒によって、ある元南ベトナム政府軍兵士がいうように、アメリカは「軍需物資だけでなく南ベトナムの指導者まで」を供与する立場になった。『ニューヨーク・ヘラルド・トリビューン』のヒギンズ記者のいう、「政府の登用・馘首事業」の始まりである。

キッシンジャーは、このクーデターによってアメリカがベトナム介入を「コンクリートで固めた」のだという。その後成立したズオン・バン・ミン政府が「自分の手で誕生させた政府だけに、アメリカは、道義的な関わり合いをずっと深く持つようになった」からである。

かつてマラヤ（現マレーシア）のゲリラ鎮圧に成功し、ベトナムでアメリカに協力していたロバート・トンプソン英軍事顧問団長によれば、アメリカは「際限ない援助政策」に手を染め、戦争の勝敗を含めてこの国の将来に全責任を負った。マクナマラは、ジェム後のアメリカの役割が「支援者、後見人、保証人の域を超えた」ことを嘆いた。

3　一〇年目の暗転

一九六三年秋に終焉を迎えた二人の指導者、ケネディとゴ・ジン・ジェムの物語。その始まりはちょうど一〇年前にさかのぼる。所はサイゴンから地球の真裏にあたる、アメリカの首都ワシントン。若き二人の邂逅である。

最初の出会い

この時、ジェムは一九〇一年生まれの五二歳。ベトナム中部、アンナン地方の名門貴族出身である。フランス統治下、弱冠二五歳で省（日本の県やアメリカの州にあたる）知事に、三二歳で内相となった。しかしその後、フランスへの反感から閣僚を辞任してしまう。

一九五三年当時、敬虔なカトリックであるジェムは、アメリカ・ニュージャージー州の修道院に滞在していた。反仏・反共の民族主義者として、ベトナム独立への支援を得るべく奔走中だった。

ケネディは一九一七年生まれの三六歳。アイルランド系移民の四代目にあたる。ハーバード大を卒業し、第二次世界大戦では魚雷艇ＰＴ109の艇長として太平洋で戦った。戦後は二九歳の若さでマサチューセッツ州選出下院議員に当選、三期六年を務めた。

一九五二年には共和党の大物である現職ロッジを破って上院に議席を得た。このロッジは、ケネディの手で一九六三年夏に大使としてサイゴンに送り込まれ、ジェム没落に重要な役割を演じる因縁の人物である。ケネディはまさに前途洋々の若手政治家だった。

ジェムとケネディはともにカトリックである。ところがアメリカはプロテスタントが、ベトナムは仏教徒が多数を占める国である。つまり二人とも国内の少数派を代表する存在だった。それが一九六三年、南ベトナムを襲った仏教徒危機と呼ばれる政治的紛争の中で、小さくない意味を持つ。

二人の仲を取り持ったのはウィリアム・ダグラス最高裁判事。当時アメリカは、ホー・チ・ミンと戦うフランスに軍事援助を与え、小規模ながら軍事援助顧問団（ＭＡＡＧ）を維持し、間接的にインドシナでの反共戦争（第一次インドシナ戦争）を戦っていた。ダグラスは、現地の反共民族主義勢力を糾合する核としてジェムに期待する、ベトナム・ロビー（ジェム・ロビー）の一員だった。「誰か重要人物にゴ・ジン・ジェムに会って欲しかった」彼が、ケネディやマンスフィールドら上院議員たち、国務省の関係者などにジェムを紹介したのである。

この時の昼食会で、ケネディを含む「出席者の多くは、この国の問題について新たな方向を見いだしたと考えながら帰ったと思う」とダグラスはいう。ケネディ自身、ジェム死後のことだが、このベトナム人が「非常にきわだった性格の持ち主だった」と振り返っている。彼は、ベトナム人に独立を約束しない限りフランスは植民地戦争に勝てはしないと確信していた。ジェムこそ、共産主義と戦う勢力の中核となるべき逸材だった。

救国の英雄を支援

一九五四年七月七日、ジェムはバオ・ダイ政府（ベトナム国）の首相となった。ドワイト・アイゼンハワー政権がフランスにかけた圧力の賜物である。第一次インドシナ戦争の休戦とベトナム分割を睨んで、フランス植民地主義とは無縁の指導者が北緯一七度線以南に求められたからである。

ジェムは一九五五年一〇月二六日の国民投票でバオ・ダイを一蹴、新たに建国されたベトナム共和国の初代大統領となった。アメリカの支援を受けて強固な反共政府を築き上げた彼は、一九五七年五月に訪米した。アイゼンハワー大統領がみずから空港まで出迎えるなど、アメリカはこの救国の英雄を下にも置かぬもてなしで迎えた。まさに凱旋旅行である。

上院議員時代のケネディは一貫して、反共国家南ベトナムとその強力な指導者ジェムを支えた。たとえば一九五六年九月、ケネディはベトナム・ロビーの中核的組織、アメリカ＝ベトナム友好協会（AFV）の大会で「ベトナムに賭けられたアメリカの利益」と題する演説を行っている。アメリカは「幼いベトナムの生みの親ではないにしても、その名づけ親であることは確か」だ。南ベトナムは「東南アジアにおける自由世界の基石」であり、「アジアにおける民主主義の実験場」であり、「アメリカのアジアにおける責任と決意の試練」の場なのだ。

一九六〇年一一月八日、大統領選挙でケネディは共和党の対立候補ニクソンを打ち破った。三日後、サイゴンでは空挺部隊を率いる反ジェム派の軍人たちがクーデターを企て、見事に失敗している。ジェムと同じカトリックがホワイトハウスの主となり、ジアロン宮殿（南ベトナム大統領官邸）へのてこ入れ策を講じる前にと、行動を焦った結果だったとしてもおかしくない。

浮沈をともに

一九六一年一月二〇日、ケネディは大統領に就任した。冷戦激化のさなか、彼は「自由の存続と成功のためにはいかなる代価も支払い、いかなる重荷をも担い、いかなる困難にも立ち向かい、いかなる友をも支援し、いかなる敵にも反対する」決意を表明、大喝采を浴びた。

南ベトナムの指導者ジェムは、大事な「友」の一人だった。ケネディの分身とも呼ばれた上院時代以来の側近、セオドア・ソレンセン大統領特別顧問にいわせれば、ベトナムはアメリカにとってもソ連にとっても、冷戦における重要な「闘鶏場」にほかならなかった。しかも南ベトナムは、「出血多量による死」を迎えようとしていた。

ゲリラを相手とする反乱鎮圧戦略が策定された。膨大な軍事・経済援助が注ぎ込まれた。南ベトナム政府軍にゲリラ戦争のやり方を仕込むため、ケネディ自慢の陸軍特殊部隊《グリーンベレー》も大挙送り込まれた。ゲリラ戦争勝利への切り札ヘリコプターは、ベトナムの空を縦横無尽に飛びまわった。農民に安全と福利を与えるべく、戦略村と呼ばれる人工的な集落が全土に建設された。敵の隠れ場所や食糧源を奪うため、惜しげもなく枯葉剤が散布された。もちろんジェム政府への政治的・外交的支援も怠りなかった。

ケネディの政策を、『ニューヨーク・タイムズ』記者ホーマー・ビガートは「浮くも沈むもジェムと一緒（Sink or swim with Ngo Dinh Diem）」と命名した。ジェムと一蓮托生ということである。もし一九五三年のジェムに、先物買いの気持ちがあったとすれば――あったに違いないが――それは見事に報われたのである。

破綻にいたる道

ケネディとジェム。二人はともに、ソ連・中国・北ベトナム・民族解放戦線という、同じ敵を相手に戦う同盟者であるはずだった。だが二人の、そしてアメリカと南ベトナムの関係は、けっして順風満帆ではなかった。むしろ最初から軋轢と苛立ちに彩られていた。勝利を目指すケネディがさまざまな改革を求めたからであり、ジェムがまったくそれに応じようとしなかったからである。

それでも一九六二年まで、つまりアメリカの強固なてこ入れ策が奏効した結果、戦争がうまくいっているように見えた間だけは、その摩擦は覆い隠されていた。ハーバード大教授からケネディの特別補佐官となった歴史学者アーサー・シュレジンガーによれば、「明らかに難物ではあるが政治家たる資質を備え、いずれにせよかけがえのない人物に指導された政権が、農民の心を捉え、農村を平定し、統治の安定を回復するうえで着実に進歩を遂げつつある姿」が、サイゴンからワシントンに届けられた結果である。

一九六三年五月八日、仏教徒危機の出現がすべてを変えた。ノルティング大使が回顧録の題名としたように、この日以降、ケネディとジェムは「信頼から悲劇へ」の道を一歩一歩踏みしめていった。それが、最初の出会いからは想像もできなかったような、悲惨な結末につながった。

一一月二二日。サイゴンのクーデターから三週間後の同じ金曜日、ケネディもまた遊説先のテキサス州ダラスで、暗殺者の銃弾に倒れてしまう。それぞれの後継者たちのもとで、アメリカはベトナムの泥沼に、いよいよ本格的にのめり込んでいく。

二人の運命はなぜ、いかにして交錯していったのか。死後半世紀あまりが過ぎたジェムのベトナム統治、ケネディのベトナム政策の何が問題だったのか。それは一九六〇年代半ば以降のベトナム戦争本格化をどう導いたのか。アメリカ外交、とりわけその冷戦政策のいかなる特徴がそこに見いだせるのか。

一九六三年にケネディとジェムが演じた決闘劇――騒乱の中でつのる焦燥、圧力とそれに対する抵抗の増大、暴力と流血の連鎖、ジェム政府の崩壊にいたる物語――がいよいよその幕を開ける。

第1章　炎上――仏教徒危機の勃発

1　衝突の底流

宗教紛争の背景

一九六三年五月八日、ベトナムを南北に分かつ北緯一七度線にほど近い、フエ（フランス語読みではユエ）に突如世界の耳目が集まった。南ベトナム（ベトナム共和国）の政府と仏教徒との衝突である。この仏教徒危機はもともと、カトリックであるゴ・ジン・ジェム大統領が統治する国で、国民の七、八割がたが仏教徒であることに起因していた。

ただし、仏教徒は多く見積もっても人口の三割程度でしかないともいわれる。しかも、人口のほぼ一割にあたるカトリックは、必ずしも支配的地位にあったわけではない。政府や南ベトナム政府軍（ARVN）の上層部にも数多くの仏教徒がいた。一九五四年以来のジェム統治をカトリック支配というのなら、ジョン・F・ケネディを大統領に戴くアメリカも同じだ。ジェムはけっして宗教に凝り固まった人物ではなかった。それどころかむしろ仏教を優遇していたのだ。こうした指摘がある。

だが大事なのは、ジェムが一九五九年にこの国を「聖母マリアに捧げる」と公式に宣言したこと、そしてカトリックを事実上国教扱いしてきたことである。キリスト教だけが共産主義に対抗できる武器だと、彼も彼の一族も確信していた。少なくとも仏教徒はそう受け止め、ジェム一族の支配に猜疑の目を向けていた。

現実には、商取引でも旅行許可でも、カトリックは優遇されていた。土地改革では、彼らの所有地の接収は目こぼしされ、配分ではよい土地が割り当てられた。ゲリラから農民が身を守るための戦略村建設に際しては、強制労働も免除された。アメリカの援助物資もまず教会に届けられ、カトリックに分配された。

とくに仏教徒の神経にさわったのが、一〇〇万人近い北からの難民である。うち八〇万人ほどが、一九五四年の分割直後に北から逃げてきたカトリックだった。彼らは移住の世話に始まり、政府からあれこれ特別扱いを受けた。共産主義の支配を嫌う彼らをジェムが頼みにしていたからである。

中央政府でも、地方政府でも、村落でも、指導的な地位にあるのはカトリックだった。政府の上・中級官吏の三分の二を占めていたという統計もある。軍の下士官はほぼ八、九割が仏教徒だったが、将校に限ればその割合は半分程度に落ちた。

出世目当ての改宗も日常的に行われていた。「飯椀改宗」、つまり食うための宗旨替えという言葉が生まれたほどである。もっとも、長い植民地時代の影響で、教育を受けた上流階級出身者にカトリックが多いことを考えれば、やむをえなかったかもしれない。

多重構造の不満

厄介なことに、問題は宗教に限られなかった。たとえば世代対立である。フランス語やカトリック信仰など植民地時代を引きずる古い世代と、より民族主義的な新しい世代の争いがそこに凝縮されていた。『ニューヨーク・タイムズ』記者デイビッド・ハルバースタムにいわせれば、二〇世紀のアジア人と、それより前の世代のアジア人による対立の構図である。大使館のジョン・メクリン広報担当参事官はそれを、「テレビカメラ」「西洋的な考え方」対「古くからの迷信」「アジアの神秘」と呼んでいる。

地域対立もあった。難民やジェム一族を含む、ベトナム北部（トンキン）・中部（アンナン）出身者の支配に対する、ベトナム南部（コーチシナ）人の憤りである。もともとベトナムは地域主義傾向の強い国であり、南の人々にとって北部や中部の人間は異質な存在だった。

一九六三年九月のことだが、訪米したラオスのスワンナ・プーマ首相はケネディ大統領に、「アンナン人のジェムをベトナムの元首にしたのは間違い」だったと指摘している。「コーチシナはより重要な地域であり、民衆の支持を得た統治が行える可能性はコーチシナ人指導者とともにしか存在しない」からだった。

都市部と地方の対立もあった。地方ではジェムは尊敬されていたともいわれる。だがたとえそうでも、都市部、とくに知識人層におけるジェムの不人気ぶりは際だっていた。

仏教徒危機とは、ジェム統治への多重的な、しかも十二分に蓄積された憤りの顕在化にほかならなかった。

ジェム統治の実態

南ベトナム政府による統治は「ジェモクラシー（Diemocracy）」と揶揄された。「民主主義（democracy）」より一字多いだけのそれは、徹底した反民主主義だった。その統治哲学が、ジェムの弟であるゴ・ジン・ニュー大統領政治顧問が喧伝した、「人位主義」である。それは、国家に対する忠誠、服従と犠牲を最高の美徳とし、組織、規律、集団一体となった行動などを求めるものだった。一九六二年前半までCIA（中央情報局）サイゴン（現ホーチミン）支局長を務め、のち長官となるウィリアム・コルビーはそれを「一種の精神主義」と呼ぶ。のちジェム政府打倒に動く一人、チャン・バン・ドン将軍は、ニューが「仏教徒の多数派に非仏教的イデオロギーを押しつけ、しかも警察国家的手法を組織的に活用するという間違いを犯した」と非難している。

たしかに選挙はあった。だが事実上、反政府派候補の存在は許されなかった。官職に選ばれたはずの者が、選挙が実施されたことを知らないという茶番さえあった。その結果生まれたのが、唯々諾々と政府の提案を承認するだけの「ゴム印国会」（メクリン）である。

国家とは国民の上に立つ存在。君主とは天から権力を授かった、民衆と天の仲介者。政府や指導者を尊重するのは国民の義務。ジェムはこう信じきっていた。祖国を救うべく、神が自分を遣わしたのだと自負し、その使命達成に熱意を燃やしていた。

彼は国民に呼びかけることも、演説をニュース映画に撮られることも嫌がった。建国記念日の軍事パレードさえ一般人は立ち入り禁止だった。ジェムが民衆との接触を嫌悪したからである。

集会は禁止された。結婚式や葬式でさえ、政府の許可が必要だった。政治活動など論外だった。ベトナム人の口は話すためでなく、食うためにだけ開くことを許されるといわれた。

非効率な専制

複数の秘密警察組織が手柄を競い合うように、証拠もなしに人々を逮捕した。しかもろくな裁判もせずに、投獄・処刑した。七年間で一五万人が集中キャンプに放り込まれたという。一九六二年までに、獄中の政治犯は二万人を数えた。首都サイゴンは「魅力ある収容所」の異名をとった。

国家の安全を侵害する者は、その意図ありと認められただけで、軍事法廷によって死刑もしくは終身刑に処せられた。それを可能にしたのが、一九五九年制定の一〇番目の法令、すなわち「一〇／五九法令」である。ベトナム版治安維持法とも呼ばれるこの法令の牙は、共産主義者だけでなく、政府に刃向かう可能性のある、ありとあらゆる勢力に向けられた。

仕事はジェムが一手にこなした。国民の旅券や査証にみずから署名する。市場の駐車場問題に関与する。国会公文書館の空調導入など些細な問題や、裁判官人事の一つひとつにまで断を下す。過剰な権限集中が統治の効率を阻害した。

官僚には有能な人材が不足していた。能力は二の次、三の次で、ジェムへの忠誠が最優先された結果である。ジェムが首都を離れる時には全閣僚に見送りと出迎えの義務があった。彼らはジェムに背を向けることは絶対にせず、その面前からは後ろ向きで退出した。

一九六三年二月上旬、ディーン・ラスク国務長官はジェム政府をこう描写している。それは「非効率かつ専制的である。国民の十分な支持を享受しておらず、腐敗も問題である。ジェムは親族や友人に依存しすぎており、権限を十分に委譲せず、きわめて頑固である」。

報道とも軋轢

ジェム政府は『ニューヨーク・ヘラルド・トリビューン』の女性記者マーガレット・ヒギンズ記者のいう「戦争の中の戦争」に夢中だった。政府発表を尻目に戦争や統治への批判を展開する、記者たちとの戦いである。

ジェムが記者に感じる怒りは、「メコン・デルタの雨季の入道雲のよう」（メクリン）に膨らんでいった。事実上のファーストレディ（ジェムは独身だった）、大統領の義妹ゴ・ジン・ニュー夫人は、アメリカ人記者が「共産主義者よりもたちが悪い」連中だといいはなった。

ジェムは「アメリカの犬を連れてくれれば、蚤が一緒でも我慢しなければ」と語った。だが実際には、我慢などする気はなかった。彼は「この戦争に負けるとすれば、ひとえにアメリカの報道のせい」だと確信していたからである。

取材にはさまざまな制限が加えられた。記者の電話は盗聴された。職場にはスパイが送り込まれた。外出すれば尾行された。情報提供者は逮捕された。政府の気に食わない記者は国外退去処分を受けた。

一九六三年二月初め、南ベトナム政府と記者が互いに抱く嫌悪は「ノイローゼ寸前」（フレデリック・ノルティング大使）に達していた。国務省極東局のチャルマーズ・ウッドのいう、「ベトナム政府と記者のゲリラ戦争」は激化の一途をたどった。

ジェムの怒りはワシントンにも向けられた。彼には、アメリカ政府が記者を監督できないとは信じられなかった。そもそもなぜ記者の取材を認めなければならないのか。彼にはまったく理解できなかった。

援助依存体質

この反共国家を支えるため、一九五五〜六二年にアメリカが与えた援助は総額二〇億ドルを超える。政府財政の七割、経済全体の六割以上はアメリカが支えていた。

あるベトナム人将校は、援助なしには作戦行動など無理、それどころかたちまち政府が崩壊してしまうと語った。一九六二年末、ニューヨークで財界人たちを相手に、ケネディは「アメリカの援助がなくなれば、その途端にベトナムは崩壊するだろう」と認めた。

援助増大がアメリカの傀儡たるジェムの立場をかえって弱める。ジェムの脆弱さゆえにますます援助が必要になる。北ベトナム（ベトナム民主共和国）のファム・バン・ドン首相は、この悪循環を「きりもみ降下」と揶揄した。

のち南ベトナムで権力を握るグエン・カオ・キ将軍は、この国が「フランスに支配された植民地」から「アメリカに依存した国」に姿を変えたのだとしている。しかも巨額の援助はいたるところに腐敗や混乱を生んだ。

ちなみに隣国ラオスへの援助は一九五五〜六二年で四億五〇〇〇万ドル以上。一九六〇年、人口一人あたり援助額では一七ドルと、南ベトナム（一二・七ドル）さえ凌駕した（ラオス一一・二五ドル、南ベトナム七・八ドルという試算もある）。ここでも援助依存が常態化し、しかもかなりの物資や資金が途中で姿を消していた。

政府の黒幕

南ベトナムで立身出世するには「三つのD」が必要だといわれた。「ダオ（Dao 宗教）」「ディアフン（Dia Phung 地方）」「ジェム（Diem）」である。ジェムと同じカトリックであること。同様に、中部のアンナン出身者であること。そして一族と何らかの関わりを持つこと。

ジェムの兄ゴ・ジン・トゥックはカトリック界の重鎮。弟たちは、ゴ・ジン・カンがフエの実力者。

ゴ・ジン・ニューが大統領政治顧問。ゴ・ジン・ルエンが駐英大使。ゴ・ジン・ニュー夫人は事実上のファーストレディ。その父チャン・バン・チュオンは駐米大使。母は国連大使（オブザーバー）。

とりわけ厄介な存在がニューだった。彼は秘密警察、情報機関、唯一存在を許された政党である人位勤労革命党《カンラオ》、若者を組織した共和国青年団などを握っていた。アドルフ・ヒトラーを崇拝し、「南ベトナムにおける反共運動のかけがえのない背骨」を自称し、国民を力で支配することしか眼中になかった。希代の策士といわれ、有能な人材をことごとく政府から追放し、農民を敵の側に追いやっていた。人力車《シクロ》の運転手。ホテルの接客係。ナイトクラブのホステス。いたるところに秘密警察の、つまりニューの目が光っていた。カンラオは不満分子を摘発し、国民から非公式に税を取り立てた。共和国青年団は弾圧の一翼を担い、地方では事実上、民兵として活動していた。

ジェムのもとに届くのは、ニューの手を経た情報ばかりだった。彼は各地の軍司令官に、ジェムには嘘の報告を提出しろと指示したことさえある。ジェムは日を追うごとに民衆から孤立し、現実世界から遮断されていった。

ジェムの視察旅行は、つねに厳戒態勢で実施された。市場に立ち寄れば、値札は急いで半額に書き換えられた。農村を訪れれば、たわわに実をつけた果樹がその間だけ近在から移植された。道路脇には根のない木々が一時的に街路樹として立ち並んだ。

あるベトナム人はこう語っている。ジェムは「石の壁の向こうに住む修道僧」も同然だ。だが懺悔を通じて世俗について知る機会があるだけ、僧のほうがよほどましだ。

大統領官邸であるジアロン宮殿の中にジェムが閉じこもれば閉じこもるほど、ニューの権力が増大した。閣僚や将軍、赴任先から帰国した大使は、ジェムより前にニューに会った。ジェムが何か計画を打ち出しても、ニューの意に添わなければ途中で消え失せた。国会議員は、彼の承諾なしには登院すらできなかった。

恐るべき女魔術師

ジェム政府が抱えるもう一つの負の存在、それがニュー夫人である。彼女は、アメリカの漫画に登場する猛烈な悪女の名から「ドラゴンレディ」と呼ばれた。ウィリアム・シェイクスピアの戯曲に登場するマクベス夫人にもたとえられた。ロバート・マクナマラ国防長官はその回顧録で、彼女に「真の女魔術師」の名を奉っている。

政府軍の将軍など彼女の召使いも同然だった。ジェムに大きな影響力を持つ彼女は「ベトナムを支配する人間を支配する女性」とも「皇后」とも異名をとった。『ニューヨーク・タイムズ』のハルバースタム記者は、この国の支配体制をジェム、ニュー、ニュー夫人の「奇妙な三頭政治」と命名した。

ベトナム人ならほとんど誰でも、チュン姉妹、すなわちチュン・チャク（徴側）とチュン・ニ（徴弐）を知っている。一世紀半ば、中国（後漢）の支配と戦った、勇気ある二人の女性である。ニュー夫人は、民族的英雄であるこの二人の生まれ変わりを自負し、みずからの顔を模した姉妹像をサイゴンにつくらせた。その像はのち、ジェム政府崩壊とともに倒されてしまう。

彼女の敵意は共産主義にも、民主主義にも向けられた。「窓を開ければ、陽光だけでなく、たくさんの邪悪なものが飛んで入ってくる」と、アメリカの圧力に猛反発した。

その目指すところは女性の動員と統制だった。兵士の妻には、全身全霊で夫の世話に励むよう求めた。彼女がつくり上げた組織、女性連帯運動は女性を武装させ、家庭内のスパイ役とした。

彼女が成立に貢献した道徳法のもとで、ボクシングも闘鶏もバレエもダンスも禁止された。とくに彼女は、当時流行りかけていたツイストを目の敵にした。恋愛の歌も歌えなくなった。売春はむろん、避妊さえカトリックの信仰に反するとして禁じられた。

人々の怒りはつのった。まずいことが起きれば、何であろうとニュー夫妻のせいだった。反政府勢力も、ジェムはともかくニュー夫妻だけは除去すべしとの態度だった。

異文化との遭遇

一九六三年五月八日以前、ケネディ政権がジェム統治の欠陥を放置していたわけではない。だが、あるアメリカ人がいったように「何年もの間ジェムを相手に肝試しの遊びを続けてきた」結果、民主化にせよ国民の支持獲得にせよ、アメリカの圧力はいつも徒労に終わった。

大使館のメクリン広報担当参事官にいわせれば、アメリカの要求に対する回答はたいてい「検討中」だった。ジェムは「めったにノーとは言わないが、イエスと言っても本気ではない」という態度を貫いたのである。

支配者たるもの、圧力下で妥協してはならなかった。彼にとってアメリカ人は素朴で子供っぽい、お節介焼きにすぎなかったからなおさらだった。その根底には、アメリカ人はベトナム固有の文化も歴史も複雑な事情も、まったくわかっていないという憤りがあった。

アメリカ側はジェムの信頼を得ることを優先した。その結果、改革なきジェム支持路線を突き進むことになった。ある大使館員のいう「昔からの東洋的なゲーム」の中で、約束と不履行、説得と拒否の繰り返しが、ケネディ政権を疲労困憊させていった。

しかもたいていのアメリカ人にとって、ジェムは「謎の人物」（マクナマラ）だった。一族の一人ですら、西洋人にとってジェムは「別の惑星から来たような」理解不能の存在だと述べた。アメリカはジェムとの交渉で、「人類学者が異文化軋轢とでも呼びそうなもの」（アーサー・シュレジンガー大統領特別補佐官）に直面したのである。

壊れたレコード

説得自体が難物だった。ジェムとの会見は、昼食抜きで朝一〇時から夕方四時半まででかかることもあった。六時間で解放されれば幸運なほうだったともいう。アメリカ人関係者は会見の三時間前から水分を控え、直前には忘れずに用をたしておくよう心がけた。

一九六二年二月、空軍の一部がジェム政府打倒クーデターを試み、ジアロン宮殿を爆撃したことがある。この時、屋根で仕事中だった職人がジェムの寝室に落下した。報告を受けたノルティング大使の第一声は、「で、大統領はそいつを何時間つきあわせたのだ?」だった。

CIAでベトナム作業班を率いた分析官チェスター・クーパーは、ジェムの長広舌を「メリーゴーラウンド」と表現した。ウィリアム・トルーハート代理大使はジェムを「壊れたレコード」と呼んだ。だがジェムにとってそれこそが、圧力をかわす効果的な武器だった。

鳴り響く警鐘

のちに駐日大使となるマイク・マンスフィールド民主党上院院内総務は、アメリカ国内でジェム政府を支えてきたベトナム・ロビー(ジェム・ロビー)の有力な一員だった。一九六二年末、同僚議員たちとともに南ベトナム視察を終えた彼は、ケネディにこう報告した。一九五〇年代半ばに見られた勢いはすっかり失われている。ジェム政府は対米依存を強め、複雑な問題を処理できないままだ。民主化などまったくの「リップサービス」でしかない。

彼はのちに、この時出会ったジェムが「私の知っているジェムではなかった」と述べている。彼が目にしたのは、以前に比べて「ひどく年老い、現実から遊離した」権力者だった。「農民の間でコメの根支持を得られず……初期の活力も熱狂も、どうしたわけか失われてしまった」指導者だった。

マンスフィールドらの報告は一九六三年二月二五日に公表された。ノルティングは、それが「ジェムの棺の蓋に打たれる最初の釘」となったと批判する。戦いを困難にし、敵に利をもたらし、国内の反政府派を刺激し、ジェムの対米信頼を傷つけたからである。フエのジョン・ヘルブル総領事は、ジェムが「非常に狼狽」したと伝えた。ニューは報告をアメリカの「裏切り」だと糾弾した。

荒療治も想定

三月初め、一九六一年秋まで国務次官だったチェスター・ボウルズ無任所大使は、いまこそ「強い薬」をジェムに飲ませるべき時が近づいていると判断していた。即効を期待された薬の一つが、援助の削減もしくは全面停止である。焦点は商品輸入援助計画だった。

アメリカは金属製品、肥料、セメント、農機具、綿、煙草、コンデンスミルク、小麦粉などを南ベトナムに与える。南ベトナム政府はそれを国内で売却し、その資金を物資購入や政府軍将兵の給与などに充てる。実質的には南ベトナム政府の予算をアメリカが肩代わりしただけだが、資金ではなく物資を提供することで、インフレを抑える意図があった。

商品輸入援助の金額は、年にほぼ一〜二億ドル。マックスウェル・テイラー統合参謀本部（JCS）議長は、それが「経済援助の大部分」を占めたとする。ノルティングによれば、ゲリラ相手の反乱鎮圧作戦の経費は、「アメリカからの輸入品が生んだ金」つまり商品輸入援助と、「ベトナム政府が拠出した金」でまかなわれていた。

ただし援助を外交的武器とする荒療治には躊躇もあった。第一に、圧力をむやみにかけたところで無駄だと思われた。むしろ「助言と説得」（ノルティング）によって、ジェムの変化を待つほうが得策と考えられた。

第二に、あまり強い行動は望ましくなかった。アメリカが戦争の矢面に立たないため、あからさまな内政干渉への批判を避けるためである。ジェムが、反政府勢力や共産主義陣営による傀儡批判や、アメリカによる主権侵害に敏感だったからでもある。

第三に、資金面の齟齬が戦争遂行、勝利実現の妨げになる可能性も否定できなかった。

躊躇を乗り越えて

それでもケネディ政権は、仏教徒危機勃発以前から徐々に、そして確実に、援助停止に傾斜していった。他にジェムを動かす手だてがなかったからである。独裁反対を強めるアメリカ国内の世論や、対外援助に敵意むき出しの議会を無視できなかったからでもある。

対南ベトナム援助は、一九六一年の四四三億ドルが、一九六二年には三九一億ドルに削られた。一九六三年に入ると、一日あたり一〇〇万ドルを超える援助が槍玉に挙がるようになった。

ケネディ政権は援助の重要性を議会に訴える一方で、こうした窮屈な情勢を武器にした。政権が援助を続けたいと思っても、議会が首を縦に振らない限り無理だと、ジェム政府を動かそうとしたのである。

だがたいして効果はなかった。一九六三年春、ニューは援助依存からの脱却、自給自足体制の確立を目指し、自家製の武器弾薬を生産するよう命じた。

マンスフィールドによれば、「祖国の完全な独立」を目指すジェムは、アメリカの支援も「一定の条件下」でしか受け入れなかった。ジェムは一九六三年初め、フランスのロジェ・ラルエット大使に、アメリカがかつてのフランスと同様、この国の統治権を奪うつもりなのだとこぼした。ニューも「ベトナムにおけるアメリカの圧倒的な存在感」への憤りを隠さなかった。三月初め、チャン・バン・チュオン駐米大使は、南ベトナム政府に自由化を要求しても「失敗するに決まっている」と、国家安全保障会議（NSC）のマイケル・フォレスタルに伝えた。

ラオスで予行演習

援助停止を圧力のてこに利用するやり方は、その一年ほど前、隣国ラオスでも試みられている。中立化・連合政府形成という紛争解決策に難色を示す、右派の指導者プーミ・ノサワン将軍に「最大限の圧力」（ケネディ）をかけ、休戦を実現するためだった。

ただしラオス愛国戦線、いわゆるパテトラオと戦う右派を痛めつける策には限界があった。ケネディ自身、尚早な援助停止にはためらいがあった。しかしウィンスロップ・ブラウン駐ラオス大使が一九六二年初めに指摘したように、アメリカは「もはや用いるべき圧力は残されていない」ぎりぎりの状況に追い込まれていた。

実際に止められたのは月額三〇〇万ドル程度。だがプーミの腕をねじ曲げるには十分だった。ただでさえ戦意希薄な右派勢力の軍隊が、給与支払いが滞ったことで大打撃を受けたのである。それが一九六二年七月二三日、ジュネーブ協定によるラオス休戦につながった。

だがその代償は小さくなかった。プーミの心には強い反発が残った。アメリカのやり口を、隣国タイのサリット・タナラット首相は猜疑の念で見た。同じ運命が自分たちをも見舞うのではと、サイゴンのベトナム人も警戒を強めた。仏教徒危機発生は、アメリカと東南アジアの同盟諸国との間に火種がくすぶる中での出来事だった。

2　古都での事件

眠たげな街

著名な作家である開高健の『ベトナム戦記』によれば、ベトナム中部の街フエに住む日本人は、当時この街を「ベトナムの京都」と呼んでいた。かつての都、そして「知性と宗教、学者と高僧の町」だからである。儒教の伝統も強く、仏教の中心地でもあった。

ゴ・ジン・ジェム政府時代、この街にカトリック大司教として君臨する人物がいた。ジェム大統領の兄ゴ・ジン・トゥックである。彼は財力と権力を蓄積し、もう一人の弟ゴ・ジン・カンとともにフエを中心に国土のほぼ三分の一を手中におさめ、政府の統治すら時に受けつけないほどだった。仏教徒はかねて、ジェムら一族がフエを力ずくでカトリックの街に変えようとしているのではないかと疑っていた。

サイゴンの大使館で広報を担当していたメクリン参事官は、フエを「眠たげな町」と描写している。だが一九六三年秋に南ベトナムの国連大使（オブザーバー）となったブー・ホイにいわせれば、そこは古くから物騒きわまりない「反乱の温床」でもあった。CIAでベトナム作業班を率いたクーパーによれば、一九六三年五月、この街がジェム政府の基盤を大きく揺るがす「爆発の発火点」となったのである。

一九六三年五月五日、フエは白と金色の旗で一杯だった。大司教トゥックの聖職在位二五周年を祝うカトリック旗である。

二つの宗教旗

実は南ベトナムでは、宗教旗の自由な掲揚は認められていなかった。だがこの法令はいわばザル法だった。ところがこの日、祝典で溢れるカトリック旗を目にしたジェムは、威令が行き届いていないことに激怒した。六日、禁令を額面どおり実施せよとの厳命が下る。

ところがその頃、フエは五色の仏教旗で埋め尽くされていた。仏陀生誕の記念行事を八日に控えていたからである。七日、その仏教旗を当局者が引きずり降ろしてしまう。アメリカで大統領がクリスマスに賛美歌の禁止令を出すような、「政府のへま」(メクリン)だった。

五月八日、大規模な抗議デモが発生した。そこに軍が発砲し、数人の死者が出た。死者数については七人から一四人までさまざまな数字が挙げられている。それは群衆を前に怯えた民兵の暴走だったともいわれる。とすれば、『ニューヨーク・タイムズ』のハルバースタム記者がいうように、危機の発端は「偶然の符合が重なって起きたこと」にあった。

このフエ事件は、政府攻撃を意図する仏教徒側が人為的につくり出したとの批判もある。ケネディ大統領によるベトナム撤退を阻止しようと、CIAが暗躍した結果だとの説もある。真相はいまだ必ずしも明らかではない。発砲命令を下した省知事代理はのち、ジェム政府を倒した軍政府によって終身刑に処せられた。

事態収拾の努力

五月一〇日、犠牲者の葬儀が行われた。現地の省知事は、犠牲者への哀悼と遺族への支援の意志を表明し、群衆の喝采を浴びた。危機はいったん終息の気配を見せた。

この日、仏教徒側は政府に対して五項目の要求を掲げた。(1)仏教旗掲揚禁止命令の取り消し、(2)カトリックと同等の権利の保障、(3)仏教徒の逮捕および脅迫の中止、(4)仏教徒の信仰の自由の容認、(5)犠牲者への補償と責任者の処罰である。

五月一五日、要求書を受け取ったジェムは犠牲者の追悼碑建立を認め、政府代表者による遺族訪問や彼らへの経済的支援にも応じた。

五月二九日、政府は宗教の自由を保障する声明を発表した。三一日、国会もこれを確認した。

六月一日、騒擾を引き起こした責めを負わされ、フエ当局者の何人かが更迭された。

六月四日、政府と仏教徒代表の間で、宗教旗掲揚の規則の明確化、礼拝や伝道などの権利の保障、恣意的な仏教徒逮捕の中止、遺族への補償などの仮合意が成立した。仏教徒問題を調査する委員会も設立された。委員長となったグエン・ゴク・ト副大統領は、政府内で最高位にある仏教徒だった。

六月五日、ジェムはラジオ演説で憲法で保障された宗教の自由を再確認し、平静を保つよう呼びかけた。逮捕を恐れて寺院内に立てこもっていた人々も、少しずつ外に姿を現した。

政府は怠慢

だがフエのヘルブル総領事には、政府に「大規模な抗議を鎮静化させる能力も意志もない」ことは、早い段階でわかっていた。彼らの対応には「細切れで抑え気味」の傾向があると、サイゴンのノルティング大使も認めた。

衝突から一〇日後、CIAの分析は、事態がジェム政府の存続に「致命的」な意味を持つ可能性を懸念している。国家安全保障会議のフォレスタルは、当初は「むしろ些細な事件」だったものが、わずか「数日の間」に「国家的悲劇」に姿を変えたのだという。

政府が仏教徒側の要求を受け入れることなど、しょせん不可能だった。事件の責任を認めれば、面目丸つぶれだからである。犠牲者の遺族に支払われる補償も、あくまで「好意による支給」にすぎなかった。

五月末までに、抗議のうねりはサイゴンに達した。数百人の僧侶が国会前に結集、座り込みとデモを行う。独裁国家ではついぞ見られない光景だった。ある僧侶はのちに、この頃首都が「煮えたぎる油鍋」と化したと述べている。

アベレル・ハリマン政治担当国務次官の目には、ジェム政府が「破滅への道をひた走り」のように映った。政府はかねて民族解放戦線（NLF）、いわゆるベトコンに怯え、彼らを敵視していた。だが「じつに皮肉なことにベトコンではなく……一握りの仏教僧によって」（クーパー）終焉への道を踏み出そうとしていた。

フエ事件から一カ月近く後、CIAの分析は、政府の的外れな対応が局地的な事件を「潜在的な政治危機」に、そして「全国的問題」に育てたと批判した。九月のことだが、国務省情報調査局は、騒ぎに「点火」したのは「政府の怠慢」だと断定した。

赤い影

怠慢どころの話ではない。六月二日と三日、政府軍はフエで、寺院周辺を去ろうとしない人々を相手に催涙ガスを使用した。六七人が病院に運ばれた。三日午後一一時、フエに戒厳令が敷かれた。

この日、フエは「爆発寸前」だとヘルブル総領事は報告した。CIAはのちに、ジェム政府が「最初から仏教指導者を破壊分子とみなし、力で対処すると決めていた」と分析している。ジェムの弟ゴ・ジン・カンに近い筋の情報によれば、六月初めまでに政府は「軍事的対決の用意」をすっかり固めていた。

仏教徒の動きは国家と政府の権威に対する挑戦、大統領たるジェム個人とその一族に対する侮辱だった。ここで下手に譲歩すれば、仏教徒だけでなくあらゆる勢力が、柳の下の泥鰌を求めるようになる恐れがあった。政府は危機の重大さも、仏教徒側の決意の固さも過小評価していた。逆にいえば、事態は容易に鎮静化できると踏んでいた。

しかも政府は、仏教徒運動の後ろには共産主義者が存在すると確信していた。フエ事件で死者をもたらしたのも政府軍の発砲ではなく「ベトコンのテロリストによる手投げ弾」だとジェムは主張した。それが多くの目撃証言と矛盾することも、人々がそれを信じていないことも、彼の眼中にはなかった。

仏教指導者など「巧妙にカモフラージュされたベトコンの前線」（メクリン）扱いだった。この政府にはかねて「何でもかでもやっかいな事は全部ベトコンのせいにしてしまう」性向があったと、ハルバースタム記者はいう。政府の御用新聞『タイムズ・オブ・ベトナム』は、騒擾の背後に「ベトコン、外国の陰謀家、謀略」があると糾弾した。

実際には、民族解放戦線は突然の政治危機発生にむしろ驚愕し、なすすべを知らなかったようである。反ジェム闘争が非常にうまく運んでおり、とくに仏教徒危機を利用する必要もなかったとの見方もある。共産主義者が仏教徒運動に影響を与えているとか、仏教徒組織内部に浸透しているとかいう証拠もなかった。両者はむしろライバル関係にあった。

低音外交

一九六二年七月までCIAサイゴン支局長だったコルビーによれば、フエ事件はワシントンに「電撃的ショック」をもたらした。ケネディは「この突然の転換に非常な不安をおぼえた」と、ケネディが信頼していたテイラー統合参謀本部議長はいう。フォレスタルがいうように、問題は「恐ろしい真空、それも政治的な真空」の発生だった。

事件発生の翌日、ラスク国務長官はサイゴンのノルティング大使に、ジェム政府に適切な対応をとらせるよう命じた。仏教徒を抑圧しないこと。事件の犠牲者に哀悼の意を表し、葬儀の費用を負担すること。秩序回復と和解のため必要な措置をとることなどである。

だが、マクナマラ国防長官がのちに作成を命じた秘密報告書、いわゆる『ペンタゴン・ペーパーズ』は、アメリカのやり方を「低音外交」と表現している。穏やかな説得によって、ジェム自身に仏教徒抑圧の愚を悟らせ、事態を解決に導く姿勢が保たれたからである。

政府の屋台骨を揺るがすような危機に見舞われることも、それを乗り越えることも、一九五四年以来ジェムは何度も経験済みだった。コルビーは、アメリカが支えてやりさえすれば、ジェムは今回も「危機を乗り切ることができる」と楽観していた。

五月二三日、差し迫った危機は去ったと見たノルティングは、休暇をとってエーゲ海に向かった。だが「嵐の前日」にサイゴンを後にしたことほど大きな間違いはなかったと、彼は後悔している。その不在中に、アメリカの対ジェム政策が大きく変化したからである。

変節の始まり

転換の主役は、代理大使トルーハート。メクリンによれば、彼のやり方は「直接の、無慈悲な、テーブルを叩かんばかりの圧力戦術」だった。「主権国家、それも友好国に対して、アメリカが滅多にやったことのないような」ものでもあった。

ノルティングは、留守を任せたトルーハートによる対ジェム強硬路線を糾弾する。それまで自分が「ジェム政府との間で活用してきた信頼の橋を破壊してしまった」こと、彼が「ジェムとの交渉のテーブルをがんがん叩き、厄介な事態を招き、その結果、政府間の交渉などほとんど不可能になった」ことが理由である。

しかしそれはもちろん、ケネディ政権の意志の反映だった。サイゴンのトルーハートも、ワシントンの国務省も、いざとなれば休暇中のノルティングに連絡をとる手はずだった。だがノルティングの側から接触を試みると、何も報せることはないと、すげない返事がもたらされた。親ジェム派の代表格だった大使の留守は、彼をベトナム政策決定から棚上げにする好機だった。

ノルティング流の説得戦術では、ジェムの首を縦に振らせることができないことは明らかだった。国務省は五月末までに、「暴力と混沌を回避するため、慎重かつ時宜にかなった圧力を行使する」戦術を用意していた。ホワイトハウスはこれを六月六日に承認している。

その少し前、フエで二度目の衝突が起きた時、ラスク国務長官はトルーハートに、「手遅れになる前に」ジェム政府に「最も強い言葉を用いて」事態解決の措置を働きかけよと命じた。危機解決は「彼ら自身のため」、そして「アメリカの利益」のためだった。

要求と反発

なんとしても「仏教徒への意味のある、実質的な妥協」を勝ち取らなければならなかった。宗教上の自由を認めよ。仏教徒にカトリックと同等の権利を与えよ。フエ事件の責任を認めよ。犠牲者に補償を与えよ。事件の真相を調査せよ。責任者を処罰せよ。逮捕された仏教徒を釈放せよ。一〇／五九法令を早急に撤廃せよ。寺院を囲む鉄条網を撤去せよ。仏教徒の信頼を獲得せよ。彼らの要求を無条件に受け入れよ。今後も彼らと話し合いを続けよ。人位主義の押しつけを、少なくとも当面は止めよ。六月三日に死去した法王ヨハネス二三世を偲ぶ行事に、政府はいっさい関与するな。

それだけではない。多岐にわたる分野でジェム統治の改善が求められた。ラスクが回想するように、「ジェム大統領の統治がその効率を増していかない限り、南ベトナムの軍事的立場を改善する道などなかった」からである。

アメリカは五月から六月にかけて、バチカン、イギリス、オーストラリア各大使館を通じても、ジェム政府説得を試みた。この際、使えるものは何でも使う覚悟だった。

だがジェムは強硬だった。仏教徒との交渉は続けるが、連中を孤立させるまでは解決など存在しない。休戦を破ったのは仏教徒の方だ。秩序維持のためには必要な手だては躊躇しない。六月九日、トルーハートはさまざまな要求について、ジェムから何の返事も返ってこなかったことが、「おそらく私が報告できる唯一の明るい点」だと、やや自虐気味に打電している。

対立の深い根

ウィリアム・バンディ国防次官補の述懐によれば、当時ワシントンは、仏教徒危機勃発には、共産主義者の策謀と一概に片づけられない「かなり深い根」があると感じていた。日本の外務省も、「被支配者」仏教徒と「支配者」カトリックとの闘争の行方を、不安げに見守っていた。

六月三日、CIAは、激しい政治危機は仏教徒の間に「長く煮えたぎってきた憤激」の表明だとした。六月一一日、デモや反政府運動は「宗教差別に対して仏教徒が長年抱いてきた悲嘆の感情を明瞭にした」ものだとトルーハートは報告した。

国務省情報調査局が繰り返し強調したのは、五月八日のフエ事件が、カトリック優越に仏教徒が抱く昔年の怒りを「結晶化」したにすぎないことだった。九月末、現地を視察したマクナマラ国防長官は、ジョン・リチャードソンCIAサイゴン支局長から、「しばらく休眠状態」だった政府への不満が、仏教徒危機勃発で「結晶化」したのだと聞かされた。しかもフエでの衝突は、政府への怒りの炎をさらに激しく燃え上がらせる事件の、ほんの序曲でしかなかったのである。

3 サイゴンとバーミングハム

焼身自殺

六月一一日朝、サイゴンの繁華街の一角。僧侶や群衆が見守る中、一人の老僧が結跏趺坐《けっかふざ》の姿勢をとる。彼はガソリンを身に浴び、みずから火をつけた。

仏教徒弾圧に抗議するため、炎に身を投じたティック・クァン・ドゥック（ティックは僧侶の尊称）は、仏陀の生まれ変わりだとされた。彼の心臓だけは最後まで灰にならず、硫酸をかけても溶けなかったという伝説も生まれた。この心臓はのちに仏教徒運動の拠点サーロイ寺院に展示された。

僧侶の焼身自殺（Roger-Viollet）

焼身自殺という手段には批判もある。それは仏教信仰と相容れない政治的行為であり、政府の弾圧があったとしてもけっして正当化されはしない。少数の狂信者が強要した（ドゥックに麻薬を与えたとの説もある）組織的蛮行にほかならないというわけである。

しかし仏教は大義のため、あるいは非道な現世を変えるために、身を捧げることを禁じていなかった。焼身自殺は植民地統治下でも何度もあった。ジェム政府転覆後にむしろ増えた。一九七六年の統一後も、社会主義下での仏教弾圧に抗議して何度も発生している。

もともと南ベトナムの仏教徒組織には明確な上下関係がなく、地域ごとにばらばらで、全体を代表する存在もなかった。ところがいまや彼らは十分な組織力を備えた、政府の強敵に成長していた。大使館のメクリン広報担当参事官にいわせれば、彼らは「この国でベトコン以外に政府が支配できない唯一の大衆運動」であり、「政権への反対運動を一点に集められる唯一の非共産主義勢力」だった。

六月一一日夜、ゴ・ジン・ジェム大統領はラジオで全国民に平静を保つよう呼びかけ、改めて宗教の自由が憲法で保障されていると強調した。だがサイゴンでは騒ぎが急速に拡大した。大使館はアメリカ人家族に群衆やデモを避けるよう指示し、経済援助使節団（ＵＳＯＭ）も現地雇用者を早退させた。アメリカ人学校は午後が休校となった。

焼身自殺の日、トルーハート代理大使は国務省に、政府の緩慢な対応、対照的にきわめて素早い弾圧などのおかげで、仏教徒の行動がますます「政治的な意味を帯びてきた」と伝えた。この年秋、ラスク国務長官は、「宗教的抗議」として始まった仏教徒のデモに、ほどなく「政治・宗教両面の要素」が加わり、「政治的抗議」に転じていったのだと振り返った。

アレクシス・ジョンソン政治担当国務次官代理はのちに、仏教徒急進派が「仏教国家」樹立を目指していたとさえ述べている。より戦闘的な、若い僧を惹きつけていた急進派指導者が、ティック・チ・クァンである。中立化・戦争終結・国土再統一を目指す彼は、政府との和解を受け入れるどころか、政府打倒のためには何人犠牲者が出ても構わない姿勢だった。五月八日のフエ事件で、「本当の点火プラグ」（トルーハート）と目されたのも彼だった。

僧侶のバーベキュー

仏教徒側は宣伝効果を期待して、事前に焼身自殺を記者に予告していた。ただ、漏洩を恐れて曖昧な形でメッセージが伝えられたこと、いたるところに偽情報が氾濫していたことなどから、現場に足を運んだのはAP通信のマルコム・ブラウンだけだった。

彼が撮影した写真は全世界に衝撃を与えた。それはピュリツァー賞を受け、ジェムの独裁と弾圧の象徴となった。それは「感情的なヒステリーの波」を生み出し、ジェムを没落させたのだと、ノルティング大使は批判する。

仏教徒が示す「宣伝の才能」に、ＣＩＡのベトナム作業班長クーパーも舌を巻くばかりだった。公式声明の発表、デモ、焼身自殺などは予告されるのが常だった。デモの際は拡声器やプラカードが用意され、仏教擁護・独裁反対をベトナム語と英語の両方で訴えた。

その対象は南ベトナム国民だけでなく、アメリカであり、世界だった。のちベトナムからの米軍撤退に尽力したリチャード・ニクソン大統領は、それを「アメリカのニュース報道のために周到に用意され、首尾よく行われた儀式」だと批判する。だが、政治には素人であるはずの仏教徒と比べても、内外の世論やそれに影響を与える報道の重要性をジェム政府が認識していなかったところに、本当の問題がある。

政府側も反撃に出た。ただし一番まずいやり方をとった。ゴ・ジン・ニュー夫人が、僧侶の焼身自殺を「バーベキュー」と嘲笑したのである。連中が使ったのは政府が輸入したガソリンではないか。また同じことがあれば拍手喝采してやる。いや喜んでマッチとガソリンを提供しよう。

この暴言は憤激と批判の嵐を呼び起こした。アメリカのゲリラ戦争遂行に協力していたロバート・トンプソン英軍事顧問団長は、彼女が「小さな炎を大火事に拡大」してしまったと嘆息する。彼女は夫、つまりジェムの弟ゴ・ジン・ニューとともに、ジェム統治が抱える最大の弱点になりつつあった。サイゴンのある落書にいわく、「ニュー夫妻がいなくなればよい報せ（No Nhus is good news）」だった。

和解成立

それでも焼身自殺から五日後、事態は解決に向けて大きく動いたように見えた。六月一六日、政府と仏教指導者が共同声明を発表したのである。

この合意は、国旗と宗教旗の掲揚方式を詳細に定めた。遅くとも翌年初めまでに、一〇／五九法令に代わる新法を制定することも決められた（実際の法令廃止は一九六四年一月）。グエン・ゴク・ト副大統領を長とする委員会が、仏教徒への恣意的な弾圧の実態を調査することも確認された。寺院内に限り、宗教活動は権利を保障された（寺院外は政府の許可が必要）。五月八日のフエ事件については、調査のうえ責任者を処罰することになった。

仏教徒穏健派はこの「新たな時代の始まり」を歓迎した。政府樹立（バオ・ダイのもとでベトナム国首相に就任）から九回目の記念日にあたる七月七日、ジェム大統領は、仏教徒問題はすでに解決したと高らかに声明した。国務省極東局のポール・カッテンバーグは、仏教徒問題の「永続的解決」すら期待した。

しかし七月半ば、ケネディの記者会見に備えて用意された文書によれば、この六月一六日合意など、しょせん「不安定な休戦」でしかなかった。両者の妥協成立そのものが「遅すぎた」のだと、仏教徒急進派指導者ティック・チ・クァンは語っている。

CIAの分析は、政府は六月末までわずかな「猶予期間」を与えられたにすぎないと指摘した。政府が「即座に受験すべき試験」を控えているとも描写した。だがその試験に、どうやら政府は不合格の気配が濃厚だった。

ジェムがアメリカをなだめようと、一時的な「降伏」を装ったにすぎないとの説もある。仏教徒側も、政府が本気で和解するつもりだと考えてなどいなかった。両者の合意は「一片の紙切れ」にすぎなかったのだと『ニューヨーク・タイムズ』のハルバースタム記者はいう。

力による解決

しかも政府は迷走を見せた。グエン・ゴク・ト副大統領が和解的な声明を発する。ニューも共和国青年団に合意遵守を呼びかける。かと思えば、政府の御用新聞『タイムズ・オブ・ベトナム』が仏教徒を非難する。共和国青年団が共同声明を糾弾する。ところが下級官僚(多くは仏教徒)はひそかに政府内部の情報を流す。サイゴンの命令が地方で無視される。

ジェム政府が困難なジレンマに苦しんでいたことは確かである。抑圧を続ければ反対勢力に非難の口実を与える。何もしなければ政治的混乱を増大させる。

だが袋小路の中で苦悶する政府は、六月一六日合意の文書のインクも乾かぬうちに、その本性を現した。六月一九日、焼身自殺したティック・クァン・ドゥックの葬儀に参加した人々は催涙ガスを浴びせられ、殴られ、逮捕された。この頃首都サイゴンは「ぐらぐら煮えたぎっていた」と、のちにある僧侶は述べている。

六月末、ジェム一族が故郷フエに結集した。同じフエを支配するジェムの兄弟でありながら、ゴ・ジン・トゥックは仏教徒粉砕を叫び、ゴ・ジン・カンは交渉を主張した。だがジェムは、カンは弱気になったとまったく耳を貸さなかった。

七月八日、一九六〇年秋に発生したクーデター未遂事件の容疑者一四人が突然裁判にかけられ、懲役五年から一六年の判決を受けた。反対派を威圧する意図は明白だった。

デモと弾圧の悪循環は続いた。サイゴンの寺院は鉄条網で囲まれ、水も電気も止められ、食料も搬入できなかった。僧侶は拘禁されたままだった。警察は人々に足蹴りや拳、棍棒を浴びせ、彼らをトラックに無理やり押し込んだ。この頃ワシントンは、現地のアメリカ人家族約五〇〇〇人を出国させる計画の検討を始めた。

存在感増す弟

ジェムは「戦争のさなかだというのに、市街でこのような無秩序が続くのを放置できるだろうか？」と述べた。仏教徒を「海賊」呼ばわりし、これ以上デモが続くようなら、連中を「機関銃でなぎ倒してやる」とも語った。『タイムズ・オブ・ベトナム』は仏教徒非難を続け、デモなどやれるものならやってみろといわんばかりだった。

ジェムは、僧侶の集団などまったく恐れていなかった。むしろ、このまま事態を放置すれば、政府転覆にさえつながりかねないという、不安の芽を摘むことが望ましかった。

仏教徒への不信感も拭えなかった。この騒ぎは「国際的な中立勢力の陰謀」だ。仏教徒は、隣国カンボジアの指導者ノロドム・シハヌーク（シアヌーク）ら「愚か者ども」と協力する、国内の「中立主義の陰謀家」にすぎない。ニューはこう糾弾した。連中の背後には共産主義者の策謀があるとの確信も、相変わらずだった。

ニューは退役軍人に命じて反仏教徒デモを組織させた。彼はたとえ一時的にせよ仏教徒に妥協した兄ジェムを、間抜け、弱腰、無能呼ばわりした。

チャン・バン・ドン将軍は、ニュー夫妻が反ジェム「無血クーデター」を画策していたとする。いわく「気の毒にジェムはありとあらゆる人間に裏切られていたのだ。軍首脳にも、アメリカ人にも、そして彼自身の弟にさえも」。だが実際のところ、クーデターなど必要なかったろう。すでに事実上ニューが政府の主役だったからである。

目指すはジェムの首

六月末、統合参謀本部で反乱鎮圧を担当する、海兵隊のビクター・クルラック将軍が現地を視察した。彼は、仏教徒問題が反政府勢力、政府に不満を抱く人々、クーデターを画策する者など、すべてに「栄養」を供給しているさまにあきれ返らざるをえなかった。サイゴンはすでに「神経質な不安と噂の街」（メクリン）だった。国家安全保障会議のフォレスタルはのちに、この首都を「恐怖の街」「怯えにむしばまれた街」と表現している。

七月七日、仏教指導者の一人は、万一の場合サーロイ寺院を米軍の管轄下に置いて欲しいとアメリカ側に要請した。一五日、しごく楽観的なノルティング大使ですら、「サイゴンもフエも一触即発の状態」であり「人々が怯えている」ことは認めざるをえなかった。一九日、この頃サイゴンに立ち寄ったボウルズ駐インド大使（前無任所大使）はマクジョージ・バンディ国家安全保障担当大統領補佐官に、ジェム政府の有様から自分が中国内戦末期、断末魔だった蔣介石《ジァン・ジェシ》政府を想起したと書き送った。

仏教徒急進派の一部はジェム政府打倒を目指すようになった。ジェムに同情的な『ニューヨーク・ヘラルド・トリビューン』の女性記者ヒギンズによれば、彼らはかつて預言者ヨハネの首が乗せられた「銀の大皿に載せられるのではなく、アメリカの旗にくるまれたジェムの首」を求めていた。

爆発の予感

サイゴン市内いたるところにバリケードが築かれる。その間を反政府デモが行進する。かつてジェム擁立にも関わり、ベトナムをよく知るエドワード・ランズデールの目には、七月下旬の南ベトナム政府が「みずからの葬式に向かって進んでいる」ように映っていた。ハルバースタム記者にもそれは「まるで自殺しようとしている政府」にしか見えなかった。

八月を迎えると、仏教指導者はグエン・ゴク・ト副大統領の委員会との協議さえ拒むようになった。この頃彼らは、「六カ月以内」にジェムを倒せると踏んでいた。

サイゴンのサーロイ寺院は要塞化された。自分たちは簡単には引き下がらない、政府の口約束など信用しないという意思表示だった。

八月一八日、政府打倒の呼びかけに応じて一万五〇〇〇人以上が集まった。同じ日、フエ大学の教授陣が政府に抗議して辞職した。焼身自殺者は八月半ばまでに五人を数えた。

ジェムの閣僚たちですら「土壇場」の到来をひしひしと感じていると、その一人グエン・ジン・トゥアン国務相はノルティングに語った。危機は首都から全土に拡がり、制御不能の様相を呈した。食料配給券は発行されず、弾薬は部隊に届かなかった。休暇をとり、あるいは欠勤する官僚も多かった。コメや砂糖をはじめ生活必需品の価格は、七月から八月初旬にかけて四倍に上がった。

ある米軍将校は、上官からすぐ帰国するよう勧められた。「この国はつぶれかかっている」のだから早くしろというわけである。任務を終えてアメリカに戻る大尉に、ある大佐はこういっている。「帰国が間に合ったな。こっちは全部が崩壊していくところだ」。

こうして「長く緊迫した抗議運動の夏が始まった」と、リンドン・ジョンソン副大統領は回顧する。CIAのベトナム作業班長クーパーによれば、ただでさえ「熱く、じめじめして、不快な」サイゴンの夏が、この年は「とりわけ不快」な気配だった。

衝撃的な写真

新聞の一面を飾る焼身自殺の写真をケネディが目にしたのは六月一一日朝（ワシントンはサイゴンから一二時間遅れ）。弟のロバート・ケネディ司法長官から、公民権運動をめぐるアラバマ州の騒擾について電話で説明を受けているさなかだったという。「なんということだ！」とケネディは叫んだ。

アラバマ州バーミングハムでは、人種差別撤廃を求める人々が警官に蹴散らされていた。犬をけしかけられ、ホースで水を浴びせられる黒人（アフリカ系アメリカ人）の写真や映像は、内外に衝撃を与えた。

ケネディがラジオ・テレビを通じて、平等化を促進する公民権法案の実現を訴えたのが、まさに六月一一日だった。

アメリカが抱える公民権問題と、南ベトナムの宗教問題が二重写しになった。『ニューヨーク・タイムズ』ワシントン支局長トム・ウィッカーは、黒人を「わが地元の仏教徒」と呼んだ。

サイゴンではニューが政府軍指導者にこう語った。仏教徒危機はアメリカの「黒人危機」と同じだ。ケネディが弟に人種統合を強制させているように、自分は兄の命令で仏教徒を従わせようとしているだけだ。こちらのやり方のほうが、よほど穏健ではないか。

じつに厄介なことに、サイゴンもバーミングハムも、ケネディの制御を簡単には受けつけようとしなかった。

糾弾の声

のちにロッキード事件やCIAによる非合法活動の摘発などで名を馳せるフランク・チャーチ上院議員は、焼身自殺を糾弾した。暴君として知られるローマ帝国の皇帝ネロの時代、「キリスト教徒の殉教者が手に手を取ってローマの闘技場に歩いて以来」の身の毛もよだつ光景だというわけである。著名な牧師一二人は『ニューヨーク・タイムズ』に全面広告を出し、宗教弾圧に抗議した。アメリカ国内の新聞もほぼ足並みを揃えてジェム政府を批判した。

ケネディはアメリカ史上初の、カトリックの大統領だった。彼は同じカトリックのジェムが仏教徒を弾圧していること、それにアメリカが間接的に加担していることへの批判を心底恐れた。翌年の大統領選挙がそろそろ政治日程に上っていたからなおさらだった。ケネディは、ベトナムで「宗教戦争を起こさせるわけにはいかない」とフォレスタルに語っている。

六月一一日は、上院外交委員会で対外援助をめぐる公聴会が始まろうとする日でもあった。夏を迎えようとする頃、議会は史上最大規模の援助額削減に向けて動き出していた。一日あたり一〇〇万ドルを超える対南ベトナム援助は、これまで以上に格好の標的となった。

焼身自殺は「本当に状況を悪化させ始めた」とフォレスタルは言う。ラスク国務長官は、仏教徒問題が「危険なまでに破局点に近づいている」ことを痛感していた。老僧の焼身自殺やニュー夫人によるバーベキュー発言は、ワシントンきってのベトナム通カッテンバーグのいう「超親ジェム」期を終焉に導いていく。

宣戦なき戦争

ケネディ政権の反ジェム姿勢への傾斜は「報道によって行動に駆り立てられた」結果だというのが、ノルティング大使の恨み節である。独裁反対に向けてアメリカの「世論がいまや雪崩を打っている」以上、「これ以上の焼身には耐えられない」のだと、ラスクはノルティングに語った。

ジェム政府が仏教徒に対し「誠意」を示すことが必要だった。一言でいえば、仏教徒の要求を「全面的かつ無条件に受諾」しろということである。

急激な圧力の高まりを、国務省がジェムに宣戦布告なき戦争をしかけたのだと批判する声もある。その主導権をとったのが、ハリマン政治担当国務次官やロジャー・ヒルズマン極東担当国務次官補らだった。ケネディ自身はジェムとの和解に傾いていたのだが、彼ら国務省の面々が勝手にジェムに最後通牒を送ったのだともいわれる。

ワシントンはトルーハート代理大使に「断固たるアプローチ」を指示した。トルーハートはベトナム側に行動を求めた。六月一六日合意は「出発点」でしかない。すでにこの危機は「深く、大きな傷」を南ベトナムに残しており、ジェム政府は広範な国民の支持を失っている。ワシントンがジェムに寄せる信頼もまた大きく損なわれている。ジェム支持政策を続けるケネディ大統領への圧力も、大変なことになっている。このままではアメリカは南ベトナム政府からいっさい手を引かざるをえない。

トルーハートは圧力戦術を支える哲学をこう説明している。「仏教徒危機の災いを転じて福となし、得られた合意を踏み石として、他の勢力にも（要求される先手を打って）譲歩するよう、直接間接にジェムに圧迫を加える」ことこそが、「現段階の最善手」だ。

トルーハートにいわせれば、こうした要求はあくまでも「友人として」の忠告だった。アメリカは「彼を傷つけるのではなく、助けようとしている」にすぎなかった。

友人としての脅迫

だが実質はあからさまな脅しだった。すべては「アメリカ＝ベトナム合同の利益」のためである。このままではジェム政府との断絶、そして南ベトナム共産化が生じかねなかった。

しかも、南ベトナム国民の反ジェム感情が、いつなんどき反米気運に転じるかわからなかった。アメリカ製の武装兵員輸送車M113が遺体の上を走ったという、おぞましい噂すら流れていた。だからジェム政府によるフエ掌握にアメリカはいっさい関与せず、兵員輸送に米軍機を用いることも認めなかった。

多岐にわたる要求が「強い薬」も同然で、「ジェムも大変飲みにくいだろう」ことなど、トルーハートも重々承知だった。だがジェムを「夢から覚めさせるには強い薬が必要」だと、ジョージ・ボール国務次官は断定した。内外の世論を前に、本当に追いつめられていたのはむしろケネディ政権の側だった。

近隣の仏教諸国、たとえばカンボジア、セイロン（現スリランカ）、ネパールなども南ベトナム批判を強めた。八月半ば、セイロンが国連に宗教迫害の実態調査を要求した。もし国連でこの問題が取り上げられるようなことになれば、厄介なことになる。日本の外務省内でもこの頃、「孤児」になりつつある南ベトナムへの危惧が表明された。

馬耳東風の独裁者

六月一六日の合意、つまり政府側の大幅な譲歩自体、アメリカの圧力が奏効した結果だと受け止められた。ボールは、トルーハートの強硬路線が「ジェムに現実を直視させた」と自画自賛している。

フォレスタルは六月末、トルーハートに、「こちらでは誰もが、君が見事な仕事をしていると考えている」と激励の言葉を送った。七月初め、ボールはトルーハートの「勇気と熟達ぶり」を称賛し、全面的な支持を伝えた。

だが手放しで喜んでもいられなかった。ジェムは、たとえば一〇／五九法令の撤廃について、国会が開会中なので大統領の手で勝手にはできないと、つれなかった。国会の迅速な行動を求めると、法律は長文にわたり複雑なので審議には時間がかかると言い訳した。アメリカ側が求める公式声明など、かえって仏教徒との交渉を阻害するだけだとにべもなかった。

圧力の内容はむろん、たかが代理大使の分際で大統領に高圧的な要求を行ったこと自体が、ジェムには「耐えがたい侮辱」（メクリン）だった。不快感を表すため、ジェムが直接トルーハートに語るのではなく、ベトナム語でグエン・ジン・トゥアン国務相に向かって話し、トゥアンの口からトルーハートに英語で伝えさせたこともあった。

暖簾に腕押し

メクリンは、「もしジェムがトルーハートの助言にすぐさま注意を払っていたら、この騒擾は始まる前に食い止めることもできたはず」だと考えている。だが現実にジェムがアメリカの要求に対してとった態度は、トゥアン国務相の言によれば「礼儀正しい不動姿勢」だった。たとえば六月二二日。トルーハートとの会見でジェムは珍しく、もっぱら聞き役にまわった。そのかわり質問をはぐらかすばかりで、反駁すら試みなかった。彼はアメリカがむしろ「ラオス情勢のほうを心配すべき」ではないかと皮肉る始末だった。

六月二七日。二時間半、今度は通例どおり大部分がジェムの「独白」に終始した。自分には「国土を根底から民主化する計画」がある。「二、三年のうちには完全な民主主義と自由が期待できるだろう」。政府は「民主化と個人の自由に向けて、ありとあらゆることをやっている」。ベトナムは「すぐに東南アジア全土の民主主義の模範」となる。要するに、ベトナムの問題はベトナム人に任せろというわけである。

七月三日。トルーハートは、ジェムが行うべき演説の内容を示唆する文書を手渡した。ジェムは「非常に礼儀正しく」、どのような意見も喜んで検討すると答えた。だが演説内容については、「協力者」つまりニューと協議すると脇に片づけた。あとはいつもどおり、仏教徒問題解決の困難さを力説し、仏教指導者や報道を非難し続けた。

七月八日。サイゴンを訪れたボウルズ駐インド大使との会見は四時間近く続いた。その間、ジェムがみずから仏教徒問題に触れることはなかった。

七月二四日、かつてジェム擁立にも関わったランズデールは国務省極東局のカッテンバーグに、一九六一年以来多くの問題が「ほとんど是正されないまま」だったと述べている。ケネディ政権は、過去二年あまりの怠慢のつけを支払わされたのである。

絶縁寸前

この頃、あるアメリカ政府関係者はこう漏らした。「われわれも困っているのだ。われわれはあの政府が好きではないが、あそこにはあれ一つしかない。戦争と革命を同時に遂行することはできない。だからそっとしておくのだ」。

七月三日、ジェムとの「意志疎通は困難となった」とフォレスタルはケネディに伝えた。一週間後、CIAの分析は、仏教徒問題の「将来の針路は、ほどなくベトナム政府の行動によって大部分が決まる」と判断した。つまりアメリカには何もできないということである。

アメリカは「移り気な恋人に手を焼く求婚者」も同然だったと、ベトナム介入史についての国防省秘密報告書『ペンタゴン・ペーパーズ』の分析も苦々しげである。ノルティングやメクリンにいわせれば、ジェム政府と大使館との関係も、「絶縁状態」「破綻寸前」だった。

話が通じないだけならともかく、アメリカの強硬策はジェム一族の怒りを買った。彼らは、仏教徒の動きが少なくとも部分的にはアメリカのせいだと感じていた。アメリカがジェム統治の基盤を掘り崩そうとしているとも考えていた。仏教徒問題とは南ベトナムの国内問題であり、そもそもアメリカが口出しすべきことではないはずだった。

両国間の交渉は、ジェムの面子も考えて秘密にされていた。しかし詳細にいたるまで漏れてしまった。南ベトナム政府側による漏洩の結果である。

サイゴン猛反撃

八月半ば、ニューは政府軍首脳を前に、ケネディの対共産主義宥和路線を非難、アメリカの援助がなくとも戦い抜く決意を示した。

ジェム政府はアメリカの報道とも戦争状態にあった。アメリカ人記者はジェムとその一族、政府高官らへの反感と侮蔑を隠さなかった。ニューは政府転覆の野望むき出しの記者や、「一種のヒステリー――病い」と化した報道を批判した。ニュー夫人は彼らを「共産主義者」か、「共産主義者と同じくらい悪い」連中だと攻撃した。

彼女は、焼身自殺の時いつも誰かが現場にいること、犠牲者を助けようとしないことを非難した。ジエムも焼身自殺を仏教徒急進派と、外国人記者やカメラマンのせいにした。連中は劇的な写真欲しさに僧を買収して焼身自殺をさせたのだ。仏教徒との騒擾そのものが、西側の報道のせいで拡大しているのだ。

政府の対応は、いわゆる口撃にとどまらなかった。記事の検閲は強化され、時に警察や秘密警察による取材妨害、殴打、そして逮捕という手段が用いられた。『ニューヨーク・タイムズ』のハルバースタムは秘密警察に狙われているという理由で、ホテル住まいを大使館から勧められた。

4　堪忍袋の緒が切れた

反ジェム人事の萌芽

仏教徒危機勃発直前、ワシントンではノルティング大使の後任をめぐる人選が始まっていた。一九六一年五月の赴任時から、任期は二年という話だったからである。彼自身も帰国を望んでいた。

だが本当の理由は、ケネディ政権内に蓄積された、ノルティングがゴ・ジン・ジェム大統領をまったく動かせないことへの不満にあった。大統領の弟ロバート・ケネディ司法長官によれば、ジェムや弟のゴ・ジン・ニューに「きわめて近い」人物。四月に極東担当国務次官補となったヒルズマンや国家安全保障会議のフォレスタルによれば、ジェムやその政府と「結婚」したような人物。ハリマン政治担当国務次官にいわせれば「ジェムの捕虜になった」人物。彼が大使である限り、アメリカの要求がベトナム側に受け入れられるはずなどなかった。

無任所大使だったボウルズ前国務次官が三月初めにいったように、大使交替は「わが国の政策変更を象徴するもの」として進められた。政治危機表面化のはるか以前に、水面下で、それまでのジェム支持路線とは違う何かが始まろうとしていた。

ＣＩＡサイゴン支局長の経験もあるコルビーにいわせれば、ノルティングの欠陥は、ジェム支持政策と「あまりにも一体化していた」点にあった。しかし、そもそもノルティングがジェムと協調してきたのは、ケネディ政権がジェムとうまくやっていくことを優先したからである。失敗の原因はノルティングではなく、ケネディ本人にあった。メクリン広報担当参事官はのちに、政策破綻の責めがサイゴン駐在の大使だけに負わされたことに憤慨している。

ロッジに白羽の矢

仏教徒危機が起こると、ノルティング更迭の勢いに拍車がかかった。ケネディ自身はノルティングに同情的だったと、ロズウェル・ギルパトリック国防副長官はいう。だがハーバード大学教授から大統領特別補佐官となった歴史学者シュレジンガーによれば、南ベトナムの混迷を前に、ケネディはついに「その時が来たと判断」したのである。

新大使候補としてまず、エドモンド・ガリオン駐コンゴ大使の名が挙がった。一九五一年にインドシナを訪れた若き下院議員ケネディが、その見識に非常な感銘を受けたベテラン外交官である。

だがラスク国務長官が異を唱えた。かわりに彼が推したのが、ヘンリー・キャボット・ロッジである。ロッジ自身、一九六二年初め頃からベトナム行きに関心を示しており、ラスクやハリマンに（一説にはケネディに直接）大使任命を働きかけていた。

ヘンリー・キャボット・ロッジ大使
（dpa／時事通信フォト）

ロッジは大物上院議員として知られ、一九六〇年大統領選挙では共和党の副大統領候補となった。だが民主党に敗れて以来、髀肉の嘆をかこっていた。大使として成功すれば内外の注目と称賛を浴び、大統領への道が開ける可能性さえあった。実際にケネディ暗殺直後、共和党内の世論調査で彼は、一九六〇年の大統領候補だったニクソン前副大統領、タカ派のバリー・ゴールドウォーター上院議員（実際に一九六四年の大統領候補となった）に次ぐ支持を集めている。

対決に本腰

この共和党の元上院議員、前副大統領候補は、まさに大物と呼ぶにふさわしかった。彼を大使として送ることは、アメリカが超党派で南ベトナムを支援する姿勢を示すうえで、大きな意味を持っていた。ベトナム人の側も「本物のアメリカ人政治家を本当に必要としていた」のだと、ジェム打倒に加わった一人チャン・バン・ドン将軍はいう。

サイゴンのアメリカ側組織を統御するうえでも、強力な人物が望ましかった。とくに軍組織と密接に協力し、場合によっては彼らを抑えることが必要だった。そのためには、ロッジがポール・ハーキンズ軍事援助司令官と長年の知己であること、ワシントンの米軍首脳とも良好な関係にあることは貴重な財産だった。

ロッジは国連大使など外交経験もあった。ジェムと意思疎通を図り、彼にアメリカ側の要求を受け入れさせるには打ってつけだった。若い頃にベトナムを訪れたこともあり、フランス語に堪能で、地方の農民や村の官吏とも親しく話せた。実際にサイゴンに降り立った彼が、最初にとった行動の一つが、通りを行き交う人々をつかまえて、仏教徒危機や政府をどう思うか直接聞いてまわることだった。

何よりも、対ジェム強硬策の「スイッチを入れる」(メクリン)には、ぴったりの人材だった。独自の政治的基盤を持つ出自。頑強な気質。ジェムとのしがらみのなさ。彼の登場はジェムへの明確な「信号」(クーパー)だった。あるCIAの分析は、それがジェムにとってはアメリカの「棍棒」を意味していると した。

ロッジ自身の回顧によれば、出立直前の八月一五日、ホワイトハウスを訪れた彼に向かってケネディ大統領は「ベトナムでの事態を非常に懸念」しつつ、僧侶の焼身自殺の写真を見せた。「ジェム政府は最終段階に入りつつあるようだ」とも語った。事態は切迫していた。

露骨な下心

ベトナム政策をめぐる党派対立を回避する意図もあった。ケネディは、ロッジを送れば「共和党の連中を黙らせることができると思ったのだ」と、ケネディの隣人だった『ニューズウィーク』ワシントン支局長ベンジャミン・ブラッドリーは述懐している。

どうやら一九六四年の大統領選挙では、ベトナムが争点の一つとなりそうだった。とすればロッジの存在は「計り知れないほど政治的に役立つ」はずだった。まさに同じ理由から、不安を抱く共和党員も少なくなかった。

ケネディはベトナム政策の彼方に暗雲を予感し、その際は共和党にも責任の一端を負わせたいと考えていた。ＣＩＡで極東部門を担当していたコルビーにいわせれば、ロッジはケネディにとって「ベトナム政策の人質」だった。

もっともシュレジンガーによれば、ロッジという選択肢にはホワイトハウス内部でも懸念があった。ベトナム政策が失敗すれば、当然ケネディが非難される。だが成功すれば、有力な対立候補となりかねない人物に脚光が当たる機会をつくり出しかねない。ケネディの決定は、こうしたジレンマを解決するものではなかった。

ボストンの名家の一員ロッジ。同じボストンの、アイルランド系移民の子孫ケネディ。二人の間には、幾重にも因縁があった。ケネディの祖父は一九一六年、大物上院議員だったロッジの父に挑戦し一敗地にまみれている。一九五二年、ケネディはそのロッジからマサチューセッツ州選出上院議員の地位を奪った。一九六〇年大統領選挙でも共和党のニクソン＝ロッジのコンビに勝利をおさめた。一九六二年、ケネディのホワイトハウス入りで空席となった上院議員の椅子を争い、ロッジの息子ジョージを破ったのは、ケネディの末弟エドワードだった。

ケネディは「ベトナムのような絶望的なごたごたに放り込んで、ロッジを台なしにしてやりたい」と、冗談交じりに側近に語っている。あるいは、政敵ともいうべき相手に重要な地位を提供することで、政治家としての雅量を示そうとしたのだともいわれる。だが邪心にまみれた選任のつけは、ほどなくケネディのもとに回されることになる。

迎撃態勢

ボウルズ駐インド大使は赴任直後のニューデリーから、ロッジが「なんらかの魔術で状況を根本から変えられると考えるのは間違い」だと警告した。「新規まき直し《ニュー・ディール》」に期待できるくらいなら、ジェムはとっくの昔に変わっていたはずだ。ロッジは「ジェムと角をつき合わせる対決」を演じるか、「相対的に無力な立場」に陥ることになろう。

新大使任命の発表は六月二七日。アメリカ側はジェム政府に、南ベトナム支援政策にまったく変化はない、大使交替は緊密協力政策の継続を意味すると強調した。

だがサイゴンでは、アメリカの姿勢がこれで変わるとの噂がもっぱらだった。ジェム自身、アメリカ側がどのように言い訳しても信じようとしなかった。

直後、グエン・ジン・トゥアン国務相はトルーハートに、ジェムが「最大級の頑迷さ」でアメリカの圧力をはね返そうとするだろうと語っている。「ロッジを一〇人でも送ってくるがいい。だが私は自分もこの国も侮辱させはしない」と、ジェムはその意気込みを示した。

風雲急を告げるベトナム情勢を反映して、ノルティングの後任ロッジのサイゴン着任は、当初予定の九月から八月に前倒しにされた。

ノルティング再登板

本格的対決に先だつ、いわば最後の幕間の主役となったのはノルティングである。

ヨーロッパでの休暇を終えて帰国した彼は、ワシントンで必死にジェムを弁護し、「拍車をかければかけるほどジェムの歩みはゆっくりになる」と圧力戦術を戒めた。

サイゴンからはトゥアン国務相が、できるだけ早くノルティングをサイゴンに戻して欲しいとアメリカ側に働きかけていた。いまやノルティングとジェムの「個人的友好関係」と、むやみに圧力を及ぼさず変化を待つ彼のやり方だけが頼みの綱だった。

まさにそれゆえに、ボールやハリマンらワシントンの反ジェム派は、ノルティング再登場に難色を示した。とはいえ、「ベトナムをめぐる最悪の時期」（フォレスタル）に、大使の不在はさすがにまずかった。といってロッジ着任を急がせるのにも限界があった。「親ジェム政策の最後の試み」（シュレジンガー）がうまくいけば、それはそれで好ましかった。

七月一一日、ノルティングは四八日ぶりにサイゴンに帰還した。彼は宗教弾圧に遺憾の意を表明し、宗教上の寛容がいかに重要かを強調し、勝利のために団結を呼びかけた。だがすでにジェムはワシントンからの圧力で傷つき、アメリカへの怒りに燃え、政府も完全に掌握できず、目に見えて疲れ切っていた。

同じ頃サイゴンを訪れたロバート・マニング広報担当国務次官補は、大統領政治顧問であるニューに、「来年はアメリカでは選挙の年」だと訴えた。よりによってこの時期に、政権批判を増幅させるような事態を招いてくれるなという、ほとんど哀願に近い要請だった。

友好関係復活

当初ノルティングは、従来どおり「ジェムとの意志疎通を回復」すること、ジェムを「十分リラックスさせて船の舵を取らせ、正しく意味のある針路に向かわせる」こと、「静かに働きかける」ことを重視した。成果が現れるまでに多少時間がかかっても、脅しを繰り返すべきではない。国内問題には不干渉という公式の立場を続けることが望ましい。とことんまで追いつめれば、この人物に大統領辞任を迫るようなものだ。

七月半ば、ノルティングは「われわれの患者は依然深刻な状態にあるが、それでも回復しつつある」としごく楽観的だった。その少し後、たしかに「前途には多くの陥穽」が存在しているが、「この政府が過去の多くの場合と同様、今回の危機も生き延びる可能性は高まっている」との見方を示した。「ほとんど絶え間のない交渉」の結果、ようやく「なにがしかの結果が現れてきた」とも報告した。

同じ頃、ＵＰＩ通信記者とのインタビューで、ノルティングはこれまで宗教迫害の証拠などただの一

仏教徒のデモ（Photoshot／時事通信フォト）

度も見たことがないと言明した。それはジェム政府へのリップサービスだった。しかもどうやら彼自身そう信じきっていたようである。だがここ数カ月の情勢を考えれば、彼の発言は無神経すぎた。ジェム政府は手放しで歓迎し、仏教徒側は猛反発した。大規模な抗議デモが発生し、サーロイ寺院では大使の見解に反駁する公開書簡が配布された。高僧の一人はケネディに抗議の電報を送った。ワシントンでは激怒した反ジェム派の筆頭格ハリマン政治担当国務次官が、ノルティングをすぐに呼び戻せとわめきたてた。

軟化にも限度

ノルティングがジェムを動かす努力を怠ったわけではない。いまは「危急存亡の時」だ。「ジェムがみずから行動することが必要」だ。寺院の封鎖を解き、逮捕者を釈放せよ。警察が怪我させた者には補償を行え。暴力的にデモに対処するな。大統領がみずから主導権を発揮し、問題解決への誠意を示せ。人々に語りかけよ。仏教指導者を招き会談せよ。人命が失われたことに遺憾の意を表明せよ。弾圧を二度と繰り返さないと約束せよ。離任予定の日が近づくにつれ、要求に拍車がかかった。

八月一二日朝、ノルティングは「合同事業のパートナーという観点からきわめて率直に」ジェムに語りかけた。ジェムは、「あなたの話を真剣に受け止め、わが国の要求を満たすため何が可能か検討するつもりだ」と応じた。ノルティングは「それでは十分ではない——時はどんどん失われており、あなたは先週も同じことを私に約束した」となじった。いまこそ「あなたはどうするか決めなくてはならない。それもきっぱりとだ。アメリカに関する限り、あなたは和解政策を堅持し完全に実施すること、そしてそれを何らかの形で公けに示すことが必要だ。さもなくば、アメリカはあなたを支持できない」。八月一四日、最後の会見でジェムは仏教徒やアメリカの報道などを批判し、これ以上和解的な声明など出さないよう閣僚たちに求められたと言い訳した。だがノルティングは「それは受け入れられない」とにべもなかった。いますぐ声明を発し、和解を求める政府の意志への信用を回復せよ。さもなくば「アメリカ政府が彼と現在の関係を続けることは不可能」だ。

人が変わったかと思われるほどの高圧的発言だった。それほどジェムも、そしてケネディも追いつめられていた。

相変わらず頑強

だが八月初め、ジェムは『ニューヨーク・ヘラルド・トリビューン』のヒギンズ記者に向かって、「紐のついた人形のようにベトナムにあれこれ命令するのなら、フランスと——程度の差は別として——どこが違うのだ?」と、アメリカへの反発をあらわにした。ジェムはアメリカの圧力戦術に、そしてノルティングの変節に憤激した。悪いのは仏教徒だ。しかもその黒幕は共産主義者だ。にもかかわらずアメリカは彼を非難している。ベトナムはもう「二〇年も熱い戦争」をしているのだ。にもかかわらず友人、つまりアメリカから「ベトナム政府と国民を相手にした冷たい戦争」が仕掛けられるとはいったい何事か。

民主主義の実現など、共産主義と「生きるか死ぬかの闘いのさなか」にあるベトナムでは無理だ。われわれはアメリカを尊敬している。しかしその助言をいつも受け入れるわけにはいかない。西洋のやり方を模倣しても無駄だ。そもそもアメリカ人はこの戦争を理解していない。ベトナム人の考え方も知らない。われわれを「ワシントンが操る糸のついた人形」のように扱っている。だが「ここはベトナムだ——アメリカではない」のだ。

ニューもアメリカの要求をかわしにかかった。ジェム政府はまだ「過渡期の段階」にある。いま必要なのは「完璧」を期すことではなく「改善」だ。この国が「低開発国であり先進国ではない」ことを、そして「低開発という基礎の上に民主主義をいかに構築するか」という難題に直面していることを、ぜひとも理解してもらいたい。アメリカは第二次世界大戦で、「ヒトラーと戦う者なら誰でも」、ソ連の独裁者ヨシフ・スターリンでさえ支援したではないか。なぜ共産主義と戦う盟友である、われわれの努力を損なおうとするのか。

去りゆく者への贈り物

八月初め、ジェムとともに視察旅行に出たノルティングは、ジェムが多くの問題提起に「好意的」な反応を示しており、また「政治面の困難が続く可能性を認識」していると報告した。最後の時期になって「たがいの尊敬と個人的信頼」が戻り、ジェムが説得に応じるようになったとノルティングは回顧する。

八月一二日夜、ジェムは仏教徒との和解について改めて声明を出すと約束した。二日後にも約束を再確認した。南ベトナム支援について、ケネディへの謝意さえ表明した。それはジェムから長年の盟友に差し出された「別れの贈り物」(コルビー)だった。ノルティングは、これで「本物の勝利」が得られたと確信した。

ジェムは彼の献身に報いるべく、新設の戦略村を「ノルティング村」と命名した。だが不幸なことに、記念式典の前日、米軍ヘリの誤射で農民数人が負傷した。当日にはノルティングを護衛するトラックが子供に怪我を負わせ、大使の車が子供を轢き殺したと誤報された。しかもノルティング村は、ほどなくゲリラに蹂躙されてしまう。

八月一五日、ノルティングはサイゴンを後にした。『タイムズ・オブ・ベトナム』は彼を、「真にその名に値する初めてのアメリカ大使」、理解と協力の時代の「象徴」と称賛した。

だが翌日、ラスク国務長官は記者会見で、仏教徒問題の悪化に「非常に落胆」していると述べた。一九日、「賽が投げられてしまったわけではないが、その寸前まで近づいている」と、マンスフィールド民主党上院院内総務はケネディに伝えている。

崩れ落ちる政策

コルビーによれば、アメリカには二人の大使を同時に赴任先に置かない伝統がある。だが一九六三年八月、南ベトナムの仏教指導者たちは政府転覆が「時間の問題」だと確信していた。危機は急速に激化し、味方を失ったジェムは孤立した。ケネディ政権はこの重要な一週間を、大使不在のまま空費することになる。

ノルティングは二年前の大使赴任直前、ベトナムは「そこに触れる者すべてに暗い影――欲求不満、不毛さ、失敗という影を及ぼす」場所だと、友人から警告を受けていた。メクリン広報担当参事官によれば、そこはアメリカの「外交官や兵士の世評にとっての墓場」と報じられた場所だった。

ノルティングがサイゴンで過ごした最後の日々は、彼が「触る物すべてが砂になっていくよう」だったとメクリンは描写する。ノルティングは「物事を再び元の姿に戻す」ことも、粉々になった協力関係の「破片を拾い集める」こともできなかった。彼自身、自分が「二年半の間、慎重に築き上げてきた信頼は戻らなかった」と認めている。

のちベトナム戦争報道でピュリツァー賞を受ける、『ニューヨーク・タイムズ』のハルバースタム記者にいわせれば、まず「銀行に金を預けておく」のがノルティングのやり方だった。ジェムの信頼を得たうえで、こちらの望むような行動をとってもらおうというわけである。だがその預金はとうとう引き出せずじまいだった。

実は崩壊の淵にあったのは大使の運命だけではなく、ケネディが過去二年半あまり築き上げてきたベトナム政策そのものだった。八月九日、ケネディは次男を生後三九時間で失う。彼の落胆は傍目にも著しく、葬儀では小さな棺から手を離そうとしなかった。だが大統領執務室に戻った瞬間から、南ベトナム情勢は彼が悲しみに身をゆだねることさえ許さなかった。その間にもじょじょに、そして確実に、ジェム打倒クーデターの動きが本格化しつつあった。

5　放逐の予兆

出番待つ人々

陰謀や裏切りはベトナムの風土病であり、娯楽でもあるという。ベトナム人が二人集まれば一つの政党が、三人寄ればその中に派閥ができるともいわれる。秘密保持が苦手なことも彼らの特徴だとされる。ヒルズマン極東担当国務次官補はケネディ図書館のインタビューに、一九五四年以来「毎週」クーデターの話を耳にしていたと笑いながら答えている。サイゴンは「噂だらけで移り気な場所」(ノルティング)だった。

クーデターの試み自体も「一九六〇年以来サイゴンの伝染病」(シュレジンガー)だった。たいていその主役は政府軍だった。一九六〇年一一月一一日には空挺部隊が政府転覆を企てた。一九六二年二月二七日には空軍の一部が大統領官邸を爆撃した。

政府軍内部には、ゴ・ジン・ジェム大統領への不満と苛立ちが鬱積していた。軍首脳は軍事のことは自分たちに任せるよう求めたが、彼らを信用していないジェムは応じなかった。彼らは、戦争勝利への解決策は「真の革命」、すなわちクーデターしかないと考えるにいたる。しかもジェムは彼らに無意味な任務しか与えなかったから、陰謀の計画を練る時間はたっぷりあった。

ビッグ・ミンに期待

衆目の一致するところ彼らの指導者は、一八〇センチを超える「大男《ビッグ》ミン」ことズオン・バン・ミン将軍だった。一九四〇~四一年に日本軍が仏領インドシナを占領した、いわゆる仏印進駐の際、日本軍に抵抗して英雄となった人物である。

彼は軍内部にも、国民の間にも人気があった。国民の多数と同じ仏教徒で、ベトナム最南端のメコン・デルタ、つまり地元出身だった。フランス語ほど流暢ではないが英語も話し、テニスの名手でもある彼は、アメリカ人将校たちと良好な関係にあった。ケネディ政権で統合参謀本部議長となったテイラー将軍とも親友だった。

だからこそ彼はつねに政府の監視下に置かれた。実戦部隊から切り離され、大統領軍事顧問という名の空虚な地位に祭り上げられた。彼が軍事面で助言を試みても、ジェムはいっさい受けつけなかった。冷遇に満腔の不平を抱え、それを内心に隠しておけないミンについたあだ名が「ぶつぶつ将軍」である。彼を中心に多くの将軍たちが舞台の袖に控え、アメリカによる出番の合図をいまかいまかと待ち受けていた。

獰猛なワニ

ケネディ大統領自身は少なくとも当初クーデターには反対していたと、弟のロバート・ケネディ司法長官は述懐する。また建前としても、誰を指導者に選ぶかはベトナム人の問題であるはずだった。一九五五年と一九六一年、二度の選挙でいずれも圧勝したジェムは国民の支持を得ているというのが、アメリカ政府の公式見解だった。

だが一九六三年春、ケネディ政権は二つの危険のいずれかをとるかを迫られていた。国家安全保障会議のフォレスタルによれば、一方は「ジェム大統領とその一族に、アメリカの意図についておなじみの疑念を生じさせる危険」。他方は「ジェム政府とあまりにも緊密な絆を維持することの危険」である。

三月初め、ゴ・ジン・ニュー夫人の父でありながら、ジェムをすっかり見放していたチャン・バン・チュオン駐米大使はハリマン極東担当国務次官補（当時）に、「ジェムと一緒では勝てない」以上「暴力によって」政府交替を促すしかないと訴えた。ハリマンは駐ソ大使やニューヨーク州知事を務めた、ケネディの大先輩にあたる大物政治家である。ラオス休戦を目指すジュネーブ会議（一九六一～六二年）でアメリカの首席代表となったのも、一九六三年夏に部分的核実験禁止条約を目指す交渉を担当したのも、ケネディの信頼の表れだった。

ハリマンの中では、ジェム憎しの感情が膨らんでいた。ジェムがジュネーブ会議に、そしてラオス中立化にそっぽを向いていたからである。もっとも、協定への署名を強要するハリマンの態度がジェムの神経を逆撫でしていたから、お互い様ともいえた。

四月、そのハリマンが政治担当国務次官に昇任する。その攻撃性から「ワニ」の異名をとったハリマンの登用は、アメリカがそれまでと異なった前提で動くという、ベトナム向けの「非公式な信号」（ノルティング大使）だった。

ハリマンの上司にあたるボール国務次官も、ハリマンの後任として極東担当国務次官補となったヒルズマンも、ホワイトハウスのフォレスタルも、指導者を代えさえすればうまくいくと信じていた。彼らは「第二の――あるいは第三、第四でもよいが――ナセル」（ヒルズマン）出現を待ち望んでいた。ガマル・アブデル・ナセルは、王政を打倒し、スエズ危機（第二次中東戦争）でアラブ世界の英雄となったエジプトの指導者である。

ジェムを守れ

ワシントンのマクナマラ国防長官やテイラー統合参謀本部議長、サイゴンのノルティング大使やハーキンズ軍事援助司令官ら、クーデターに猛反対の人々も少なくなかった。憲法にもとづいて成立した政府をひっくり返すなど、じつにとんでもない話だ。ジェムこそ南ベトナムで最善かつ唯一の指導者だ。彼の努力は、いまや実を結びつつあるではないか。「あと五年もあれば共産主義の魅力は無に帰すことは疑いなかった」と、CIAサイゴン支局長だったコルビーは述べている。

そして何より、ジェムに代わるべき指導者など「水平線には誰一人見えなかった」とジョン・マッコーンCIA長官は述懐する。つまりアメリカは「ジェムに固執する以外に手がない」（コルビー）状態にあった。

一九六二年九月のことだが、サイゴンのイギリス大使館が、ジェムの次は誰かと検討した。結論として、最有力候補は北ベトナムの指導者ホー・チ・ミンだった。

よしんばジェムに代わりうる人材が頭角を現したとしても、ジェムとその監視網が見逃すはずはなかった。有能な軍人にアメリカ側が好意を示したり有能さを評価したりすれば、即座に馘首の危険が待っていた。

クーデターが状況を好転させる保証もなかった。今以上に見込みのある政府が生まれるどころか、むしろいっそうの混乱を招き、勝利を遠ざける恐れがあった。トンプソン英軍事顧問団長は、ジェムが消えれば「六カ月以内に」負けるかもしれないとケネディに述べた。

政治危機が引き金に

仏教徒危機勃発は政府軍の将軍たちに、反政府の策謀を本格始動させた。デモ鎮圧に消極的な将軍もいたし、出動を拒否する部隊もあった。軍首脳が仏教徒との和解を働きかけると、ジェムもニューも首を縦に振るどころか、ひるむ将軍たちを叱咤激励した。ジェムに対する軍首脳の憤激は日ごとに募っていった。

テイラー統合参謀本部議長によれば、仏教徒危機は、ジェムと一緒では勝てないと危惧する声を「倍増」させた。ジェム政府打倒に深く関与したCIAサイゴン支局のルシアン・コネインは、のちに上院特別委員会の調査で、仏教徒の決起が政府転覆への「触発剤」だったと述べている。

戦争勝利という目標にとって、そしてアメリカの利益にとって、ジェムがもはや資産どころか負債でしかないことは明らかだった。それは、アメリカが長年目を塞いできた事実の顕在化にすぎなかった。

もっともワシントンの反ジェム派には、そこまで行く必要はないとの見方もあった。災いの種であるニュー夫妻を、たとえば休暇という形で国外に出しさえすれば片がつくというわけである。だがジェムがおいそれと首を縦に振るとは思えなかった。とすれば力ずくでニュー夫妻を——必要とあらばジェムまでも——除去するしかなかった。

仏教徒危機への対応でジェムが示した「偏執狂的な頑迷さ」と、その「盲目的なまでに自殺的な抑圧政策」は、トルーハートに一つの確信を与えた。ニューが政府の黒幕である限り、ジェムに希望はないということである。

ニューのほうも、アメリカへの敵意と疑念を隠さなかった。彼の指揮下にある、赤いベレー帽をかぶった特殊部隊《レッドベレー》の一部は、民族解放戦線や仏教徒ではなくむしろアメリカ人の動きを注視し、しばしば嫌がらせに余念がなかった。

ニュー夫人の影響力排除も重要だった。黙らせるか、国外に出すかである。しかしジェムもニューも、国会議員でもある彼女の「私人」としての言論を封じることはできないとの態度だった。

ニュー夫妻はますます反米傾向を強めた。ノルティング大使暗殺計画の情報すら寄せられた。八月二〇日、ラスク国務長官は「ニュー夫妻は去らなければならないし、クーデターが必要だろう」とサイゴンの大使館に伝えた。

メクリン広報担当参事官は、アメリカが「狂人どもの政府」を相手にしているとさえ述べた。しかもそう感じるのは彼一人ではなかった。

七月一九日、ボウルズ駐インド大使は、このままジェム支持を続ければ、東南アジア全体が「数カ月のうちに制御不能になる」だろうと予測した。ジェム政府の命運とともに、アメリカの忍耐も、そしてアメリカ＝南ベトナム関係も、危険な領域に突入しようとしていた。

現実味帯びる選択肢

南ベトナムでは、数え切れないほどのグループがクーデターを目指してうごめていた。戦略村計画の責任者ファム・ゴク・タオ、秘密警察の長であるチャン・キム・トゥエン、憲兵隊を率いるド・マウらは、手を握ってジェムに歯向かう気配を示した。ジェム統治を支えるはずの、いわば身内からの反乱である。

六月末、政府は「生きるか死ぬかの戦い」に直面していたと『ニューヨーク・タイムズ』のハルバースタム記者はいう。ジアロン宮殿の周囲は封鎖され、秘密警察が常時待機した。ジェムは信用できない部隊を首都から遠ざけた。

アレクシス・ジョンソン国務次官代理によれば、一九六三年夏までにサイゴンはクーデターの噂で「沸騰」状態だった。国務省情報調査局によれば、五月初めから八月初めまでの時期に、信憑性は置くとしても政府転覆をめぐる報告が五〇ほども寄せられていた。

七月四日、ボール国務次官やハリマン政治担当国務次官らはケネディに、「今後四カ月以内に」クーデターが起きるとの見通しを伝えた。一〇日、CIAの情報分析は、クーデター成功の確率を少なくとも「五分五分以上」と踏んだ。一三日、ラスクは「数カ月以内に」クーデターの発生可能性も、その成功率も上がるとの見解を示した。

八月六日にはヒルズマンが、九日にはフォレスタルが、数カ月以内に政府が崩壊する可能性をほぼ五分五分とした（ヒルズマンによれば、クーデター成功の見込みもやはり半々だった）。八月一六日、CIAサイゴン支局はクーデターが「いつでも発生しうる」と警告した。ケネディ政権内には、狼が来ると騒ぎ立てる者が溢れかえっていた。

将軍たちの計画

本物の狼も南ベトナムに息づいていた。六月の段階で、ズオン・バン・ミン、チャン・バン・ドン、レ・バン・キム、チャン・ティエン・キエムら将軍たちは、行動の準備をかなり終えていた。命まで奪うか国外脱出を認めるかは別として、ジェムとその一族はすべて除去する。軍政府を樹立した後、選挙を実施する。これが彼らの計画だった。

七月初め、チャン・バン・ドン将軍はCIAのコネインに、自分たちがクーデターを準備中だと明かした。コネインはドンの旧友で、政府軍首脳にも信用されていた。七月半ばまでに、軍首脳は「ジェム転覆に向けた作業のほとんどを終えた」(ドン)。

六月のこと。一九五五年設立の反共軍事同盟である東南アジア条約機構(SEATO)が軍事演習を行った。その視察のため、ドン将軍はミン将軍とともにタイを訪れた。そこで外国人と会い、外国紙を読んだ。焼身自殺の後、ジェム政府が国際的にいかに厳しい立場に置かれているかを知ったのである。帰国してみると、相変わらず「沸騰状態」が続く中、国民の政府への嫌悪は募る一方だった。その結果、事実上「民族解放戦線が毎日得点を重ねている」状態だった。改善を求めたが、ジェムもニューも暖簾に腕押しだった。あとは自分たちが行動に出るしかなかったのだ。これがドンの言い分である。

牽制と恫喝

七月八日、一九六〇年のクーデター未遂事件の容疑者の裁判が突然始まった。そこには、反政府の陰謀をめぐらす輩に警告を与える意図があった。

七月一一日、ニューは将軍たちを集め、反米・反仏教徒を旗印とするクーデターへの支持を要求した。もし彼らが応じればよし、叛意の表れとして即座に拘束する。彼らがおじけづけばまたそれもよし、少なくとも彼らの間に混乱と分裂をもたらすことができる。ニューは偽のクーデターを組織し、反政府勢力をあぶり出そうと画策していた。

牽制策が功を奏し、政府転覆の企ては一時中断したように見えた。その後もニューは軍首脳を振り回し続けた。八月一五日には、政府軍に、共和国青年団や女性連帯運動との緊密な協力を求めた。一九日には、クーデター防止策が不十分だと将軍たちを叱りつけた。

チャン・バン・ドン将軍が統合参謀司令部（JGS）議長に、トン・タト・ジン将軍がサイゴンの軍責任者に任命されるなど、露骨なアメも用いられた。UPI通信は、いまのところ軍首脳は政府に協力しているようだと報じた。

将軍たちも警戒を怠らなかった。八月二〇日にジアロン宮殿を訪れたグエン・カーン将軍は、サイゴンに泊まるよういわれた。だがその日のうちに、勤務地である中央高地のプレイクに戻り、その後二度と首都には戻らなかった。

無為自然の道

国務省のハリマンやヒルズマンは「アメリカの利益」と「サイゴンに存在する政府の利益」を混同してはならないと肝に銘じていた。もしジェムが適切な手だてを講じて情勢を安定化できるのなら、彼を支えることはアメリカの利益と合致する。だがそうでなければ、非共産主義者によるクーデターを実現できる「潜在的な指導者」と友好関係を維持する必要がある。

八月上旬、ヒルズマンがボールに伝えたところによれば、ケネディ政権は次を担うべき人材と「これまで以上に、ただし慎重な接触」をとることを「緊急に」求めようとしていた。実際に現地のCIA要員などがクーデター派のベトナム人と非公式に、しかし頻繁に接触していた。それはハリマンの補佐官ウィリアム・サリバンによれば、「上からの指示」によるものだった。

アメリカは次の指導者を物色していた。最も望ましいのはグエン・ゴク・ト副大統領が憲法にのってジェムの後を継ぐことだった。有能なグエン・ジン・トゥアン国務相も候補の一人だった。ただし現政府と一体の存在であることは、負の要素にもなった。

クーデターには依然反対も強かった。ノルティングは七月中旬から下旬にかけて、「赤ん坊が生まれても、それがどのような子なのか、誰も確証をもっていえない」のだから、いまはジェム政府とやっていくべきだと繰り返しワシントンに訴えた。リンドン・ジョンソン副大統領もこの頃、「見知らぬ悪魔」

よりも「顔見知りの悪魔」のほうがましではないかと語った。

憲法にもとづき、選挙によって政府を交替させるのは「ベトナム国民の責任」だ。アメリカは「いかなる陰謀にも関与しない」し、政府が形成されようが破壊されようがいっさい関知しない。ノルティングによれば、これがアメリカの政策だった。

賛否両論が渦巻く七月上旬、国家安全保障会議のフォレスタルがケネディに提言したのが、「日和見」政策である。ラスクが七月二三日にノルティングに伝えたように、ジェム政府に非公式な形で仏教徒危機解決を求めながら、事態の推移を「見守りつつ待つこと」がアメリカの政策となった。ヒルズマンによればそれは「クーデターを促すことも、止めさせることもしない」政策だった。

成功への確信が欠如

無為無策と事態放任が続いた。その最大の理由は、クーデター成功の確信がなかったことである。ラスクがいうように、大事なのはいったんやると決まれば「成功しなければならない」ことだった。その成否に「アメリカの威信」が賭けられることは自明の理だったからである。だがその確証がまったく得られなかった。

政府軍首脳が抱える最大の問題は、直接指揮できる兵力の不足だった。ジェムがクーデターを警戒し、彼らと実戦部隊を切り離してきたためである。

アメリカが容易に知ることができるような計画では、とうてい成功の見込みはない。だが本当にクーデターが起きるのか、そして成功できるのか、不安を抱えたままではそれを支援することもできない。ケネディ政権は深刻なジレンマに直面していた。

六月末、ＣＩＡは、反政府指導者にはまともな国家運営など期待できないと報告している。将軍たちはいくつもの派閥に分かれ、いがみあっていた。よしんば権力奪取に成功したとしても、その後将軍どうしの争いが生じ、情勢をいっそう不安定化させる恐れは多分にあった。

四分五裂は軍人の専売特許ではなかった。反政府派は連帯とは無縁だった。多くは日和見で、国民の支持もたいしてなかった。軍人と民間人の大同団結も、まったくの夢物語だった。

もっとも七月四日の段階で、ヒルズマンはクーデターにともなう混乱や空白期間をさほど心配していなかった。統合参謀本部で反乱鎮圧を担当するクルラック将軍は、クーデター支持派とはとてもいえない人物だった。だがそれでも、サイゴンに混沌が生起しても政府軍は戦場で戦い続けると見ていた。統治面でも戦争遂行の面でも、アメリカの支援さえあれば混乱はなんとか抑えられるはずだった。

政府に反旗を翻している者にとっても、様子見を決め込んでいる者にとっても、鍵はたった一つだった。アメリカの態度である。

大使交替の意味

ロッジの新大使任命はクーデターへの青信号だった。両国の関係が決定的に破綻するのは一九六三年八月二一日以降のことだが、そのはるか以前に、ジェム追放という方向性の基礎は固まっていた。メクリンによれば少なくとも結果として、ロッジはジェム「放棄」政策の担い手として最適任であり、実際に「有能な処刑執行者」となった。ジェム打倒を求めるワシントンの一派との「連合」(テイラー)が彼を支えた。

だからこそジェム政府は、アメリカへの牽制に余念がなかった。グエン・ジン・トゥアン国務相は六月二五日、アメリカが自分を倒そうとしているのではないかとジェムが疑っていると、トルーハート代理大使に伝えた。『タイム』が報じるところによれば、ジェム自身、いま政府が交替すれば「内戦」と「恐ろしい独裁」が待ち受けていると警告した。七月一七日、ニューはこの頃サイゴンを訪れていたマニング広報担当国務次官補に、「いま政府を替えても共産主義者を利するのみ」だと釘を刺した。

八月初め、ジェムは『ニューヨーク・ヘラルド・トリビューン』のヒギンズ記者に、「私の追放を試みる決定が下される時に備えて」うごめいているアメリカ人の存在を糾弾した。アメリカの怪しげな動きを止める材料の一つが、一九六〇年のクーデター未遂事件を持ち出し、アメリカの関与をあれこれ詮索することだった。

　七月二三日、ラスク国務長官は「ジェムに代わる者は出現しつつあるようだが、それが誰で、何者であるかはまだ明確ではない」とサイゴンに伝えた。八月六日になっても、アメリカは「負け馬に乗るわけにはいかない」が、しかし「確信を持って勝者を拾い上げる立場にはまだいない」と、ヒルズマンは苦々しさを隠さなかった。

　ケネディ政権は、ジェム統治に「代わるべきものはまったくなく、後を引き継ぐべき者も誰一人登場しない」（フォレスタル）状態に苛立ちを深めるばかりだった。一九五四年のジェム擁立から数えて九年目の夏、アメリカはアジアのかけがえのない反共指導者としてジェムを支え続けつつ、しかしいつでもその代替策の採用を辞さない、二正面作戦を展開していた。八月二一日、ワシントンとサイゴンを巻き込む危機は、一気に燃え上がっていく。

第2章　苦悶——正面衝突への道

1　襲われた寺院

一九六三年八月二〇日も、そろそろ日付が変わろうかという深夜。南ベトナム（ベトナム共和国）の首都サイゴンの街に、突然サーロイ寺院の鐘が鳴り響く。政府による大規模な寺院襲撃の始まりである。

外科手術を決断

ウィリアム・トルーハート代理大使のいう「暴力的なドラマ」が開幕した。仏教徒危機は、いよいよその「クライマックス」（トマス・ヒューズ国務省情報調査局長）を迎える。

南ベトナムのゴ・ジン・ジェム大統領や、弟で政府の実力者ゴ・ジン・ニューは寺院襲撃を「外科手術」と呼んだ。ニュー夫人は「浄化作戦」と称した。逮捕者は全土で一四〇〇人を超え、少なくとも三〇人が負傷した。

大使館のジョン・メクリン広報担当参事官は、襲撃作戦が、民族解放戦線（NLF）つまり「ベトコンとの衝突ではまず見られないほど、てきぱきと」行われたと記している。その違いは、仏教徒と違って「たぶんベトコンなら撃ち返してくるから」だった。

襲撃作戦が終わろうとする八月二一日午前六時、ジェムがラジオで戒厳令を宣言した。午後九時〜午前五時は外出禁止。集会も印刷物刊行も禁止された。空港は閉鎖された。必要ならいつでも法律の適用停止が可能になった。

戒厳令発布の主役は南ベトナム政府軍（ARVN）首脳である。彼らは、全権を委任されなければ治安に責任は持てないとジェムに迫った。二〇日真夜中になって、ジェムもようやく折れた。

襲撃の目的

サイゴンの治安維持を委ねられたトン・タト・ジン将軍によれば、戒厳令は「仏教徒問題終結のため」、そして「国家を救うため」のものだった。だが参謀総長代理となったチャン・バン・ドン将軍は、自分たちの「後方地域の治安を確保するため」だと語った。騒乱の拡大、戦争遂行への悪影響を、何としても防がなければならなかったのである。

だがジェムは、将軍たちに押し切られたというより、むしろここを先途と彼らの要求に乗ったのかもしれない。仏教徒との和解政策は「災厄への一方通行」でしかない。仏教徒の抗議運動など最小限に抑えられる。こうした確信と楽観が、日ごとに強まっていたからである。

ジェムは閣議で、今回の行動は「歴史を前にした個人的責任」ゆえだと述べた。ワシントンではフレデリック・ノルティング前大使がジョン・F・ケネディ大統領に、ジェムとニューが「騒擾にいっさい終止符を打つことを決意した様子」だと説明した。戒厳令と寺院襲撃の目的は仏教徒、とくにその指導者を政治から「宗教活動に引き戻す」ことにあった。

ニューは、仏教徒が「政府の転覆と国家の治安攪乱」を目指していると糾弾した。政府は、仏教徒が武器を隠し持っていると非難した。寺院からは短剣、銃、機関銃、プラスチック爆弾、通信機、手投げ弾（原料は塩・胡椒・チリソース・赤唐辛子・カレー粉など）などが多数発見された。政府は戦利品を陳列したが、外国人記者の嘲笑に迎えられた。チャン・バン・ドン将軍によれば、「発見」された武器の一部は、警察がひそかに持ち込んだものだった。

寺院内の共産主義者

仏教徒組織が「煽動者に乗っ取られた」（ジェム）という認識が、すべてを正当化した。ニューはラジオで、サーロイ寺院こそ世上に「混乱をもたらす拠点」だと断言した。政府の御用新聞『タイムズ・オブ・ベトナム』は、それを共産党の組織にならって「サーロイ政治局」と呼んだ。

ジェムは、共産主義者が「南ベトナム全土の寺院」の中をうろついていると、アメリカのヘンリー・キャボット・ロッジ新大使に語った。ニュー夫人は、僧侶を「黄色い衣服を着たアカ」と呼んだ。ラジオは、仏教徒組織内部で「恥知らずにも、共産主義の手先として活動している裏切り者」をあぶり出そうと国民に呼びかけた。軍首脳が戒厳令を求めた理由の一つも、「サーロイ寺院内の仏教徒の間に、ベトコンが浸透している」という認識にあった。

ロッジも、仏教徒のデモは「おそらく共産主義者の手先の仕業」だと見ていた。ポール・ハーキンズ軍事援助司令官は、「共産主義の袋からありとあらゆるペテンを取り出しては用いる、無慈悲で粗野で野蛮な敵」が、宗教という新たな武器を見つけたのだと警告した。

だが九月初め、ロジャー・ヒルズマン極東担当国務次官補はあるフランス大使館員に、仏教徒運動に共産主義者が浸透しているとか、それを支配しているとかいった証拠はないと認めている。実際に、せっかくお膳立てされた政情不安にもかかわらず、民族解放戦線の動きはむしろ鈍かった。彼らと仏教徒の関係は依然として疎遠だった。

それでもディーン・ラスク国務長官は、民族解放戦線に「国内の騒乱を利用して反応を示すだけの、十分な時間がなかった」だけだと見ていた。また、フランシス・セロング豪訓練使節団長によれば、「物事が非常にうまく運んでいる」ことから、このまま「情勢の沸騰」を見守るほうが得策だと敵が判断したにすぎなかった。

寺院襲撃直後のサイゴンもフエ（ユエ）も静穏だった。八月二四日、夜間外出禁止の時間帯は午後一一時以降に短縮された。八月末、フランスのロジェ・ラルエット大使は、「依然として暴力的蜂起の危険性はいくぶんはあるが、それでもおさまりつつある」と見た。ワシントンではノルティング前大使が「不満は人口の一五％にすぎない都市部に限られており、農村には影響がない」と主張した。地方では戒厳令の発布を知らない者さえいたという。

政府は、仏教徒運動の「背骨を粉砕した」とトルーハート代理大使は断定した。一九六二年六月までＣＩＡ（中央情報局）サイゴン支局長だったウィリアム・コルビーは、ジェムもニューも「望んだものを実際に手に入れたといえるかもしれない」と見た。九月初め、ジェムはロッジに、「仏教徒問題はいまや完全に解決された」と豪語している。

だが八月二一日を境に、「状況はまったく変わった」と、ＣＩＡサイゴン支局は報告した。ある南ベトナム外務省職員はサイゴンの日本大使館員に、このままでは「自滅」しかないと述べた。東京の外務省も、政府の「瓦解作用」が早まるのではと懸念した。これ以降、政府崩壊がいよいよ「時間の問題」（ロッジ）となっていく。

八月三一日の予定だった国会選挙は延期された。だがノルティングはワシントンで、この国ではもともと「選挙にはたいして意味はない」のだから何も心配することはないと、妙な理屈でジェムを弁護した。

九月一四日、南ベトナム政府は一六日正午を期して戒厳令を停止すること、二七日に国会選挙を行うことを発表した。戒厳令下で選挙を実施しても「自由な選挙とみなしてもらえない」。それゆえ早い時期に戒厳令を解除し、その後に選挙を行うのだ。こう説明されたハーキンズ軍事援助司令官は、「まるでこれまで自由選挙があったような」言い草に苦笑した。

ブー・バン・マウ外相は寺院襲撃に抗議して剃髪、職を辞した。だがジェムは辞表を受理せず、病気休暇扱いとした。ワシントンとニューヨークでは、それぞれ駐米大使と国連大使（オブザーバー）を務めるチャン・バン・チュオン夫妻が辞任した。二人はニュー夫人の両親である。怒ったジェムは辞任を認めず、二人を「解任」した。チュオン夫妻はアメリカにとどまり、政府非難を続けた。

抗議の剃髪や辞職が相次ぎ、政府の仕事は事実上止まった。仏教徒弾圧の命令を無視する者。お茶を濁すにとどめる者。それどころか情報を仏教徒側に流す者。嵐に遭った船から逃げ出す、鼠の群れさながらだった。

恐怖の街

八月二一日以降、首都は「恐怖の都市」と化したと、『ニューヨーク・タイムズ』のデイビッド・ハルバースタム記者はいっている。その翌日、ハーキンズ将軍はマックスウェル・テイラー統合参謀本部（JCS）議長とハリー・フェルト太平洋軍司令官に、「状況は制御不能になりつつある」と書き送った。サイゴンはもはや「暴力的な衝突の舞台」（テイラー）だった。

八月二七日、ラスク国務長官は全在外公館に、「流動的で急速に変化しつつある」南ベトナム情勢への懸念を伝えた。二八日、アベレル・ハリマン政治担当国務次官は、この国が「いつ何時爆発するかわからない」と不安を吐露した。

八月末、フエのジョン・ヘルブル総領事も「恐怖の空気」をひしひしと感じていた。サイゴンの大使館ではメクリン参事官が、「狂気じみた不思議議世界」に触れていた。闇市場ではベトナムの通貨ピアストルの価値が下落した。

ジェムの味方であるはずのカトリックですら、政府への不信を表明した。仏教徒のみならず彼らも逮捕の対象だったからである。再教育キャンプには二万人が収容されたままだった。

夏休みを終えた学生がサイゴンやフエに戻り、独裁反対を叫び始めた。もともと彼らの多くは政治に無関心で、徴兵を嫌うがゆえに進学の道を選ぶ者も少なくなかった。だが寺院襲撃はその彼らに、政府や軍への敵意を植えつけた。ＣＩＡサイゴン支局は九月初め、政府のやり方が、学生を強力な政治勢力に育てる「触媒」になったと分析した。

私服警官は大学生や高校生を捕まえては尋問した。サイゴンの治安を担当するトン・タト・ジン将軍は、むやみに学校を欠席すれば放校に処す、暴力行為を行えばすぐさま徴兵すると学生を脅した。抗議行動と弾圧の悪循環は、大学から高校に、中学校に、さらには小学校に拡がった。国民の憤激を知るチャン・バン・ドン参謀総長代理は、もし仏教指導者が多数の群衆を率いてジアロン宮殿に行進しても、軍は妨害しないと語った。

沈みゆく船

九月二日、ケネディはＣＢＳのインタビューで、ジエム政府が「過去二カ月、国民から遊離してきた」さまを嘆いた。この頃、サイゴンの主要施設には重武装の特殊部隊《レッドベレー》が張りついていた。これ以上の焼身自殺を阻止しようと、監視の目もいたるところに光っていた。ニュー傘下の共和国青年団は政府批判を戒めるべく、戸別訪問に余念がなかった。高僧はなかなか釈放されず、たとえ釈放されてもしばしば再逮捕された。

もともと政治に無関心な農村部の人々でさえ、政府を、自分たちと同じ仏教徒と対立する存在と見なすようになった。この頃現地を視察した国務省極東局のジョゼフ・メンデンホールの目には、「恐怖と憎悪」が蔓延する街の姿が映った。

九月一〇日、ラルエット仏大使はロッジ米大使に、「この船は沈みつつあるようだ」と伝えた。一六日、バチカン法王庁のサルバトーレ・アスタ大使も、状況が「急速に頂点に近づいている」との実感をロッジに漏らした。

ベトナム人のある政府批判派の言葉を借りれば、仏教徒危機はすでに「国民を相手にした一族の戦争」

の様相を呈していた。九月一五日、ヒューズ国務省情報調査局長は南ベトナム情勢を、「ほとんど反乱寸前」だと定義した。

ニューが表舞台に

この頃ワシントンの関心は、いったい「誰がベトナムを統治しているのか」（ハーキンズ軍事援助司令官）にあった。国務省は権力を握る存在として、政府軍、ジェム、ニューという三つの可能性を挙げた。ＣＩＡは、三者の間に権力が分散していることが、じつに「曖昧模糊」な状況をもたらしていると指摘した。

たしかにジェムはいまも「鞍にまたがって」いる。だが「現在の事態の進展はニューが支配している」。チャン・バン・ドン将軍のこうした見方に、ロッジもまったく同感だった。

各地で公共の建物などからジェムの写真が取り外され、ニューの肖像画や写真が掲げられつつあった。共和国青年団の制服を着用したニューのポスターがばらまかれた。

政府軍の放送は、共和国青年団に政府支持への結集を呼びかけるニューの声明を延々と流し、彼を国民に「愛される」存在として描いた。レ・バン・キム将軍は経済援助使節団（ＵＳＯＭ）のルーファス・フィリップスに、軍はいまやニューの「操り人形」だと語った。

グエン・ジン・トゥアン国務相によれば、この頃ニューは「危険なほど勝ち誇った様子」だった。彼は、アメリカ人は独立の父ジョージ・ワシントンのかわりに、自分の銅像を建てるべきだと豪語した。自分が「彼らのためにベトナムを救ってやった」からである。

寺院襲撃から一〇日後、ラスクは「気は進まないが」と前置きしたうえで、ニュー放逐がアメリカにとって「第一番の問題」だとした。「ジェムとベトナム国民、そしてアメリカとの和解の象徴」としてである。

ケネディの関心も、とりあえず「六カ月」、彼を国外に出せないかどうかにあった。せめて一二月まで、つまり議会で予算案が通過するまでニューを舞台から遠ざけられないかと、ロッジはジェムに打診した。

ハリマンの補佐官ウィリアム・サリバンは、ニューを「狂信者」と呼ぶ。しかも彼には「常軌を逸した」行動が増えていたとする。そのサリバンにテイラー統合参謀本部議長は、ニューは「気が変」か、現実に「目を塞いでいる」かだと語った。ヒルズマン極東担当国務次官補のいう、ニューの「顕著な情緒不安定」に、アメリカは手を焼くばかりだった。

ニューへの嫌悪が、いまや政府批判として「結晶化」しつつあった。ヒューズはラスクに、ニューこそが「爆発しかねない統治上の危機の原因」だと伝えた。ニューはまさに、「取り除かなければならないものの象徴」（ラスク）だった。ニュー自身は、自分がすべての「スケープゴート」とされていると嘆息していたが。

夫妻は頭痛の種

八月二六日、ロッジはジェムとの初顔合わせで、「おもしろいことに、私がこれまで政治生活で知り合った人々は、ニュー夫人がベトナムの国家元首だと思っている」と語った。これを聞いたジェムの側がどう感じたかはわからない。だがワシントンのマクジョージ・バンディ国家安全保障担当大統領補佐官が、「ニュー夫人が去るのなら、ニューはサイゴンにいても何とかなる」と認めるほど、彼女は大きな頭痛の種になっていた。

寺院襲撃の日、彼女はわが「人生最良の日」だと有頂天だった。襲撃は自分が行わせたものだと、手柄顔で語りさえした。「共産主義との戦いにおけるベトナムの救世主」を自称し、ジェムの弱腰を攻撃し、仏教徒の反政府活動を痛罵し、焼身自殺を仏教徒による「殺人」と糾弾し、自分への出国要求を国際共産主義の陰謀と非難した。

国務省情報調査局は八月二一日、戒厳令や寺院襲撃について、ジェムがニュー夫妻の「大きな影響下にあると断定した。二人は、弾圧政策の「構築者であり代弁者」だった。ジョージ・ボール国務次官にとって、ニュー夫妻は「きわめて耐えがたいような状況」をつくり出した張本人たちだった。ハリマンは「ニュー夫妻と一緒では戦争に勝てない」と断言した。

揃って退場を

ニュー夫妻の除去は「最善の解決法」かつ「中心目標」（ロッジ）であり、すべての問題を解決する「鍵」（ハーキンズ）であり、アメリカの「最重要目標」（バンディ）だった。南ベトナム国内には、夫妻が不満分子にとって「避雷針」（ロッジ）となっていることに、同情的な者もいた。だが、いったん帰国した経済援助顧問団のフィリップスは九月一〇日、ベトナム人の多くがジエムを支持しつつも、ニュー夫妻の存在には反対しているとケネディ政権首脳に報告した。現地視察を終えた国務省極東局のメンデンホールも席上、人々の「恐怖と憎悪」が夫妻に向けられていると指摘した。

大使館のメクリン広報担当参事官は、ニュー夫妻は病の「症状」であってけっして「病因」ではないことを指摘した人物である。だがその彼ですら、二人が「永久に」消えて欲しいと心底願っていた。政府軍の将軍たちも、この厄介な夫妻を除くことを望んでいた。二人が姿を消した後のジエムとなら、一緒にやっていけると考える者もいた。あるワシントンの官僚がいうように「あの一族、とりわけニュー夫妻と一緒では戦争に勝てない」という認識が日ごとに強まった。

あるベトナム人は、「アメリカが現状に我慢がならないと明示すれば、ニューは二四時間持たない」と述べた。ロッジは援助停止の「私的な脅し」によってニューを除去できるかもしれないと見た。彼は、少なくともニュー夫人の出国は実現可能だとの見通しを抱いた。彼女の国外「旅行」はよい考えだと、ジョン・マッコーンCIA長官も認めた。

三位一体

しかしノルティング前大使は、「シャム双生児」も同然のジエムとニューを分離できる可能性など、「ほとんどない」と見ていた。サイゴンのロッジもハーキンズも、現実問題として、ジェムとニューを切り離せる見込みなどないと、むしろあきらめ顔だった。政府軍首脳も、「双子の行政官」である二人の分離を無理だと考えていた。

ヒルズマン極東担当国務次官補は、一九六七年に刊行した回顧録で、ジェムがニューを追い出す可能性が四〇％、何もせず将軍たちのクーデターを招く可能性が四〇％、何もせず一年のうちにベトナムで敗れる可能性が二〇％だったとしている。彼は一九七〇年、ケネディ図書館のインタビューでは、この数字をそれぞれ二〇％、二〇％、六〇％に訂正した。

何も起きないどころではない。ロッジは、ニュー夫妻がアメリカの動きを「最後通牒」と解釈して、実力行使に出るかもしれないと懸念した。実際にニュー夫人から返ってきたのは反発だけだった。彼女は「切腹《ハラキリ》」をいっさい拒否したのである。

九月一日、アメリカの意を受けて、バチカンのアスタ大使はニューに、夫人とともに出国するよう勧めた。だがニューは「妻が同意すれば喜んで出国する」と、夫人は「夫が出国を望むのなら反対はしない」と語った。一方が拒否すれば、二人とも出て行かないことになる。

2 ニューの大誤算

下手人は特殊部隊ら

国務省は八月二四日、戒厳令は政府軍の主導によるが、寺院襲撃は秘密警察と特殊部隊によって行われたとする判断をサイゴンに伝えた。特殊部隊はカトリックでフエ出身、つまりゴ・ジン・ジェム大統領と同じ出自を持つ兵士の集団だった。指揮官レ・クァン・トゥン大佐はジェム一族と親しく、与党・人位《カンラオ》勤労革命党の幹部であり、軍内部ではジェムらの「番犬」（トルーハート代理大使）だった。

特殊部隊は、いつの間にかゴ・ジン・ニューの「小規模な私兵」（ヒルズマン）と化していた。だから寺院襲撃は、ケネディお気に入りの陸軍特殊部隊《グリーンベレー》が、平等を求める黒人（アフリカ系アメリカ人）のデモを蹴散らしたようなものだといわれた。

自分は「戒厳令とも寺院襲撃とも無関係」だとニューはうそぶいた。だがレ・バン・キム将軍は、すべてが「ニューによって始められた」のだと述べた。実は軍も強硬策に出るつもりでジェムに戒厳令を求めたのだが、ニューに先手を打たれてしまったのだとの説もある。

襲撃事件の二日後、CIAは、ニューが戒厳令と寺院襲撃の「背後の主力」だと結論づけた。八月二七日、ラスク国務長官は全在外公館に、寺院襲撃はニューが決めたものだと伝えた。九月初めに国防省内で用意された情勢評価でも、彼が「ショウを演出している」ことは確実視された。九月末、ジョン・リチャードソンCIAサイゴン支局長は現地を訪れたロバート・マクナマラ国防長官に、ニューが事件の「煽動者」だと述べた。

その意図は、現政府に代わりうる唯一の存在である軍に弾圧の責めを負わせ、せめて政府と同程度の汚名を着せることだった。だから特殊部隊は八月二一日に限り、いつもと違う空挺部隊の軍服を着用していた。

完璧な奇襲

ケネディ政権は完璧な不意打ちを食らった。作戦直前に、大使館やアメリカ人高官の自宅などの電話線が切断された。彼らがベトナム人に会うのもむずかしかった。

AP通信のピーター・アーネット記者は、この時の報道管制が「ほとんど水も漏らさぬ感じ」だったと回想している。ちなみにアーネットはのち湾岸戦争で、CNN特派員として敵国イラクから戦況を生中継したことで知られる。

記事は検閲され、記者やカメラマンは逮捕され、フィルムは没収された。だが彼らは巧妙にフィルムをすり替えてから当局に渡した。「伝書鳩」も活躍した。出国する旅行者や米軍将兵などに記事や写真、フィルムなどを託すことである。大使館員の一部は、ひそかに館内の設備を記者に使わせた。

批判的な記事は記者への暴行を生んだ。ロッジが抗議すると、弾圧はさらに激化した。自国民、報道、アメリカ大使館を相手の「神経戦」（メクリン）が続いた。

ニューの意図は、アメリカに「既成事実」を突きつけ、弾圧を黙認させるところにあった。彼自身、自分は新大使の「到着前に片をつけようとした」のだと、ロッジに恩を着せようとした。ジェムは『ニューヨーク・ヘラルド・トリビューン』の女性記者マーガレット・ヒギンズに、大使不在時に行動すればアメリカは困惑せずに済むと、妙な気遣いを披瀝した。

ヒルズマンによれば、その目的は「アメリカの鼻面をひきずりまわし、ベトナム全土に、彼らはどうにでもなると示すこと」だった。ニューは自分が「仏教徒とアメリカ人に教訓を与えてやった」と意気揚々だった。

挑発に激怒

だが今回は様子が違った。第一に、ニューの行動はアメリカへの公然かつ故意の挑発、とりわけ面目を重んじる「アジアではおそらく最大級の侮辱」（メクリン）と受け止められた。親ジェムのノルティング前大使ですら、ジェムに電報を送り、和解の約束違反に抗議した。

第二に、アメリカは南ベトナムでの反米感情の高まりを恐れた。特殊部隊に訓練や装備を与えてきたのはCIAだったからである。サイゴンからは「アメリカの肩に責めが負わされる寸前にある」との、フエからは反米気運が「これまでにないほど高まっている」との報告が届いた。

アメリカの日和見や逡巡、つまり現政府支持政策の継続にベトナム人の憤りはつのる一方だった。ロッジはあるベトナム人から面と向かって、「あなたがたアメリカ人はいま進行中の恐怖政治に責任がある。それを阻止するために影響力を行使すべきだ」と言われた。

第三に、これまでジェムとともにアメリカが積み重ねてきた成果の「すべてが崩壊と挫折の危機」にさらされているという焦燥が膨らんだ。とくにアメリカのイメージと威信への打撃は大きかった。八月二八日はワシントン大行進の日だった。マーチン・ルーサー・キング牧師の「私には夢がある《アイ・ハブ・ア・ドリーム》」という演説で知られる、公民権運動の象徴的出来事である。アメリカ国内の人種差別と南ベトナムの仏教徒弾圧が重なり合うのは、どうにもまずかった。

VOAが宣戦布告

八月二一日、国務省声明はジェム政府の約束違反を指摘し、仏教徒抑圧に遺憾の意を表明した。国務省高官は相次いで、政府の暴力的行為や宗教抑圧を批判した。

八月二六日、国務省は寺院襲撃が「少数の特殊部隊に支援された警察」の仕業であり、軍指導者は襲撃計画も、実際にとられた「野蛮なやり方」も、事前に知らなかったと発表した。サイゴンでもVOA（アメリカの声放送）が、襲撃の実行犯は軍ではなく、ニューの指揮下にある秘密警察だと報じた。

メクリンによれば、VOAは南ベトナムで、「第二次世界大戦中、ドイツ占領下のヨーロッパにとってのBBCによる放送」に匹敵するほど、大きな影響力と威信を持っていた。『タイムズ・オブ・ベトナム』は、仏教徒危機報道の中でそれが「一貫して反ベトナム政府」の立場をとっていると批判していた。寺院襲撃がアメリカに対する強烈な侮辱だったとすれば、VOA報道はお返しの「平手打ち」（メクリン）だった。

八月二六日、ロッジは午前九時にチュオン・コン・クー新外相を、一一時にジェムを訪ね、信任状を提出する予定だった。放送はその直前、朝八時（ワシントンは二五日夜八時）の出来事だった。このため信任状提出が延期されるか、ロッジに危害が加えられる恐れが出てきた。不測の事態に備え、ロッジはハーキンズ軍事援助司令官を同行させなかった。およそ同盟国の首都に赴任した大使がとる行動ではなかった。

けんか腰の新大使

国務省は不快感を示すため、辞任したチャン・バン・チュオン駐米大使の後任、ド・バン・リの受け入れを引き延ばした。南ベトナム外務省が正式な赴任受け入れ《アグレマン》を要請したのは、八月二七日。だが九月になっても正式な回答はなく、辞めたはずのチュオン夫妻が大使館に居座っていた。新大使のワシントン入りは、一〇月七日までずれ込んだ。

サイゴンに向かう途中のロッジは、ホノルルで戒厳令公布と寺院襲撃を知った（ロッジ自身は最後の中継地・東京で、真夜中にホワイトハウスから電話を受けたと回想している）。八月二二日午後九時三〇分。ロッジは雨中のサイゴン・タンソンニュット空港に降り立った。夜間外出禁止中の街路には、兵士の姿しか見えなかった。それが彼に、政府が国民の支持を失っていること、ジェムの統治は「明らかに最終段階に入っている」こと、政府と仏教徒の対立は「治癒不能」であることを痛感させた。

ケネディの演説起草者でもある、側近中の側近セオドア・ソレンセン大統領特別顧問によれば、ロッジはサイゴンのアメリカ人関係者の中で「最もジェムに友好的でない」人物だった。「ジェムのやり方を変えようとすれば、彼に圧力をかけなければならない」とロッジは確信していたと、国家安全保障会議（NSC）のマイケル・フォレスタルもいう。

ロッジ到着の日こそジェム終焉の始まりだと、多くの人々が実感していた。サイゴンのアメリカ人は、「こちら側の君主」がベトナム人の君主を痛い目に合わせようとしているのだと冗談を交わしていた。

三人の僧侶

サーロイ寺院が襲われた際、二人の僧侶が壁を乗り越え、隣接する経済援助使節団の建物に逃げ込んだ。ジェム政府は二人を渡せと要求し、警察が建物を包囲したが、アメリカ側は拒んだ。ニュー夫人はアメリカ側の「外交特権など無視して軍隊を送り、坊主を逮捕したい」と歯がみをした。うち一人が急進派指導者ティック・チ・クァンだったからである。

到着から一夜明けた二三日朝、ロッジはジェム政府に「意図的な侮辱」（メクリン）を加えた。信任状提出に先だって、二人の僧に会ったのである。アメリカの不快感を「劇的に強調」（ヒルズマン）するためだった。

新大使は経済援助使節団の建物に、「たまたま立ち寄る」だけだとアメリカ側は説明した。だがジェムは面目を失った。警官は経済援助使節団の車を見つけては停めさせ、内部を念入りに捜索するなど、「上からの命令」による嫌がらせに余念がなかった。

僧侶はその後三人に増え、九月一日には大使館に移った。ジェム政府は繰り返し彼らの引き渡しを求め、アメリカは国内問題に干渉するなと釘を刺した。だがアメリカ側は僧侶を引き渡すどころか、施設内の捜索も認めなかった。

うち二人はほどなく出身の寺に戻ったが、クァンはジェム政府打倒クーデターまで大使館にとどまった。このため大使館は「仏教徒ヒルトン」とあだ名された。

だが実はラスク国務長官がサイゴンに伝えたように、彼ら僧侶の安全も「ジェムとの交渉パッケージの一部」にすぎなかった。国務省もサイゴンの大使館も、本音では彼らを厄介者扱いしており、クァンが「ファンファーレなしに」自発的に出国するという、「最善」策の実現を願っていた。

家族の安全も取引材料

八月二二日、国際開発庁（ＡＩＤ）はサイゴンへの人員派遣を停止した。二六日、アメリカ政府関係者の旅行も制限された。二七日、ホノルルの太平洋軍司令部は軍人の家族のベトナム行きを止めたと発表した。アメリカ人の安全確保もさることながら、弾圧への不快感を明示し、ジェムを揺さぶることが目的だった。

寺院襲撃後、現地のアメリカ人家族を民間機で脱出させる計画が準備された。空港の確保など救出支援のため、上陸作戦敢行も念頭に置きながら、サイゴンから二四時間の沖合に空母機動部隊などが待機した（表向きは通常の訓練だとされた）。沖縄でも海兵隊が二四時間体制をとった。海軍が臨戦態勢を解いいた。

たのは九月一一日。だがその後も万一に備え、空母機動部隊や水陸両用部隊などが南シナ海を遊弋して

アメリカ人家族出国計画の実施には躊躇もあった。アメリカによる軍事介入に見えないか。逆に、アメリカがベトナムから手を引こうとしていると受け取られるのではないか。人々の士気を低下させはしないか。現地のアメリカ人にパニックを引き起こす可能性はないか。

だが家族脱出は「ジェムとニューに対して行使しうる、政治的圧力の武器」（ヒルズマン）の一つだった。マクジョージ・バンディ国家安全保障担当大統領補佐官のいう「ジェムに対するきわめて明確な信号」でもあった。しかも「戦争遂行の努力を阻害せずに」（ロズウェル・ギルパトリック国防副長官）利用可能な手だてだった。ラスクもそれを「望ましい」と考えていた。

決定的な転機

八月二一日はケネディ政権にとって「決定的な転換点」（メクリン）となった。ジェムやニューはサーロイ寺院などを得たかもしれない。だがワシントンの支持を失った。ジェムケネディ政権はジェムやニューに、「手ひどく蹴飛ばされた」（フォレスタル）という屈辱感を拭えなかった。彼らはヒギンズ記者のいう「公然たる対ジェム政治戦争」に乗り出した。

のちジェム政府崩壊後、ロッジは、八月二一日の時点で両国関係が「完全な行き詰まり」に陥ったと回想している。マクナマラ国防長官は、夏が終わるまでに二つの政府は「たがいによそよそしくなり、敵意すら抱いていた」と述懐する。ジェム打倒クーデター後に、八月二一日以降の経緯を振り返ったある文書によれば、南ベトナム国内政治と対米関係、ジェムが直面するこの「二重の危機」は、いよいよ「最終段階」に突入していく。

いまや国土に「恐怖と麻痺」をもたらしているのは、敵である民族解放戦線ではなく、南ベトナム政府だった。ほんらい支えるべき「政府に対する戦争を強化するのは、少々むずかしい」ことだと、バン

ディは痛感していた。

しかもラスクが全在外公館に伝えたように、「アメリカの行く道は状況の展開しだい」だった。テイラー統合参謀本部議長は、この頃ケネディが、「ワシントンから事態を制御できる能力がごくわずかになりつつある」と感じていたという。

柔軟路線の敗北

強硬路線に歯止めをかけようとしたのが、ノルティング前大使である。いまは困難な時期だが、ジェム政府はうまくやれるに違いない。ジェムは「押されれば反応しない」人物だ。焦って圧力をかければ「不幸な反動」を招くばかりだ。「最大級の制裁」を発動したところで役には立たない。ジェムはこれまでも約束を守ってきたではないか。

だがもはや「手遅れ」（ノルティング）だった。ホワイトハウスに向かう車に同乗しようとしたノルティングは、反ジェム派の筆頭格ハリマン政治担当国務次官に「こんなところで何をしているのだ？」と詰問された。出席すべき会議の通知ももらえず、不在に気づいた大統領が急ぎ呼びにやらせたこともあった。会議でもノルティングの主張はことごとく攻撃された。ほどなく会議に呼ばれることもなくなった。彼は「落伍」（ハリマン）したのである。

ヒルズマンが記者に表明したように、アメリカは「ジェム＝ニューとベトナム国民に、アメリカを操り人形にはできないことを示す」必要に迫られていた。ケネディは九月一〇日、政権首脳を前に、これまでのやり方が「うまくいかなかった」と振り返り、ベトナム政策が「いまや新たな段階にある」ことを認めた。

沈黙を武器に

ロッジとジェムの初顔合わせは八月二六日。信任状を受け取った後の二時間あまり、ジェムはアメリカの内政干渉に非を鳴らし、仏教徒など国民のごく一部にすぎないと主張した。ベトナムは「低開発の国」で、人材が不足しているのだと言い訳も忘れなかった。何が話題だろうが、ジェムはじっと天井を見つめ、まったく無関係な子供時代の思い出やベトナムの昔話を持ち出し、「まったくまともに答えようとしなかった」。それがロッジを激怒させた。

八月二八日、再度ジェムと会ったロッジは、彼の「神経症がますます増大」していると感じた。ジェムが仏教徒やアメリカの報道への批判、無為無策の言い訳などに終始した三時間、ロッジは何度か口を挟むのがやっとだった。「どうか助けて欲しい」とジェム。「そちらもわれわれを助けてもらえまいか」とロッジ。こうして会見は終わる。

ロッジはジェムとの意思疎通をあきらめた。連中がなすべきことは十二分に伝えた。ジェムはこちらの求めに何一つ応じない。会ったところで時間の浪費でしかない。もちろんドアは開けておくが、最初に向こうがノックしないことには何も始まらない。交渉を全否定はしないが、せいぜい「記録にとどめる」くらいの意味しかない。

彼がジェムと次に顔を合わせたのは九月九日。一時間五〇分の会見で、今度もジェムはロッジの話に興味を示さず、自身が抱える問題に没頭し、自己正当化と敵の攻撃に躍起となり、忠告など受けつけなかった。

ラスク国務長官は、いずれ状況が変わり、ジェムを「男対男として最後に説得する努力」が必要となるまでは、「ジェムには何もいうべきでない」と考えていた。だがその彼ですら、「ロッジ＝ジェム間のチャンネルをまだ活用できていない」ことに気が気ではなかった。

非公式圧力を活用

八月末から九月初めにかけて、まるで悲鳴を思わせるような指示が、ワシントンからロッジに与えられた。この困難な状況から「出口を見つける真摯な努力」を払って欲しい。ジェムとの「厳しい交渉」の中で「率直だが強硬な線」を維持せよ。「ジェムと格闘」してもらいたい。「たゆまぬ協議」によってジェム一流の「言葉の洪水」を打ち破るのがよい。「ジェムと正面から取っ組み合う」ことも必要だ。ジェムと「率直かつ重大」な話し合いを行え。「腹蔵のない、頑強な」姿勢で「迅速かつ劇的な行動」を促せ。

ロッジはワシントンの指示どおり、ジェム政府に「劇的な行動」をせっついた。だが依然として、「沈黙」路線を貫徹した。表向きは交渉を断って「こちら側の不快感を示す」と同時に、「私的に」助言を与えることでジェムとニューを動かし、彼らとの関係を是正する。これが彼の戦術だった。

ジェム政府は「本質的に中世の存在」であり、「古典的な一族支配型の東洋的専制」だ。国民あっての政府であることも、国民の支持が必要であることも、政府が国民に奉仕すべきことも、ほとんど理解していない。国民に語りかけることも、彼らの信頼を鼓舞することもできない。興味があるのはひたすら「物理的な安全」と「本物の脅威——共産主義であれ非共産主義であれ」を前に生き延びることだけだ。これがロッジの結論だった。

唯我独尊

この頃、かつてジェム擁立にも関与し、現地の事情に詳しいエドワード・ランズデールを、ロッジの特別補佐官として送る案が浮上した。その任務はニュー夫妻の孤立化を進め、アメリカがニュー夫妻を含む政府を支持しないことを南ベトナム政府とその国民に伝え、政府軍に行動を促す場合に彼らの行動を指揮することなどだった。だが上司にあたるマッコーンCIA長官が反対した。ランズデールに白羽の矢が立ちそうになったのは、ロッジが「皆が望んだほど役には立たなかった」(ソレンセン大統領特別顧問)からである。アジア経験が皆無だったこと。大使として基礎的な判断力に欠けたこと。ベトナムにも発展途上世界にも民族主義にも理解がなかったこと。だがたとえそうでも、彼を選んだ責任は、もちろんケネディにある。

サイゴンでは、ロッジの「ワンマンショウ」が展開されたと、歴史学者でもあるアーサー・シュレジンガー大統領特別補佐官はいう。唯我独尊のロッジはまるで「総督」だと、ニュー夫人やノルティングは皮肉った。ロッジはサイゴンのアメリカ人の中で権力を一手に握り、南ベトナム政府首脳との接触を独占しようとした。ハーキンズ軍事援助司令官とはろくに口もきかない有様だった。

彼はワシントンとも情報を共有しようとしなかった。何かを尋ねても「ほとんど嘲弄に近い反応」（シュレジンガー）が返ってきた。

ケネディ兄弟は、ほどなくロッジ更迭を考えたとロバートは述懐している。だが大統領はロッジにきわめて大きな自由裁量権を与え続けた。『ニューヨーク・ヘラルド・トリビューン』のヒギンズ記者は、彼を政権内の「歩く政治的地雷」と呼ぶ。この共和党の大物に機嫌を損ねて辞任でもされれば、大変なことになるからだった。

ケネディは九月一二日の記者会見で、自分の声明はことごとく大使の見解を反映しているとロッジをかばった。ラスク国務長官は、ロッジの「勇気にあふれた、洞察力のある分析」も「現場での力強さと威厳」もこちらでは大助かりだと大使を持ち上げ、「困難な交渉」に臨む彼の立場に理解を示した。ワシントンの手綱からほとんど離れたロッジ。まったくいうことを聞こうとしないジェムやニュー。ケネディは、その双方を相手に戦う羽目に陥っていた。

3 援助停止を検討

援助削減報道の波紋

八月二二日、国務省のある訓電にいう「ゆっくりとしたヒューズのような行動」がとられた。対南ベトナム援助の新規分について、国際開発庁が予算の承認や配分を止めたのである。

八月二六日、VOAは、ゴ・ジン・ジェムが寺院襲撃を行った秘密警察を除去しなければ、対ベトナム援助削減の可能性があると報じた。ベトナム人の間では、弾圧政策の代名詞ゴ・ジン・ニューをアメリカが追い出してくれるのではという期待が高まった。

ところが、ジェム政府の抗議を受けて、翌日には援助削減の報は取り消されてしまう。国務省極東局のポール・カッテンバーグは八月末、援助削減報道の取り消しを「大変残念なこと」だと語った。「非常に大きな効果」が生じ、人々が「大きな希望」を抱いた直後に、それが消えてしまったからである。

事前に何の相談も受けなかったロッジ大使は、放送自体にも、その取り消しにも激怒した。国務省はロッジに遺憾の意を示した。国家安全保障会議のフォレスタルは、VOAが「馬鹿げたどじを踏んだ」とケネディに伝えた。

この「まずい信号」（ケネディ）は、ヒルズマン極東担当国務次官補によればちょっとした「スリップ」事故にすぎなかった。VOAスタッフが事前のチェックを怠り、援助が停止されるものと「推測した」ことが原因である。

強まる対決色

だがメクリン広報担当参事官にいわせれば、VOAが流した内容こそ「アメリカの政策」そのものだった。問題があったとすれば、放送のタイミングだけだった。

VOA自身による訂正報道も、援助削減の決定が「まだ行われていない」という意味にすぎなかったと、かつてのCIAサイゴン支局長コルビーはいう。ヒルズマンが記者に語ったように、ジェム政府が変わらない限り、議会や世論の圧力にさらされるケネディ政権は、遅かれ早かれ「援助の劇的な削減」を迫られるはずだった。

八月二九日、アメリカの援助停止をいつでも声明する権限がロッジに与えられた。この頃、問題はもはや援助を停止するか否かではなかった。いつはっきりと決断を下し、それをジェムにどう伝えるか。それだけだった。

それを誰よりも知っていたニューは、反米キャンペーンを本格化させた。ベトナム人はアメリカ人との接触を厳しく制限され、アメリカ人との同席を目撃されるのを恐れた。

ニュー夫人の怪気炎も相変わらずだった。アメリカ政府は一方の手でわれわれの肩を叩き、他方の手で拳を食らわそうとしている。われわれは民族主義者であり、自由世界のために共産主義と戦っているのだ。けっしてアメリカの金《かね》が欲しくて戦っているわけではない。

寺院襲撃事件直後、ジェム支持派の群衆がアメリカ大使公邸を襲うという噂が流れた。ニューによる意図的な脅しだった。九月七日、ニューは「ベトナム政府に敵対する行動」をとった外国人（もちろんアメリカ人も含まれる）には発砲するよう、政府軍将兵に命じた。

九月三日、非軍事的な援助がすべて一時的に中止された。

しかし九月九日、ケネディはテレビ・インタビューで、援助削減の可能性を否定した。援助を削減すれば「崩壊に導くような状況になるかもしれない」からである。ただし、あくまでも「現段階では」と彼は付け加えた。

右往左往

九月一一日、ケネディは「今後数日間、援助をめぐる決定はすべて延期」するよう指示した。

九月一二日、ラスクは一転して、「今後数日間」のうちに「根本的な決定」が下されるとの見通しを示した。この日用意されたケネディからジェムあての書簡草稿によれば、「新たに一連の深刻な困難」が生起している以上「困難かつ苦痛に満ちた決断をいつまでも先延ばしにはできない」ことは明らかだった。

九月一四日、ケネディ政権はまたも不手際を演じた。行きつ戻りつの議論が続く中、商品輸入援助一八五〇万ドル分が、凍結されたのである。「何をしたって？」「商品援助を停止しました」「いったいまた誰がそんなことをしろといったのだ？」「誰も。自動的な政策です。相手国と齟齬をきたした時はいつもそうしています」「何ていうことだ。君のしたことがわかるかね」。直後に交わされた、ケネディとデイビッド・ベル国際開発庁長官との会話である。

たしかに、やみくもに援助を止めて済む話ではなかった。九月六日、ラスクは援助停止は「二、三回に分けて」行うべきだと主張している。「極端な措置」があまりに深刻な影響を生じさせるのを恐れたからである。

九月一〇日、メクリンは全面的な援助停止でさえ、「迅速に」事態を改善するのは無理だと悲観的だった。それどころか「何カ月も混沌が続くだろう。しまいには政府が倒れるだろう。しかもその代わりに何が得られるかわからない」との懸念を表明した。

南ベトナムの主権への配慮も忘れてはならなかった。隣国の内紛解決を求めるカンボジアの指導者ノロドム・シハヌーク（シアヌーク）に、ケネディ政権は「ベトナム政府は独立国家の政府であり、その行動にアメリカはほとんど影響力がない」と言い訳した。ケネディからジェムあての書簡草稿も「この戦いの中心に立つのはベトナム人」であり「アメリカ人ではない」と強調していた。

効力発揮の見込みなし

援助停止という脅しなど、しょせん無駄だと見る向きも多かった。それどころか、ロッジとジョゼフ・ブレント経済援助使節団長は、アメリカの制裁が「もっと狂気じみた反応」を生み出す可能性を指摘した。ロッジもトルーハート代理大使も、援助停止が「予想できず、制御もできない事態」を生じさせることも恐れていた。

実際にニューは強気だった。ベトナムには二〇年でも戦い続けるだけの資源がある。援助が止まってもまったく痛手ではない。ニュー夫人にいたっては、アメリカの援助などむしろ減って欲しいくらいだとまで述べた。

アメリカが駄目なら、フランスに頼ればよい。むしろアメリカの圧力に対抗するため、フランスを利用しよう。こうした空気もあった。八月二九日、フランスのシャルル・ドゴール大統領が、ベトナム中立化を提案するという爆弾を投じたからである。

ケネディは九月九日、NBCのテレビ・インタビューでこう語っている。ジェム政府に国民の支持を得るような手だてを講じさせるには時間がかかる。だから「われわれは忍耐強くなくてはならないし、たゆまず進まなければならないのだ」。

翌日、ケネディはホワイトハウスの会議で「われわれは何度も公式声明をしてきたが、何も点火しなかった」と苛立ちをあらわにした。一時帰国中のメクリンもこの日、ジェム一族がアメリカの圧迫に屈するなど「ほとんど不可能」だとあきらめ顔だった。

戦争と国民生活を破壊

九月一一日、ラスク国務長官は、「ベトナムでの戦争遂行に不可欠」な援助を止めることに疑問を呈した。マクジョージ・バンディ国家安全保障担当大統領補佐官も、「戦争遂行の努力を中断させずに、アメリカの援助を減らすのは簡単ではない」と認めた。ギルパトリック国防副長官は、軍事援助が滞れば「すぐに甚大な影響」が生じると警告した。マッコーンCIA長官も、軍事援助の削減が政府軍の能力に直接影響を与えると懸念した。

部分的停止であっても、一カ月も経てば政府軍の機動力、空輸、航空支援、整備などに齟齬を生じさせるはずだった。半年もすれば航空機や車両を用いた作戦は大幅に減少し、軍事作戦の速度は急落すると見られた。まして全面停止の影響など、想像するのも恐ろしかった。

グエン・ジン・トゥアン国務相はジェムとニューに、軍事援助が停止されれば「即座に崩壊がもたらされる」と報告している。統合参謀本部で反乱鎮圧を担当するビクター・クルラック将軍は現地視察の際、援助停止の報道に接したベトナム人から、「あなた方だけが私たちの本当の友人なのです。あなた方なしには勝てません」と哀願された。

ブレント経済援助使節団長は、援助停止が経済や社会全体に悪影響を及ぼすと懸念した。マッコーンも、経済や通貨などへの影響を考えれば、慎重に取り組む必要があると見ていた。

ラスクは、中国内戦でアメリカが蔣介石《ジァン・ジェシ》への援助を止めた結果、毛沢東《マオ・ツェドン》に勝利への道を開いてしまったとして、「共産主義者による奪取につながるような誘惑」を断つべきだと主張した。ケネディも九月九日のテレビ・インタビューで、「弱体な政府がますます事態を制御できなくなった」中国内戦の再現は望まないと語っている。

狙いはジアロン宮殿

大使館と経済援助使節団は、ジェムが住むジアロン「宮殿と国民を明確に区別する必要を痛感していた。要は「都市のちっぽけな人々を餓死の危険に陥らせない」（ロッジ）ことだった。

この観点から脚光を浴びたのが、CIAが負担する特殊部隊の給与を含む援助である。金額は月二五万ドル程度。問題は、それが寺院襲撃後、九月分も従来どおり支払われたことである。サイゴン支局長リチャードソンが部下の反対を押し切った決定だった。憤りを感じる部下はそれを新聞に漏洩した。CIAへの、そしてアメリカへの批判が急激に強まった。

九月一一日、ヒルズマン極東担当国務次官補が、特殊部隊への援助停止を提案した。そんなことをすれば反乱鎮圧作戦に影響が出るとマッコーンCIA長官が異を唱えた。だがラスクは翌日、特殊部隊への支援中止を、商品輸入援助計画停止とともに進めるべき「ニュー孤立化の段階的計画」だとロッジに伝えた。経済援助使節団のフィリップスは、それが「ベトナム全土」を覆い尽くすほどの「政治的・心理的効果」を持つと期待した。

メクリンがいうように、ジェムの「面子を保つ抜け道」を用意することも必要だった。その結果、特殊部隊への援助停止は、「半分秘密、半分公表」（ロッジ）という形をとった。

援助停止という選択肢が浮上した理由の一つは、議会の動きにある。ケネディ政権が当初用意した一九六四年度の対外援助予算案は四九億ドル。だが議会の厳しい姿勢を前に、みずから四五億ドルに抑制せざるをえなかった。ところが下院外交委員会はそれを四一億ドルに減らした。寺院襲撃の翌々日、下院本会議は三五億ドルそこそこに削ってしまう。

それは、「ベトナムでの努力全体への幻滅感」（ラスク）が負に作用した結果だった。ケネディは記者会見でこの「前例のない、正当化できない、賢明でない……近視眼的な、無責任な、危険なまでに党派的な」議会の行動を糾弾した。

ケネディ政権は、これ以上援助を政争の具にしないよう共和党の議員たちに訴えた。だが議員たちがベトナムに向ける目は厳しかった。ウェイン・モース上院議員は、一日も早くジェム政府支持を止めよと主張した。アーネスト・グリューニング上院議員は「アメリカの資金で給与が支払われているジェムの秘密警察の手で、国際開発庁の車両に乗せられて」僧侶が集中キャンプに運ばれたことを糾弾した。

援助削減は頭の痛い問題だったが、同時にジェムを動かす「てこ」（ロッジ）にもなりえた。ジェム擁護に懸命なノルティングでさえ、援助大幅削減の可能性を示せば、「ジェムも参るかもしれない」と考えていた。ケネディ政権にも議会にも報道にも、援助停止という切り札によって状況は一変する、いやさせられるという盲信は共通していた。

ロッジはジェムやニューに警告を発した。「世論の支持がなければ議会の支持は得られず、議会の支持がなければ資金を得ることはできない」。いまや議会に「緊急の危機」が発生している。このままでは援助停止決議は避けられない。

チャーチ決議案

九月一二日、フランク・チャーチ上院議員は二二名の共同提案者とともに、「南ベトナム政府が国民抑圧政策を改め、国民の支持を得る効果的努力を行わない限り、軍事・経済援助を継続しない」とする決議案を上院に提出した。

ケネディ政権は表向き、このチャーチ決議案と無関係だった。だがその作成にあたってはヒルズマンを中心に、緊密に協力していた。のちにマクナマラ国防長官が作成を命じた、ベトナム介入史の秘密報告『ペンタゴン・ペーパーズ』にいわせれば、チャーチは政権からの「青信号」を待って、決議案を上程したのである。

ただし議会の活用には、「その後の展開を制御できるなら」という条件がついていた。万が一にも否決されてはならない。たとえ可決されても、僅少差ならかえってまずい。政権批判につながるような、また今後政権の手を縛るような修正も困る。ところが、政権の目的にかなう形で議会を「制御することは困難」（ベル国際開発庁長官）に思われた。相手がワシントンの議会であれ、サイゴンのジェム政府であれ、舵取りはけっして容易ではなかった。

世論も沸騰

ヒルズマンはあるフランス大使館員に、「世界の世論、とりわけアメリカの世論と議会の態度」が重要だといっている。グエン・ゴク・ト副大統領がサイゴンでロッジに語ったように、アメリカ＝南ベトナム関係は、両国それぞれの「国内政治」の問題でもあった。

宗教上の自由に敏感なアメリカ国民は、ジェム政府の行為に激怒していた。一万五〇〇〇人にのぼる国内の聖職者たちは、新聞の全面広告でアメリカのジェム支援政策に反対した。新聞の社説も、ジェム政府の抑圧や独裁、それがもたらした危機に警鐘を鳴らした。

寺院襲撃とそれに続く逮捕・護送劇で、アメリカが供与したトラックが使われたことが大きな問題となった。その横腹には、両国の協力関係を示す握手の図柄が描かれていた。本当に批判されていたのはケネディのベトナム政策だった。

九月三日、ケネディは「アメリカ国民の支持が続くのは困難」だと認めた。ケネディの側近の一人、国家安全保障会議のフォレスタルが述べたように「本当の問題」とは「アメリカの世論が十分な時間を与えてくれるかどうか」だった。ハリス世論調査によれば、九月、ケネディのベトナム政策を是認する者はそれまでの五六％から二八％に半減した。

世界中の報道が直接間接にアメリカを非難した。好意的なものがあるとすれば、アメリカのジレンマ――独裁政権の弾圧を許容できないが、といって反共の砦・南ベトナムを支えないわけにはいかない――への同情くらいだった。

イメージ改善が急務

九月上旬、ＣＩＡサイゴン支局はジェム政府が内外のイメージ回復に努力したところで「もはや手遅れ」かもしれないと危惧した。九月半ば、まだ世論は「憂慮されていた事態に比べれば、はるかに深刻度は低い」状態に見えたが、それがいつまで続くかはわからなかった。

だがジェムは、世論を「解毒」するのはロッジの仕事だろうとそっけなかった。ロッジはジェムに、世論に働きかける「材料となる何か」が欲しい、ジェムには「西側世界、とくにワシントンの考え方を変える」ための行動をとってもらいたいと粘ったが、無駄だった。

僧侶の焼身自殺に続く寺院襲撃は、世界中でジェムと南ベトナムのイメージを傷つけていた。とりわけアジアで南ベトナムは批判を浴びた。アメリカも、仏教諸国からの共感や支持を失った。中でもセイロン（現スリランカ）やカンボジアが最も強硬な批判者だった。カンボジアは八月二七日、南ベトナムとの断交に踏み切った。仏教徒への弾圧だけでなく、国境紛争や少数民族抑圧など、隣国との積年の対立がその根底にあった。

カトリックの総本山バチカンも、ジェム政府と距離を置き始めた。法王パウロ六世は南ベトナム国民に遺憾の意を表明、和解を呼びかけた。アメリカの働きかけで、バチカンは、仏教徒の不満を鬱積させた張本人の一人、フエのゴ・ジン・トゥック大司教をローマに召喚した。

南ベトナムと同じ反共国家タイのサリット・タナラット首相は、仏教諸国会議の開催を呼びかけた。国連がこの問題を議論にしないよう、先手を打つためだったという。

国連が舞台に

だが八月三一日、仏教徒でもあるウ・タント国連事務総長はジェムに人権尊重を呼びかけた。だがジェムは仏教徒への弾圧など存在しない、この問題は解決済みだとにべもなかった。

九月四日、セイロンを筆頭にアジア・アフリカ諸国は、南ベトナムの仏教徒問題を国連総会の緊急議題に取り上げ、あるいは総会が決議に踏み切るようウ・タントに申し入れた。

アメリカは、加盟国の多数が賛成するのなら、討議自体には反対しないという態度だった。ジェム政府が思い切った手だてを講じない限り、国連で非難決議の可決は確実視された。

九月六日、ラスクはロッジに、アメリカが「世界、アメリカ議会、アメリカの世論」という困難な問題に直面していること、アメリカの世論にしても、国連の対応にしても、「大きな、本物の、ベトナム政府の行動だけが解決できる」問題だということ、「きわめて時間が切迫していること」などを、ジェムに理解させるよう指示した。議会の動向と並んで、アジア・アフリカ諸国が仏教徒問題解決のため国連の行動を求めていることもまた、ジェムに圧力をかける「好機」と受け止められた。だがケネディ政権は、頑迷固陋なジェムとその外界との板挟みとなり、文字どおり悲鳴を上げていた。

ニュー夫人外遊へ

ジェム政府も、国際世論に無関心だったわけではない。九月九日、ニュー夫人が休暇の名目でヨーロッパに向かった。行き先はユーゴスラビア（現セルビア）のベオグラード。各国議会代表との会議に出席するためである。だが本当の目的は、南ベトナム政府の立場に、諸外国の理解を得ることだった。

この時、一人のアメリカ人がニュー夫人と昼食をともにした。大統領の末弟、エドワード・ケネディ上院議員である。出会い自体は偶然だったようである。彼女の「独白」、とりもなおさず「宣伝」に、エドワードは閉口した。だが写真入りの報道を目にしたケネディ大統領がどう感じたかは、想像にかたくない。直後、国務省はエドワードに、彼女に近づかないよう要請したが、後の祭りだった。

ニュー夫人はベオグラードで、訪米の意向を表明した。しかも前フエ大司教ゴ・ジン・トゥックがローマを発ち、アメリカに向かうとの情報まで入った。マクジョージ・バンディ国家安全保障担当大統領補佐官はこうした動きを「世界がロシア皇帝《ツァーリ》の時代以来初めて目の当たりにした、支配一族の集団的狂気」と描いた。

この頃アメリカ国内では、パリ滞在中に焼身自殺を「野蛮な犠牲」「共産主義者にそそのかされた陰謀」と呼んだ彼女の発言が物議をかもしていた。パリやローマでの彼女の豪勢な買い物も、議会に援助削減の声を生んでいた。

苦肉の策

自由の国アメリカが恣意的に、査証の発給拒否や取り消しによって彼女の入国を阻止することはできない。だが彼女を受け入れれば「ごたごた」が一緒にやって来る。国連に姿を現すようなことにでもなれば、まさに「災厄」だった。ケネディは九月初め、「彼女にアメリカに来てほしくないし、とりわけワシントンで演説などして欲しくない」と漏らした。ロバート・ケネディ司法長官は、訪米を「なんとかやめさせようとしたが、駄目だった」と述懐している。

次善の手は、せめて彼女の「口を閉じさせる」ことだった。ロッジは「アメリカの世論に悪影響を及ぼす」と、彼女の記者会見を止めさせるようベトナム側に働きかけた。だがジェムは、彼女には記者会見を開く権利があると突っぱねた。

最後に残されたのは、徹底した無視戦術しかなかった。公式には、彼女の来訪は報道機関の招待によるもので、アメリカ政府はまったく関与していないとされた。冷戦を戦う同盟国の事実上のファーストレディを迎えるには、あまりにも冷淡な扱いだった。

4　点滅する青信号

一通の国務省電

寺院襲撃・戒厳令から三日後の八月二四日、国務省からサイゴンに一通の電報が送られた。ゴ・ジン・ニューの手に権力が握られている状況は容認できない。政府軍首脳に、ゴ・ジン・ジェム大統領がこの弟と手を切らなければ、アメリカは現政府を支持できないこと、その場合、アメリカが彼らに「直接支援」を与える意志があることを伝えよ。

直接支援とは何か。助言を含めて「軍事面で全面的支援」を保証すること。部隊の移動や補給、連絡などにアメリカ側の通信設備や輸送機、連絡機などを使わせること。親ジェム派のレ・クァン・トゥン大佐率いる特殊部隊には、資金も装備も助言も与えないことだった。

この国務省電二四三号は当時から、クーデターを画策する将軍たちへの「青信号」電報と呼ばれていた。「次の指導者として可能性を持つあらゆる者を緊急に検証」すること、同時に「万一必要となった場合、どのようにジェムを交替させせるかという詳細な計画」を用意することを、ロッジ大使に求めていたからである。

ジェム政府転覆直後、ケネディはそれが「クーデターを示唆した」電報だったと、ホワイトハウスでひそかに録音していた記録用テープに吹き込んでいる。ノルティング前大使、マクナマラ国防長官、マッコーンCIA長官ら、クーデターに反対していた人々は、その意図をのちのちまで糾弾した。

手続きに重大な齟齬

問題の電報は、まずヒルズマン極東担当国務次官補が起草し、ハリマン政治担当国務次官が修正を加えた。文案は八月二四日・土曜日の朝、国家安全保障会議のフォレスタルに示された。この日、ゴルフ中のボール国務次官のもとに、ハリマンとヒルズマンが駆けつけ（電話をかけたともいわれる）、草案への同意を取りつけた。夕刻、フォレスタルが、マサチューセッツ州ハイアニスポートで静養中のケネディに電話をかけ、その内容を伝えた。月曜日まで待てないのかと大統領。せっつくフォレスタル。結局大統領は了解を与えた。だが内容を十分理解するどころか、ラスク国務長官、マクナマラ、テイラー統合参謀本部議長ら政権首脳が賛同済みだと思い込んだ、いや思い込まされた可能性は否定できない。

その後、ニューヨークの国連本部にいたラスクと連絡がついた。彼は大統領とマクナマラが了解すれば構わないと返答した。国防省ではギルパトリック副長官が電話で了承した。マクナマラは休暇で不在だったし、大統領もラスクも了解済みだと聞かされたからである。

ＣＩＡで当日の当直責任者だったリチャード・ヘルムズ計画（秘密工作）担当副長官は、マッコーン長官に連絡せず電報を承認した。ことが情報問題でなかったためであり、いったん大統領が認めたものを蒸し返すことはできないとの判断があったためである。

他の首脳が同意すれば反対しないという無責任さ。あたかも明確な合意が存在するかのような幻想。正式な会合や明確な手続きの不在。その中で午後九時三六分、電報は送られた。

生後まもない次男を失ったばかりのケネディは深い落胆の中にあった。公民権運動のゆくえや、議会による対外援助の大幅削減に心を奪われてもいた。ハイアニスポートでは松葉杖に頼らなければならないほど、健康も悪化していた。反ジェム派は、大統領が疲労困憊し、気を滅入らせているいまこそ、千載一遇の好機だと捉えたのだという。

しかもこの週末、ジェム擁護派——ある国防官僚にいわせれば「マクナマラ株式会社」の連中——がワシントンを留守にしていた。だからテイラーやギルパトリックはそれを汚い、不意打ちの「エンドラン」攻撃だと批判する。

嵐の到来

八月二六日、月曜日。クーデターの是非をめぐる、感情むき出しの対立の中で、「嵐のような会議」（シュレジンガー大統領特別補佐官）の日々が始まった。

国防省とＣＩＡからの出席者は、この電報の内容も、彼らの同意なしにそれが送られたことも問題視した。ギルパトリックの了解は、マクナマラ長官の賛成も米軍首脳の同意も意味していなかった。

ハリマンやヒルズマンは、テイラーが少なくとも事前に異を唱えなかったと主張している。だがテイラー本人は、ギルパトリックから電話で大統領が了承済みだと聞かされ同意したが、「ワシントンのキングメーカー志望者」の動きに困惑したと回顧している。

マッコーンＣＩＡ長官も激怒した。彼は九月半ば過ぎ、ドワイト・アイゼンハワー前大統領に、この電報が「政府が犯した最大の過ちの一つ」だったと語っている。

ヒルズマンは、ラスクが事前に草案に接し、修正も加えたという。だが当のラスクは、自分は草案など見ていない、長距離電話で「内容について詳細な説明もなしに」、しかもすでに大統領が同意していると聞かされて、了承を与えただけだと主張した。電報が送られるまでいったい何が起きたのかさえ、いまだにはっきりしていない。

空中分解

ロバート・ケネディ司法長官は、国務省電二四三号を送った結果、ケネディ政権が「真っ二つ」になったという。八月末、ケネディ大統領は親しい記者のチャールズ・バートレットを前に「なんということだ！　私の政府はばらばらになろうとしている」と嘆息した。

だがヒルズマンによれば、八月二四日以前から「ワシントンには深い対立」が存在していた。電報はそれを「深刻化させた」にすぎない。かねて「ケネディの補佐官たちは、それまでのどの問題にもまして、サイゴンの内部状況について分裂していた」と、ソレンセン大統領特別顧問もいう。

大統領の怒りの矛先は、自分が「あまりに無理やり、大急ぎで」（シュレジンガー）決定を迫られたことに向けられた。混乱を生み出したハリマン、ヒルズマン、フォレスタルの株は暴落した。

ただし、ジェム放逐派は依然強力だったともいわれる。とくにベテラン政治家ハリマンの「威信」と「政治的影響力」が決定的であり、大統領といえども「ハリマン＝ロッジ枢軸」には抵抗できなかったとノルティングは指摘する。

八月二四日の電報は「真に枢要な」決定の一つだったとマクナマラは見ている。「途方もなく重大な変更」（テイラー）であり、まさにジェム打倒に向けて「賽は投げられた」（ノルティング）というわけである。

信号はそのまま

だが大使館のメクリン広報担当参事官にいわせればこの頃、クーデターへの青信号は「クリスマスツリー」さながらに瞬き続けていた。八月二六日、VOAによる援助削減報道もその一つである。くだんの電報が十分な検討なしに送られたのも、さほど重大な政策転換だと認識されていなかったからかもしれない。後から異を唱えたラスクでさえ、それが「まったく青天の霹靂というわけではなかった」ことは認めた。

ハリマンがアレクシス・ジョンソン政治担当国務次官代理に述べたように、「もしその気なら、修正したり取り消したりする時間は十分あった」はずである。だが週明けの八月二六日、実際にケネディがとった行動は違った。ラスク、マクナマラ、マッコーンらを一人ずつ名指しし、電報の修正ないし取り消しを求めるかどうかを聞いたのである。彼らはいずれも口ごもった。大統領に面と向かって、間違いを指摘できるほど度胸のある者はいなかった。

クーデターへの「『青信号』はそのまま」（ノルティング）放置された。ウィリアム・バンディ国防次官補にいわせれば、変化があったとすれば、「青信号」が「少なくともオレンジ色」に変わった程度だった。それどころか二八日、ケネディはヒルズマンに、「態度未定の将軍たちを揺さぶる」手だてはないかと尋ねている。

確かな足どり

八月二九日、ケネディは改めて、現在の路線について「留保を持つ者」、また「この作戦から手を引きたいと考えている者」がいるか確認した。もちろん、いなかった。同じ日、ラスクはロッジに、「最高レベルの協議」が「基本方針を再確認」したと伝えた。

五月八日以来、ケネディ政権はときに躊躇を示しながらも、確実に、段階を追って、ジェム政府と袂を分かつ方向に動き続けてきた。国務省電二四三号はそれを一歩進めたにすぎない。「この頃までに誰もがジェムに信を失っていた」（ボール国務次官）からである。

ケネディは、この電報が「大きな間違い」だった、これほど「拙劣に作成された」電報に同意すべきでなかったと述懐している。だがそれは、ワシントンで惹起された、あまりに激しい嵐への後悔と、それを引き起こしたみずからの脇の甘さへの反省にすぎない。クーデター路線そのものの否定ではない。

ボールは、ベトナム人がジェムの首を他の誰かにすげ替えるのなら、それに反対するいわれはないとの考えだった。ジェムはニュー夫妻の「操り人形」に成り下がり、アメリカの信頼を裏切った。連中とこれ以上つき合うのは「災厄」以外の何物でもない。このままでは戦争に勝てない。「クーデターを支持する以外に選択肢はない」。

とすれば「事態を運任せにするか、あるいはただサイドラインで待つ」よりは、望ましい形での新政府樹立を目指し、反ジェムのベトナム人と協力するほうが好ましかった。求められたのは、ジェムに代わって民族解放戦線と戦い、北ベトナム（ベトナム民主共和国）に対抗してくれる「反共の集団」（ヒルズマン）だった。

ロッジ始動

ロッジが電報を受け取ったのは、サイゴン到着からわずか三日目。現地の事情説明もろくに受けず、ジェムへの信任状提出もまだだった彼は「びっくり仰天」したという。

だがマクナマラは、ロッジが電報を見て肝をつぶした話を一笑に付している。実際に、ロッジは「二四時間以内に」(ヒルズマン)精力的な行動を開始した。ジェムがアメリカの求めに応じてニューを排除する可能性など、そもそも「ほとんど皆無」(ロッジ)だったからである。

八月二八日、ロッジはいくつかの具体的方策を提案した。ジェム政府への援助を全面停止し、条件が満たされれば即座に再開するという公式声明を発する。クーデターを起こす勢力を「軍事的助言、通信、輸送など」の面で支援する。

ロッジは、ジェム政府への援助を止め、将軍たちに直接渡すこと、アメリカが南ベトナム国内であらゆる作戦を中止すること、米軍が保有する装備を将軍たちに供与すること、ジェム政府転覆を図る勢力を支援すると公式に声明することなどについて、ワシントンの許可を求めた。「どの道にも危険があるが、まったく何もしないことが一番危険が大きい」と彼は信じていた。

八月二九日、ロッジに援助停止の発表をめぐる自由裁量権が与えられた。それはクーデター開始の権限付与も同然だったと、のちに上院外交委員会の調査報告は分析している。

かねてクーデターに疑問を抱いていたハーキンズ軍事援助司令官も、八月二九日、政府転覆が「わが国の最善の利益にかなう」と述べた。彼はワシントンの手ですでに「賽は投げられた」と、アメリカはすでに「ベトナムをニューの影響力から救うため、将軍たちの行動を支援することに、変更不能なほどコミットしている」と感じていた。

5　消えては浮かぶ陰謀

寺院襲撃直後の八月二二日、ハーキンズは、「この精神錯乱状態の国」の今後を「水晶玉で予言するにはやや尚早」だとした。それでも彼は、ゴ・ジン・ジェム大統領が政府軍に寄せる信頼は変わらないと指摘した。だが同時に、軍が権力を奪取する「舞台はすでに準備完了」したことも認めていた。『ニューヨーク・ヘラルド・トリビューン』のヒギンズ記者は、国務省の古い友人から、「数日以内に」政府が倒されると聞かされた。

アメリカの保証

仏教徒問題を解決できず、戦争遂行を阻害し、寺院襲撃の責めを軍に負わせようとするなど、政府のやり口は言語道断だった。参謀総長代理であるチャン・バン・ドン将軍は、自分たちが「政府にだまされたと感じ、軍服を着るたびに恥ずかしい思いをしていた」という。このままでは彼らは近いうちに情報機関や秘密警察を握るゴ・ジン・ニューに逮捕されるか、暗殺されるかだと思われた。しかも戒厳令は彼らに権力の味を教えた。彼らはクーデター決行に向けてほぼ一致団結している様子だった。

八月二四日夜、ドン将軍はCIAサイゴン支局のルシアン・コネインを統合参謀司令部（JGS）に招いた。彼らの行動への「アメリカ政府によるなんらかの保証」を求めるためである。同じ日、レ・バン・キム将軍は経済援助使節団のフィリップスに、「アメリカがいかなる立場をとるか」が鍵だと述べた。

八月二五日、南ベトナム中部の防衛を担うグエン・カーン将軍は、あるCIAサイゴン支局員に、自分たちを「アメリカが支援するかどうかを知りたい」とあからさまに問うた。

八月二六日、将軍たちが求めた「アメリカの善意の印」（フォレスタル）がついに与えられた。コネインが参謀総長であるチャン・ティエン・キエム将軍に、アメリカ側の意向を伝えたのである。ニュー夫妻は去らなければならない。ジェムを政府内に置いておくかどうかは軍首脳しだいだ。政府が倒れればアメリカは彼らに「直接支援を与える」つもりだ。現状のまま仏教徒問題が解決できなければ、軍事・経済援助の継続は不可能だ。

同じ日、別のCIAサイゴン支局員アルフォンソ・スペラが中央高地のプレイクに足を運び、グエン・カーン将軍と会った。中央政府が崩壊すれば、アメリカが政府軍に直接支援を与えるという保証を携えてである。

八月二七日、キエム将軍の求めに応じて、万一の場合彼らの家族を全力を挙げて救出するとの約束が与えられた。二八日には武器の配備を示す情報がキエムに渡された。

突然の腰砕け

八月二七日、キエム参謀総長はコネインに、「一週間以内」のクーデターを予告した。八月二八日、CIAサイゴン支局は、サイゴンが「武装キャンプ」も同然だと判断した。ジェム一族は「最後の塹壕戦」に突入している。将軍たちも引き下がれないところまで来ている。八月二九日、「噂と緊張と地下水流」の街サイゴンが、いちおう静穏を保ってはいるものの「潜在的には爆発寸前」だとの報告があった。

八月三〇日、いよいよ「おそらく当夜」行動が始まるという情報がワシントンに届いた。ところがその同じ日、事態はとんでもない方向に転じ始めた。マーシャル・カーターCIA副長官が、将軍たちが「腰砕け」になっていると報告したのである。

八月三一日、キエム将軍はハーキンズに、クーデター計画の中心人物ズオン・バン・ミン将軍が、「今回は計画を中止」したと伝えた。リチャードソンCIAサイゴン支局長も、「このクーデターは終わった」と判断した。

三一日朝を迎えたワシントンでは、マクジョージ・バンディ国家安全保障担当大統領補佐官がラスク国務長官に、もはや「緊急事態」ではなくなったと電話で語っている。政府軍首脳によるクーデターは、ただの「不毛な演習」（ヒルズマン）になり下がってしまった。

砂上の楼閣

クーデター頓挫の理由はさまざまである。第一に、将軍たちの「怠慢ぶり」（ロッジ）だった。八月二八日、ケネディは、将軍たちが「あまり熱心に見えない」ことを問題視している。三〇日になっても、ヒルズマンは彼らに「十分な意志と決意」が備わっているかどうか、確信が持てなかった。

この日、ラスクも将軍たちに「骨も筋肉もないこと」への苛立ちを表明した。問題はクーデター計画が「欲求不満と噂話の中で行われた演習にすぎない」可能性が高いことだった。ジェム打倒を目指す「計画などまったくなく、勢いもほとんどない」将軍たちの様子に、ラスクは嘆息を禁じえなかった。

クーデター消滅後、マクナマラ国防長官は「将軍たちには計画などないし、これまで一度もなかった」と指摘した。バンディ大統領補佐官は「将軍たちに計画があるなどと発言した者はいない」と、ノルティング前大使は「将軍たちは以前は計画があるといっていたのだが、何も起きなかった」と述べた。

いずれにしても「将軍たちに何の計画もないのなら……何の行動もとれない」（ヒルズマン）、いやそれどころか「すべては終わり」（ラスク）だった。すべては砂上の楼閣だった。

兵力も団結も不足

第二に、ズオン・バン・ミン将軍の言い訳によれば、彼らには行動の「意志」はあっても「手段」がなかった。彼らが使える部隊は分散させられ、ジェムの許可なしには動かせなかった。心配顔のケネディが、「サイゴンでの反ジェム兵力増強」のための手だてを考えるようマクナマラに求めたほど、彼らは手持ちの兵力不足に苦しんでいた。少なくとも初めのうちは、親ジェム派兵力のほうが反対派兵力を上回っているとマクナマラは見ていた。

だがそれは決定的要因ではなかったかもしれない。テイラー統合参謀本部議長によれば、サイゴン周辺ではクーデター派が優位にあった。ロッジも、兵力バランスは「クーデター派に有利」だと見ていた。それどころか、「部隊の数をいちいち数えるのはまったく重要ではない。少数の頑強な部隊があれば、訓練の行き届かない多数の部隊が相手でも状況を支配できるからだ」と、必ずしもクーデター支持派とはいえないテイラーですら勇ましかった。

第三に、たびたび現地を視察した海兵隊のクルラック将軍（統合参謀本部で反乱鎮圧を担当していた）がいうように、軍首脳の団結など「妄想」にすぎなかった。チャン・バン・ドン将軍と協議後、フェルト太平洋軍司令官は、彼らの間に「連帯は存在しない」と判断した。

ドンはハーキンズ司令官に「私を責めないで欲しい。私はたくさんのコックが魚醬《ニョクマム》をかき混ぜている中で、困り果てているのだ」とこぼした。ニョクマムとはベトナム独自の調味料である。ハーキンズは、「誰もがたがいに疑心暗鬼」だと嘆くばかりだった。

政府側の牽制策も奏功した。八月二七日、ニューはドン将軍を呼びつけ、クーデター計画に関与するアメリカ人の一覧表を示した。三〇日、一五人もの将軍を一堂に集め、「アメリカ政府の秘密分子」が政府転覆に加担していると糾弾した。三一日、レ・クァン・トゥン大佐率いる特殊部隊を「全面警戒態勢」に置いた。将軍たちは、政府側の「厳しい監視」（グエン・カーン）を知っていた。かつてのＣＩＡサイゴン支局長コルビーがいうように、彼らは「身の危険」をひしひしと感じていた。

ロッジはメクリン広報担当参事官に、「彼らも他の連中と同じく、死ぬのが怖いのだろう」と語っている。チャン・ティエン・キエム将軍は、クーデターを開始するには自分たちには「家屋、地位、財産」など「失うものが多すぎる」と、あっけらかんと語った。

二重の疑心暗鬼

第四に、軍首脳は自分たちどうしだけでなく、アメリカも信じていなかった。八月二四日の国務省電二四三号は、彼らを安心させるより、むしろ戸惑わせた。ロッジは、将軍たちが「われわれが彼らに……すでに試合は始まったのだと伝えたにもかかわらず、彼らを見捨てるだろうという考えに取り憑かれている」と報告した。

八月二六日のVOA報道も無駄だった。キエム将軍は、その内容が曖昧だったため、むしろクーデターを阻害しかねないと漏らした。しかもせっかく援助削減を公表した放送がたちまち取り消されたときては、やはり現政府支持政策が続くのかと彼らが動揺したとしても無理はなかった。

八月三一日、ズオン・バン・ミン将軍は「アメリカが依然として現政府を支持している」ことをクーデター中止の理由に挙げた。「それまで長年、船を揺らすなといわれ続けてきた」彼らにとって、アメリカがクーデターを本当に容認したのかどうかには、かなりの不安が残った。ニューとも親しいリチャードソンCIAサイゴン支局長や、ハーキンズ司令官の存在が、彼らの疑念を増幅させた。

失敗恐怖症

失敗を恐れたのはアメリカ人も同じである。八月二七日、ケネディは「成功の可能性がないのなら、クーデターを試みる意味などない」と断言した。二八日、ケネディが「いまのところ、クーデター派がジェムを打ち負かせるようには思えない」と漏らすと、ダグラス・ディロン財務長官が即座に反応した。「それならやるべきではない」。

八月二八日、テイラーはハーキンズに、「成功しないような、いかなるクーデターにも関わりを持ちたくない」と述べた。二九日、ケネディはロッジに「われわれが進むのであれば勝たなければならないが、失敗するくらいなら考えを変えたほうがよい」と伝えた。ラスクはロッジとハーキンズに、「成功の見込みが高いクーデターであれば支援する」との立場を確認した。三〇日、ハーキンズも「成功につながりそうもない計画なら支援したくない」とワシントンの方針に賛同した。

だが成功への不安は、クーデター封じ込めの方向には働かなかった。逆に、ケネディが八月二八日に述べたように、「叛徒の将軍たちが成功する確率を最大限に高める」必要性がますます痛感されたにすぎない。

その具体的手だてはさまざまに考えられた。具体的なクーデター計画には触れずに、アメリカの外交的・軍事的な支持をさらに強調すること。とくに日和見の連中を念頭に、アメリカがニュー夫妻への反対や、彼らの退場を求める立場を強調すること。資金面で餌をちらつかせること。米軍をおおっぴらに南ベトナムに向かわせること。現地のアメリカ人家族出国計画を実行に移すこと。

暗中模索の日々

ケネディ政権の不安と躊躇は、現地の状況が容易に摑めないことにも起因していた。

八月二六日、ワシントンはサイゴンに問い合わせた。将軍たちの関係はどうなっているのか。将軍たちのうち誰が、政府打倒の試みに加わっているのか。彼らはどのような計画を持っているのか。次の指導者は誰にするつもりなのか。翌日、待望の回答がロッジから寄せられた――「わからない」。

八月二八日、大統領の弟ロバート・ケネディは、将軍たちが「どの方向に向かうのか、誰が権力を継承するのか、誰がクーデターをやるのか、双方の側にどれほど兵力があるのか」など数多くの疑問を表明した。だが「誰も答えを持っていなかった」。

八月二九日朝、リチャードソンCIAサイゴン支局長は部下のコネインに、どうやらワシントンはクーデターから後退しているようなので、これ以上将軍たちを後押ししないよう指示した。サイゴンから一二時間遅れのワシントンでは、二九日昼からの会議で、ロッジに「最終的な決断を留保」するよう、指示を下すことが決まった。

国家安全保障会議のフォレスタルは、その心理をこう説明している。「誰がどんな行動を誰に対してとっているのか、権力がどこに存在するのか、政府の後継者がいるとすれば誰になるのか」がわからない。とすれば、「そこに飛び込む前に、飛び込む先を見きわめよう」というわけである。

八月三〇日、ラスクは自分たちが「ジャングルの中で動きまわっているようなもの」であり、「誰を相手にしているのかも明らかでない」状態だと述べた。クーデターに邁進するロッジでさえ、いま行動に踏み切るのは「暗闇の中での射撃」も同然に思えた。「状況をつぶさに見守りながら好機を待つべき」だというのが彼の姿勢だった。

脇役幻想

ラスクは、アメリカはけっしてクーデターの「主動力」になりたくなかったと述懐している。八月二六日、CIAのコネインはチャン・ティエン・キエム将軍にこう伝えた。「国家権力を得るための初期の行動においては、われわれはいかなる助力にもなれない。勝つも負けるも、すべてあなたがた自身の行動だ。後押ししてもらえるなどと期待してはならない」。

八月二九日、マクジョージ・バンディ国家安全保障担当大統領補佐官は、このクーデターは「彼らのショウ」だと述べた。ラスクはロッジに、ジェムの処遇は「彼らの問題」だと改めて打電した。ヒルズマン極東担当国務次官補によれば、新政府にジェムを残すかどうかは「彼らがなすべき決断」だと、アメリカ側はすでに将軍たちに示していた。三一日、ラスクはサイゴンに「政府交替についての決断」は「ベトナム人の問題」だと伝えた。

八月二七日にバンディが述べたように、もしクーデターが失敗した場合、「この企てにアメリカが関与しているという証拠が存在しない」よう、万全を期すことも重要だった。二八日、ヒルズマンは「アメリカの手が見えないような形で」行動できると自信をのぞかせた。

八月二九日、ジェム後に成立する政府が「完全なアメリカの操り人形」などと見られてはならないとラスクはロッジに強調した。事態に対処する「最善の方法」は、最後まで「真にベトナム人の行動」として扱うことだとロッジも重々承知していた。バンディ大統領補佐官もこの日、アメリカが新政府を即座に承認したり援助継続を声明したりすれば「われわれがベトナムの将軍たちと共謀していたと誰もが確信してしまう」と心配顔だった。

アメリカの力が必要

だが、しょせんクーデターが「そもそもの初めから、アメリカのショウと名づけられるだろう」ことなど、ディロン財務長官にはわかっていた。八月二八日、ラスクはロッジに、サイゴンやワシントンで「いかなる見せかけを保とうとも、この努力の成否にアメリカの威信がかけられるのは必然」だと伝えている。それならいっそ「決定的な場面ではあらゆる効果的な切り札を用いるべき」だった。

八月三一日、ロッジはアメリカが直面するジレンマをこう説明している。「いまのところ、政府の交替が成功する唯一の方法は、アメリカがみずからそれを起こすこと」だ。にもかかわらず、それは「もちろん論外」なのだ。

経済援助使節団のフィリップスは九月一七日、八月末の政府軍首脳にはクーデターをやり遂げる兵力も、ちゃんとした計画も、アメリカが支持してくれるという確信もなかったと指摘している。ハーキンズは「アメリカの支援がなければ将軍たちは動かないだろう」と見ていた。ジェム放逐を声高に主張するベトナム人は、自分たちベトナム国民は「無力」だがアメリカなら政府交替を可能にできると訴えた。クーデターの日が近づけば近づくほど、「ベトナム人ではなくアメリカ人の努力によって」（ラスク）変化をもたらすしかないという可能性が、現実味を帯びていった。

制御可能な企て

ケネディは八月二七日、制御不能な事態を懸念する声に対して、アメリカが「そこまで深くはまり込んでいるとは思えない」と述べている。「すでにここまで深入りしたからという、それだけの理由で、前進しなければならないとの立場はとらない」というわけである。

八月二八日、マクナマラ国防長官も、「押し出されているかのように」前に進むことを戒めた。この日、ロッジに対しては、「それを賢明と考える場合はいつでも」計画の延期や修正を勧告することが求められた。

だが同じ日、サイゴンではリチャードソンCIAサイゴン支局長が、クーデターは「引き返し不能点」に達したと判断していた。ワシントンでもヒルズマンが、「われわれはもはや将軍たちを止めることはできない。彼らは前に進むか死ぬかしかない」と強硬だった。

八月二九日、ロッジはケネディに電報を送り、アメリカが「普通のやり方では引き返せない道」、すなわち「ジェム政府の転覆」に乗り出していると論じた。そこにはすでにアメリカの威信が賭けられている。「爆発寸前の現状」を放置すれば暴力的な状況がもたらされ、最後には「親共ないしせいぜい中立」の政治家が実権を握りかねない。ジェム政府のもとでは、戦争に勝てる可能性はない。アメリカが断固たるところを見せる必要がある。クーデターの中止は将軍たちのアメリカへの信頼にとって「ボディブロウ」となる。

八月二九日、ケネディはロッジにこう返電した。「将軍たちから開始信号が出るその瞬間まで、私は路線を変更し、さきの訓令を逆転させる権利を留保しなければならない。……わが国の国益が変心を必要とするのなら、それを恐れてはならない」。

八月三〇日、ロッジは「いつでも路線を変更する権利と責任」が大統領にあることに同意した。だがそれがどこまで本心だったかはわからない。

もっともハーキンズ将軍はその前日、クーデターなど「われわれが最終的な指示を出さない限り、実行不可能」との考えを披瀝していた。CIAサイゴン支局が九月に入ってから指摘したように、アメリカは「青信号」と「十分な保証」を与えさえすれば、将軍たちがすぐに行動を起こすという前提に立っていたのである。裏を返せば、ワシントンがそう判断すればいつでも引き返せるはずだった。残念なことに、そのどちらも幻想にすぎなかった。

八月三一日にいたるまで、アメリカは何度も将軍たちに行動を促した。だがロッジは「気がつくと、押しボタンなどなく、われわれは自分たちがそう思っていたほど強力でもなかった。……そしてまったく何事も起きなかった」とのちに嘆息している。

闇雲に突進

しかもアメリカがあまりにまずいやり方をとったために、「ジェム政府に対して残されていた影響力が、ほとんど失われてしまった」。反クーデター派の一人、テイラー統合参謀本部議長はこう批判する。ラスク国務長官の言葉を借りよう。八月二四日にクーデターを促す電報を発し、二六日にワシントンで激論が生じるわずかの間に、「ベトナム情勢はそれ自体の勢いで展開していった。仏教徒も学生も軍もジェム反対で団結し、事実上ジェム転覆はアメリカの活動の結果というより、南ベトナム人の努力として生起した」。振り返れば、「当時アメリカは、南ベトナムではほんの小さな存在でしかなかった。もし仏教徒や学生、軍、自国民が彼を追い出そうと決意すれば、われわれにはジェムを支える力はなかった。もし彼に国民の支持があれば、われわれには彼を追い落とす力もなかった。いずれにしても、私の考えでは、ジェムがその職務にとどまるかどうかはアメリカ人が決めることではなかった。南ベトナム国民の問題だった」。進むにせよ退くにせよ、アメリカは事態を制御できなくなっていた。

今後向かうべき道も不明だった。九月一日、ヒルズマンは電話でラスクに、問題は「ここからどこに向かうか」だと語った。ロバート・ケネディは「われわれが何をしようというのか誰も知らず、わが国の政策がいかなるものか誰もわかっていなかった」と唇を噛んでいる。

せめて、なぜこうした体たらくに陥ったのかを知る努力が必要だったろう。だが九月二日、フォレスタルはケネディに「これ以上の検死」はしないよう進言した。サイゴンのロッジも、なぜ将軍たちが行動を躊躇し、最後には取りやめたかという理由を、まったく振り返ろうとしなかった。それはきわめて人間らしい反応だったといえよう。

八月三一日、珍しく持論を展開したのがリンドン・ジョンソン副大統領である。将軍たちが政府転覆に失敗した以上、できるだけ早くジェム政府との「絆」を回復し、「対ベトコン戦争に邁進」すべきだ。ジェムには欠点があるが、他に代わるべき者はいない。クーデターをもてあそぶのはもう止めるべきだ。

だがこの日、ラスク、ヒルズマン、マクジョージ・バンディ国家安全保障担当大統領補佐官らは、もう一度八月二四日、すなわち国務省電二四三号の立場に戻り、それをやりとげるべきだと一致した。反省とも検証とも自制とも無縁なまま、クーデター第二幕の舞台が始まろうとしていた。

ニューの更迭を

九月二日、ケネディのインタビューがCBSで放送された。彼はジェム政府が国民の支持を取り戻し、勝利への道を歩むために「政策とおそらく人事の変更」が必要だと明言した。ジェムがやり方を変えなければ「国民の支持を得られる見込みはあまりないだろう」とも述べた。助言とも最後通告とも悲鳴とも聞こえる、だが公然たるニュー更迭の要求だった。

ケネディの演説起草者としても知られるソレンセン大統領特別顧問はのちに、ジェムに「個人的に大きな称賛の念」を抱いていたケネディが、ジェム政府の打倒ではなく統治の改善を求めたにすぎないと弁護している。九月初め、ヒルズマンは記者を相手に、アメリカは「神の役割」を演じたことはないし、そうするつもりもないし、またその能力もないとも語った。インタビュー放映の前日、ラスクがサイゴンに送った大統領の声明案は、「ベトナム政府の形や構造」を決めるべきはもちろん「ベトナム国民自身」だと認めていた。

だがそれ以上に大事なのは、「南ベトナム政府がこの国の自由を守るために、国民の支持を効果的に確保できること」に、アメリカの利益が賭けられているということだった。たとえ国内問題だからといって、ジェムが好き放題にできるわけではなかった。

恫喝外交への批判

求められたのは「必要な改善が実現しやすくなるよう、大統領がその懸念を慎重かつ控えめに発言したのだとジェムに強調する」ことだった。この放送は、テレビ画面の中で同盟国を威嚇したこと、両国間に緊張を高めたことなどから、強く批判されている。

ケネディ発言は、将軍たちが喉から手が出るほど欲していた青信号の一つだった。実際にそれは「南ベトナム政府に変化を求める信号」と受け止められた。チャン・バン・ドン将軍は、ケネディが「いかなる変化でも、どのような変化でも支持する」つもりだと解釈した。

クーデターへの関与を否定するヒルズマンですら、それが結果として一一月の「クーデターをもたらした」ことだけは認めている。ケネディは反政府の動きに「鼓舞」を与えたのだと、CIAのベトナム作業班長チェスター・クーパーはいう。いやそれどころか、九月三日、ケネディは「尻込みしたのは将軍たちであり、われわれではないとはっきりさせたい」と、八月末に消えたクーデターに未練たらたらだった。

ケネディはテレビを大きな武器として大統領当選を果たした人物である。ピエール・サリンジャー報道官には、一九六二年七月二三日、ケネディがドル切り下げ否定と金の価格維持を表明した記者会見について、「はなはだエキサイティングな想い出」がある。「新聞に書かれた数千語の言葉」は、何の効果も上げなかった。対照的に、ヨーロッパに衛星生中継された記者会見は、金《きん》の大暴落という「反作用」をもたらした。とすれば、一九六三年秋のケネディに、柳の下の泥鰌を狙う気持ちがなかったとはいえない。

時間稼ぎで抵抗

九月二日、ニューはロッジ大使、イタリアのジョバンニ・ドルランディ大使、バチカンのアスタ大使を前に、自分はサイゴンから北東二〇〇キロあまりの街、ダラトに退隠するつもりだと述べた。共産主義者との戦いが上首尾に運んでいる以上、もはや自分が政府にいる必要はないというのがその理屈だった。

ただし条件があった。「一族に対していまもクーデターを画策し続けている、一部のアメリカの諜報員が出国したら」である。彼は、自分が和平を念頭に「ベトコンと接触しているので国を出ることはできない」とも語った。むしろアメリカへの牽制と翻弄が目的だった。

ワシントンにも、これが「遅延戦術」にすぎないのではとの強い警戒があった。国内にとどまる限りニューの権力は失われず、それどころか「王座の背後の権力」となる恐れもあったから、たんなる辞任など「ほとんど無意味」だとサイゴンのロッジも見ていた。

九月六日、ロッジはニューに、夫妻が「すぐに六カ月、国を留守にする」よう勧めた。ニューも「形式的に辞任」することにはやぶさかではなかった。ロッジは彼が「三～四カ月間」空白期間を置くつもりではないかと感じた。子供たちのためには宮殿生活はよくないとまくしたてるニューに、あるＣＩＡサイゴン支局員も、彼が「一時的な引退」を考慮しているような印象を受けた。

だがニューは出国など言下に拒否した。それどころか「私がいない間に、一〇〇カ村もの戦略村が共産主義者に奪われたらどうするのだ？」と反撃した。農民をゲリラから切り離す戦略村の建設は反乱鎮圧戦略の鍵の一つだった。ニューはこの計画をいわば人質に、アメリカを脅しにかかったのである。

九月九日、ロッジはジェムに「人事と政策における変化」、つまりニュー排除や報道検閲廃止などの話を持ち出した。だがそのたびにジェムは話題を変えた。「戦略村にこれほど力を尽くせる」ニューを放り出すことなど「問題外」だ。弟は「正当な理由なく批判されている」。彼はつねに柔軟な態度で問題解決を支持してきたのだ。ニューを馘首するどころか、この頃ジェムは弟なしでは統治すらできなくなっているという、もっぱらの噂だった。

大統領発言と並ぶクーデターへの明確な信号が、援助停止だった。ジェムに見切りをつけた者は、この「政府転覆に必要かつ十分な触媒」（マッコーンCIA長官）に期待した。ブー・バン・マウ前外相がいうように、「アメリカの援助がなければ政府は数週間のうちに崩壊するだろう」ことは、すでにベトナム人の常識だった。

援助停止の意味

九月一〇日、一時帰国した経済援助使節団のフィリップスはケネディに、「心理的スクイズ」攻撃を提案した。アメリカが反ニューの立場を明確にしさえすれば、「ベトナム人に反政府で動くガッツがないわけではない」。その手だてこそ、特殊部隊への援助停止だ。

同じくサイゴンから戻ったメクリン広報担当参事官は、「できる限り早急に」クーデターという危険を冒すべきだとした。ジェム派と反ジェム派の戦いが長期化する可能性に備えて、アメリカは前もって米軍、とくに戦闘部隊を派遣し、秩序維持やアメリカ人救援に備えればよい。彼は一九五八年のレバノン出兵を例に引いて、こう主張した。

九月一一日、ロッジは「アメリカがその有する制裁手段を駆使して、現政府の倒壊と次の政府樹立をもたらすべき時がやってきた」と意気軒昂だった。この日の昼前、マクジョージ・バンディ国家安全保障担当大統領補佐官が電話でラスク国務長官に伝えたところでは、反ジェム派の筆頭格であるハリマン政治担当国務次官は、「決定は下された。それも、われわれが望んだように」と、しごくご満悦だった。

商品輸入援助の凍結は、将軍たちを大いに勇気づけた。九月下旬、ヒルズマン極東担当国務次官補はロッジに、将軍たちを動かすには、援助停止によって、アメリカがジェム政府のやり方を認めていないのだと示すのが「唯一の方法」だったと説明している。

勝利を阻む壁

アメリカにとって、南ベトナムという国家の防衛と、ジェム政府の維持はまったく別物だった。九月初め、ヒルズマンは記者にこう述べている。アメリカは、それがどのような政府であろうと支援を余儀なくされる「操り人形」ではない。自由や民主主義といった原則は堅持するが、特定の個人や政府を守り抜くことなど約束していない。

九月一二日の記者会見でケネディは、アメリカの政策を「戦争勝利に役立つものであれば、われわれは支援する。戦争遂行を妨げるものには、われわれは反対する」と要約した。アメリカであれ南ベトナムであれ「戦争勝利の妨げとなるような行動は、わが国の政策や目的と合致しない」とも言明した。

勝利を阻む最大の存在、それがほかならぬジェム政府だった。この頃「ケネディはジェムと一緒でいったい戦争に勝てるのかということにますます疑念を抱いていた」と、ソレンセン大統領特別顧問はいう。九月一〇日の会議でロバート・ケネディは、「ニューやジェムがいないほうが戦争はうまくいくという点で、全員が一致している」と発言した。残る問題は「変化をもたらすための代価はどれほどか」だけだった。「このままずるずると行くわけにはいかない」（ヒルズマン）とすれば、アメリカのとりうる道は限られていた。

ケネディ政権の面々にとって、すべての責めはジェムの側にあった。厄介なことに、九月一〇日にハリマンが語ったところによれば、「ジェムが、われわれが彼を支持できないような状況をつくり出した」のである。

九月一一日、国務省情報調査局はベトナムの末路が「第二の中国」となる可能性を指摘した。眼前に展開される事態と一九四〇年代の中国内戦に、「明確な類似」（メクリン）が見受けられたからである。

指導者交替か現政府維持か

一九六四年大統領選挙の足音が聞こえ始めていた。中国共産化後にハリー・トルーマン大統領が被った命運を想起すれば、ケネディはいかなる批判にも敏感にならざるをえなかった。ケネディ自身、若き下院議員として、中国の喪失を口をきわめて糾弾していた。

そうならないためには、次の政府は「ベトコンとの戦いを遂行するに十分な国民の支持を得て」（ヒルズマン）登場しなければならなかった。重要なのはキューバ革命の経験——独裁者フルヘンシオ・バティスタの後に共産主義者フィデル・カストロ登場の道を開く——を二度と繰り返さないことだった。

ケネディ政権内部にはクーデター反対論も根強かった。テイラー統合参謀本部議長には、「政府が内戦を戦っているさなかに、現政府に反対して宗教・政治運動を組織」すること自体、信じられなかった。九月一〇日、ジェムに代わる者は結局のところ存在しないと、マクナマラ国防長官もマッコーンCIA長官も口を揃えた。

クーデター推進派のロッジでさえ、もしクーデターが失敗すればアメリカは「南ベトナムから出ていくよう迫られるだろう」という危険は承知していた。メクリンは、たとえジェムを倒せても、次の政府が「ベトコンを相手にいまと同程度かそれ以上に非効率的」にしか行動できない「本当の危険」を懸念した。

ノルティング前大使によれば、将軍たちはまったく「効率的でない指導者」だった。クーデターは「政治的真空」を生み、「共産主義者を鼓舞」し、「比較的成功してきた、南ベトナム支援の九年間を台無し」にしかねなかった。

相変わらず逡巡

九月三日、ケネディは「将軍たちがわれわれに接触をとるのを待つ」ことを決めた。当面アメリカは行動せず「外交ルート」で働きかけを行う。「彼らがやってきたら、彼らと話す」。ただし「アメリカが後退したと思わせない」。別の議事録によれば、「将軍たちが行動を起こそうとしない」以上、とりあえずは「外交面の努力」を払うつもりだとケネディは語った。この日、「将軍たちがいま行動する意思も能力も示していないため、外交的手段によって状況を改善する努力を払う」方針が、サイゴンのロッジに伝えられた。

九月六日、ロバート・ケネディが「もしジェムと一緒では勝てないと結論が出たのなら、何をなすべ

情報が得られないからだ」。

きか」と問うた。すぐさまマクナマラが答えた。「その問題には答えられない。ワシントンでは十分な情報が得られないからだ」。

九月一〇日、マクナマラはとりあえず「三週間前に戻るべき」だと主張した。だがこの日も「具体的決定は何もなかった」とヒルズマンはいう。一一日、ホワイトハウス・スタッフ会議で、マクジョージ・バンディ国家安全保障担当大統領補佐官は、事態の展開に「目に見えて困惑」し、めったにないほど「どうすべきか途方に暮れた様子」だった。

九月一二日、国家安全保障会議の結論は、もう一度ジェムとの協力を試みるということだった。九月一五日、ラスク国務長官は「現在形作られつつある最終的な決定が下されるまで、クーデターの企てを刺激するような努力を行ってはならない」とロッジに指示した。

ＣＩＡのクーパーによれば、政変劇「第二場」にどう対処すべきかをめぐる対立は、ワシントンで「公然の秘密」だった。九月半ばのケネディ政権は、国家安全保障会議のフォレスタルがウィリアム・バンディ国防次官補に「これほどの分裂は初めて」だと漏らすほどの体たらくだった。

同じ頃、マクナマラやラスクは、アメリカがベトナムでどのような問題に直面しているのか、そして何を目指しているのかを、はっきりさせなくてはならないと述べていた。ケネディ政権はここにいたっても、確固たる方針を決められないまま漂流を続けていた。

問題は、南ベトナムの政治状況について「ワシントンでは十分な情報がない」（マクナマラ）ことだった。その原因の一つは、フォレスタルが懸念したように、将軍たちがアメリカ人と「話す気が薄れつつある」ことにあった。

再挑戦

ワシントンの混乱を尻目に、九月一日、「ベトナム人もイタリア人もフランス人も、みなアメリカのクーデターを懸念していることは明らか」だとロッジは報告している。二日、ＣＩＡ

サイゴン支局は、クーデターが「封じ込められたが抹殺されてはいない」状態だとした。ロバート・ケネディによれば、クーデターが頓挫した後も、「毎週クーデターの話」が登場していた。この頃南ベトナム政府は、占星術の新聞掲載を禁じた。その結果しだいで、クーデターに踏み切る者が出かねないからである。

九月一一日、マクジョージ・バンディ大統領補佐官は、危機到達まで「数日内」ということはないが、それでも「数週間」だろうとした。ヒルズマンは「数週間もしくは数カ月」との見方を披瀝した。マッコーンは「三カ月以内」には状況が深刻化すると述べた。ロッジの報告では、バチカンのアスタ大使やイタリアのドルランディ大使は、ジェム政府崩壊の日を「きわめて近い」ものと判断していた。

政府軍の主力をなす陸軍では、司令官がジェムに忠実でも、部下の間にはかなりの不満が蓄積されていた。とくにニューは目の敵にされた。ただし、軍首脳もその諜報網や政治的能力には一目も二目も置かざるをえなかったし、その無慈悲なやり方や、野望むき出しの姿勢に恐怖を感じてもいた。

それでも軍首脳は長引く「仏教徒問題が軍の士気にもたらす潜在的な影響」への懸念をつのらせていた。「ジェム政府による政治が、共産主義者に対する勝利と相容れない」と判断した時、彼らの行動は決まった。彼ら軍こそ、「共産主義者による国土奪取で失うものが最も大きい」(フォレスタル)人々だったからである。

牽制策しきり

だが、クーデターを任せられるほど、意欲満々の将軍が見つけられると考えるなど「幻想」にすぎないと、あるベトナム人亡命者は語った。ロッジは、将軍たちには「生きている証がほとんどない」と、まさに一刀両断だった。

国務省情報調査局によれば、将軍たちは相互不信の中で分裂していた。彼らに「崩壊に向かう状況の中で団結を保ち続けられる物理的能力」があるか、フォレスタルにも疑問だった。

政府側も牽制に余念がなかった。九月二日、『タイムズ・オブ・ベトナム』は、クーデターの陰謀に資金を提供したとしてＣＩＡを攻撃した。元ＣＩＡサイゴン支局長コルビーにいわせれば、それは黙って引っ込んでいろとアメリカを脅す、「間接的なやり方」だった。ローマ滞在中のゴ・ジン・トゥック前フエ大司教も七日、アメリカが政府打倒に二〇〇〇万ドルを費やしていると非難した。

九月半ば頃、ニューは反米キャンペーンをエスカレートさせた。アメリカは「植民地主義者」や「封建主義者」どもと手を組んで、「南ベトナムを衛星国にしようとしている」のだ。「アメリカの存在は南ベトナムの独立を脅かしており、減少させなければならない」のだ。海を渡ってくるアメリカ人が南ベトナム政府発給の査証を持つかどうかはけっして些細な問題ではない。それは「国家としての矜持にかかわる問題」なのだ。

ジアロン宮殿の周辺には、対空砲火も配備された。民族解放戦線が空襲をかけてくる気遣いなど皆無だったから、仮想敵が政府軍部隊であることは明らかだった。対立の火が燃えさかる中、ジェム政府は最後の数週間を迎える。

第3章　訣別——苦渋の決断

1　圧力戦術に傾斜

戒厳令解除

一九六三年九月一六日、南ベトナム（ベトナム共和国）全土で戒厳令が解除された。公布から二七日目である。首都サイゴン（現ホーチミン）市内は、交通も商業もほぼ平常に戻った。国会選挙も予定どおり九月二七日に実施された。民族解放戦線（NLF）、いわゆるベトコンのボイコット呼びかけにもかかわらず、投票率は九二・八％に達した。

もっとも、サイゴン駐在のヘンリー・キャボット・ロッジ大使は、必ずしもこの数字を「額面どおり」には受け止めていなかった。「人々の間に拡がる無関心」も、厳重な統制下での選挙が「民意の意味のある反映とはならない」ことも、十分わかっていたからである。

政府の気に食わない候補者には、さまざまな妨害があった。トラックに乗せられた兵士が、あちこちで何度も投票するさまも目撃された。開票では水増しがあった。ゴ・ジン・ジェム大統領の弟ゴ・ジン・ニューとその夫人の得票率は、ともにほぼ一〇〇％だった。たとえばニュー夫人の選挙区では、有権者の半分は民族解放戦線の支配下に住んでいたにもかかわらず。

それでもこの頃、仏教徒組織は弱体化し、主だった指導者は地下に潜伏した。寺院襲撃からほぼ一カ月後、アメリカ大使館は、政府が仏教徒運動を「完全に押さえ込んだ」と見た。

一〇月七日には新国会が開会した。翌日、少なくとも「一時的には平穏」がもたらされたようだとCIA（中央情報局）は分析した。

一触即発

だが南ベトナム政府軍（ARVN）の重鎮ズオン・バン・ミン将軍は、戒厳令解除を「アメリカ人相手のごまかし」と呼んだ。ロジャー・ヒルズマン極東担当国務次官補にいわせれば、この平穏は「緊張の空白期間」にすぎなかった。

ロバート・マクナマラ国防長官がのちに作成を命じた、ベトナム介入史をめぐる秘密報告書『ペンタゴン・ペーパーズ』によれば、つかの間の静けさは、秘密警察や情報機関などを一手に握るニューお得意の「警察国家的手法」によって維持されていた。地方出身の僧侶は釈放されたが、身分証明書は返してもらえなかった。彼らはサイゴンを出たとたん、「ベトコン」容疑者として逮捕された。だから多くは、サイゴン市内に隠れ住まざるをえなかった。

学生は抗議の意思表示として、大学の授業を欠席した。多くは週末になると地方に向かい、反政府宣伝に力こぶを入れた。この頃、大使館のジョン・メクリン広報担当参事官の目に焼きついた光景がある。「閉鎖された学校の周囲にきちんと並べられたまま、乗り捨てられた何百もの自転車」である。小学生までが取り締まりの対象だったからである。

九月末、南ベトナム国内の政治犯は七万人を超えていた。人々は、ジェム統治下と共産主義支配下、いずれの抑圧を選ぶべきかひそかに話し合っていた。「目の前の悪魔」つまりジェム政府より、「見知らぬ悪魔」つまり共産主義のほうがましだとこぼす者もいた。

九月末、サイゴンを訪れたマクナマラに、ジョン・リチャードソンCIAサイゴン支局長は「猜疑の空気」が蔓延していると指摘した。マクナマラとマックスウェル・テイラー統合参謀本部（JCS）議長の現地視察報告は、都市部で「騒擾・抑圧・辞任のサイクルがいつなんどき沸騰してもおかしくない」

とした。秩序維持を最優先するジェム政府だったが、困ったことに「警察国家としても優秀ではなかった」（メクリン）のである。

一〇月五日、「狂気の時期の最後を飾る事件」（メクリン）が起こった。八月二一日の寺院襲撃事件以来となる、通算六人目の焼身自殺である。人心の動揺を抑えようと政府側は街角に音楽を流した。だが無神経にも、選んだ曲はプラターズの〈煙が目にしみる〉だった。

一〇月七日、ディーン・ラスク国務長官はフランスのモーリス・クーブドミュルビル外相を相手に、ベトナム情勢を「完全な袋小路」として描いた。八日、CIAは、首都が「恐怖と不安」の支配下にあると分析した。一〇月のサイゴンは「一種の狂気」に支配されていたと、『ニューヨーク・タイムズ』記者デイビッド・ハルバースタムはいう。一〇月二七日、七人目が炎に包まれた。

民族解放戦線に味方する者は、日ごとに増えていった。その原動力は「政府への憎悪」（ロッジ）だった。民族解放戦線幹部だったチュオン・ニュー・タンは、一九六二年秋のジェム政府が、「政治的にも心理的にも崩壊しかけていた」と回想する。政府転覆を図る彼らの努力を、皮肉なことにジェムらが「大いに助けてくれた」のである。

段階的圧力計画

九月一六日、ヒルズマンがまとめ上げたのが、「段階的かつ多面的な圧力」計画である。まず改めてジェムとの信頼を築く。ジェムから改革の約束を、少なくとも暗黙裏に取りつける。もしそれが無理なら、ジェム政府との完全な絶縁を公に声明することも、クーデター計画を促すことも辞さない。それは事実上、脅迫によってジェムに「全面的な協力」を強要するための計画だった。

九月一七日、国家安全保障会議（NSC）は、この段階的圧力計画を承認した。

九月二四日、ジョン・F・ケネディ大統領はジェムに、「困難かつ苦痛に満ちた決断をいつまでも先延ばしにできない」と書き送った。過去数カ月というもの、ジェムのおかげで「新たに一連の深刻な困難」が発生しているとも指摘した。二週間近く前に用意された草稿そのままの、危機感もあらわな表現である。

仏教徒問題解決には、政府と仏教徒の間でいつ爆発するかわからない「信管の除去」が必要だと、CIAのベトナム作業班長チェスター・クーパーはジョン・マッコーンCIA長官に伝えた。軍隊を都市から農村部に移す。国民との緊張関係を緩和する。仏教徒や学生を釈放する。寺院を修復する。悪名高い一〇／五九法令などの改正を声明する。

内閣を改造し、人材を登用する。選挙後すみやかに国会を開会する。与党・人位勤労革命党《カンラオ》はいったん解散させる。海外渡航や通貨持ち出しの制限を緩和する。土地改革を再開する。内外における政府のイメージを改善する。対米友好関係を維持する。

段階的圧力計画の中の表現を借りれば、戦争遂行のためには「平常」への回帰、すなわちジェムが「みなにいつもどおりの仕事をさせ、戦争勝利に専念させる」ことが求められた。ケネディがジェムへの書簡で伝えたように、南ベトナム奪取を図る共産主義者の「鉄面皮な努力」を打倒することが、アメリカの「絶対的な最優先事項」だった。

確信なき路線

CIAベトナム作業班の考えでは、アメリカ＝南ベトナム関係はこの頃「偵察」期を迎えていた。さまざまな要求は、ジェムの反応しだいで、今後のベトナム情勢や両国関係を占う「リトマス試験紙」にほかならなかった。

段階的圧力計画には、「大きな心理的効果」（ヒルズマン）が期待された。だがアメリカの要求を呑めばジェムの面目は丸つぶれとなる。実際問題として、アメリカがいくら「劇的な、象徴的行動」（ロッジ）をせっついても、徒労となることは目に見えていた。

マクジョージ・バンディ国家安全保障担当大統領補佐官は、ヒルズマンの計画が機能するかどうかは「誰にも予測できない」と述べた。ヒルズマン自身、ケネディに、これが机上の「概念」にすぎないと説明している。それは、アメリカがジェム説得に尽力したことを「記録にはっきりと残す」だけのものでもあった。

圧力戦術そのものに、依然として大きな制約があった。戦争への影響を最小限にとどめること。「村落に住むちっぽけな人々」に被害を及ぼさないこと。ベトナム側の「過激な動きの……引き金を引かないようなやり方で」圧力を及ぼすこと。

ケネディ大統領（右）とベトナム戦争について話し合うロバート・マクナマラ米国防長官（中央）（1963年9月，ホワイトハウスにて）（AFP＝時事）

ジェム政府支援を続ければ、抑圧への荷担を非難される。むやみな圧力が政府転覆につながれば、内政干渉を糾弾される。援助停止など強硬手段に出れば、この反共国家を弱体化させる。手を引けば、ジェム政府をつけあがらせる。ジェムへの依存からじょじょに手を引くのが望ましいが、南ベトナムを即座に崩壊させるわけにもいかない。

寺院襲撃事件以降のケネディ政権は「不決断の一カ月」を過ごしたと、マクナマラ国防長官は述懐する。上院外交委員会がのちにまとめた研究は、九月を「空白期」「不決断の月」と呼んでいる。

説得は不調

九月二三日、ケネディは「改革と変化の必要性をジェムに強要」せよと命じたうえで、マクナマラ国防長官やテイラー統合参謀本部議長ら視察団を現地に送った。二人の訪問は、自分の見解を「きわめて率直な形で」伝える機会だと、ケネディはジェムに書き送った。

二四日に現地入りしたマクナマラはジェムに向かって、南ベトナム政府の行動に対する、アメリカの強い「不賛成と懸念」を表明した。深刻な政治危機が「ベトナム政府に対する信頼の危機」を、南ベトナムでもアメリカでも生じさせている。このまま政治不安が続き、政府が国民の支持基盤を回復できなければ、戦争遂行が阻害される。テイラーも、仏教徒危機勃発以降、そしてとりわけ八月二一日の寺院襲撃以降の出来事によって、「われわれの対ベトコン作戦の究極的成功への疑念」が生じたのだとジェムに訴えた。

だがジェムは彼らの主張を端から否定した。政治危機解決のため尽力する気配も、統治方法を是正する様子もなかった。みずからの政策の賢明さと、戦争の進展ぶりをまくしたて、言い訳と仏教徒攻撃に余念がなかった。

政治危機悪化には「いくぶん自分にも責任がある」と、ジェムが認めた瞬間もあった。だがそれは、仏教徒への対応が「優しすぎた」という意味でしかなかった。マクナマラはこの言葉に「ぞっとした」という。それは「まったくもって憂鬱な晩」(テイラー)だった。

大統領特別補佐官となった歴史学者アーサー・シュレジンガーによれば、マクナマラは「たとえ正しい行動をとったところで、ジェムが生き延びられるかどうか疑念を抱きながら」帰国の途についた。マクナマラとテイラーはケネディにこう報告した。南ベトナムの政治状況はすでに「非常に深刻」だ。これ以上弾圧が続けば、有利に進んでいる軍事作戦が阻害されてしまう。そうなれば、アメリカは現政府支持政策を転換せざるをえない。

態度は決まった

一〇月二日、国家安全保障会議は、圧力戦術の本格的発動を確認した。それはじつに「大きな決定」（マクナマラ）だった。CIAのベトナム作業班長クーパーは、「一九五四年以来初めて、アメリカがサイゴン政府の政策への反対を示す明確な措置をとった」のだとしている。

同じ日、ホワイトハウスは、マクナマラとテイラーの報告を踏襲した声明を発表した。南ベトナムの政治状況が「非常に深刻」だと認め、「いかなる抑圧的行動にも反対を続ける」意志を示したのである。抑圧政策が「まだ軍事的努力に影響を与えてはいないが、将来そうなる可能性がある」ことへの懸念も表明された。それは「アメリカが本気だということを声高に、しかも明瞭に」（メクリン）伝えた。

マクジョージ・バンディ国家安全保障担当大統領補佐官はロッジ大使に、この声明が「大統領自身の判断」を反映しており、その意図は「次の段階」でのロッジの手の内を強めることにあると伝えた。ロッジは、新路線が「建設的結果」を生むに違いないと歓迎した。「アメリカの立場に関する素晴らしい声明」とのコメントとともに、傘下のあらゆる組織の長にホワイトハウス声明のコピーを配布したほどである。

すべては勝利のために

一九六三年秋、ケネディは「ジェムとニューにほとほと嫌気がさしており、警察国家のような政府を自由化し、宗教的・政治的な敵に対する弾圧を止めさせるよう圧力をかけることに決めた」と、下院議員時代からの側近ケネス・オドンネルは回顧する。

ジェム政府最後の一カ月、アメリカが執拗に行った要求はそれまでと同様、以下の三点に要約される。第一に、戦争遂行の努力を増大し、効率化させること。第二に、政府への支持を拡大すること。第三に、対米関係の緊張を緩和させること。

これら軍事・政治・外交面の課題は一つの目標に結びついていた。戦争の勝利である。マクジョージの兄、ウィリアム・バンディ国防次官補がマクナマラ国防長官にいったように、アメリカの「基本的な決意」とはこの「戦争を最後まで戦い抜く」ことだった。ゲリラ打倒を目指す反乱鎮圧計画の遂行こそ「最優先」（ラスク国務長官）事項だった。

本当の問題は、「ジェムの政治的行動がベトコンを相手の努力にもたらしている害」（ケネディ）だった。ロッジは、「今度ばかりは断固たる態度をとるべき」だという点で、アベレル・ハリマン政治担当国務次官やヒルズマン極東担当国務次官補ら国務省の反ジェム派と同じ立場にあった。しかし相変わらず、積極的、具体的に要求を突きつけるのではなく、「沈黙による否認」を用いて、いましばらくジェムに「冷や汗」をかかせておく戦術をとった。

九月半ば過ぎ、「ジェム＝ニューが私の沈黙にいくぶん困惑している徴候」を前にロッジは目を輝かせていた。国務省でハリマンを補佐したウィリアム・サリバンがいうように、ロッジこそがサイゴンにおける「主演」男優である以上、その意向を無下にはできなかった。

一〇月五日、国家安全保障会議に提出された報告は、「具体的な要求を列挙する」のではなく「わかりやすい例を示す」にとどめるよう勧告した。この日、ケネディも、さまざまな政治的要求が「きびしい、即座に実現すべき要求のリスト」の形を取ることに反対した。一〇月初め、上院外交委員会に登場した政権首脳が相次いで強調したように、アメリカはベトナム側に制裁や要求の「パッケージ」を押しつける形も避けようとした。

2　伝家の宝刀を抜く

サラミ戦術

ウィリアム・バンディ国防次官補によれば、ゴ・ジン・ジェム大統領を「大規模な改革の方向に動かすべく、圧力をかける」手だては存在していた。国務省極東局のポール・カッテンバーグのいう「サラミ方式」、つまり援助の選択的・段階的な停止である。

九月二〇日、ラスク国務長官はサイゴンのロッジ大使に、援助を止めれば「ベトナム政府に対してかなりの心理的圧力を生み出す可能性がある」と伝えた。ジェムや弟のゴ・ジン・ニューとの交渉でロッジの手の内が強まる。南ベトナム国民とアメリカの関係も改善できる。

リチャードソンCIAサイゴン支局長がジェム本人にあからさまに語ったように、この独裁者が「アメリカの援助なしには生き延びることはできない」ことは明らかだった。現地視察から帰国したマクナマラとテイラーも、ジェム政府にアメリカの「不快感」をはっきりと伝え、彼らに「大きな不安感」を与えるべきだとした。

対象を選ぶ基準は二つあった。第一は、ラスクが述べたように「戦争遂行の努力に大きな齟齬をきたさない」こと。ロッジも、「本当にジェムやニューに影響を及ぼし、しかも……戦争遂行の努力を阻害しない」方法に異存はなかった。

第二は、ロッジやジョージ・ボール国務次官が異口同音に語ったように、「援助をめぐって大衆の生活水準を損なうような行動を避ける」べきこと。ロッジはジョゼフ・ブレント経済援助使節団（USOM）長に、「ジェムやニューに不安を生じさせ、しかもベトナム経済を崩壊させない」ための具体的方法を示すよう命じた。

商品輸入援助

こうした条件にかなう手だての一つが、宣伝活動など心理戦争分野への資金供給を止めることである。抑圧政策の弁護や、ニュー夫妻の提灯持ち的な宣伝活動を封じるためである。

戦略村を守る民兵の指導者育成の支援も、考慮の対象となった。彼らが「ニューの個人的政治的道具」に成り下がっていたからである。

仏教徒弾圧の一翼を担う秘密警察も同じ扱いを受けた。それは「ジェムに両手を背中で縛るよう求めることと同じ」意味を持つ措置だった。

とくに重要なのは、九月の新規分や七～八月の残余分を含め、商品輸入援助計画にもとづく資金の供与や執行を全面凍結することだった。ブレントが指摘したように、政府軍将兵の給与は七割がたこの援助に依存していた。その中断は大きな意味を持たずにはいなかった。

マクナマラとテイラーはケネディ大統領に、「選択的圧力政策」の具体例として商品輸入援助の停止を勧告した。この援助があってさえ、南ベトナム政府の予算はぎりぎりだった。その停止は「ベトナム政府にさらに圧力をかける根拠となる」と見られた。

商品輸入援助を止めたところで「戦争遂行の努力を直接傷つけない」（ヒルズマン極東担当国務次官補）ことがミソだった。しかも、この措置がもたらす「心理的影響は甚大」（メクリン）でありながら、国民生活にはたいして悪影響を生じさせないと思われた。もともとベトナム人、とりわけ地方住民の生活は自給自足が基本だったからである。

止められた資金

一〇月五日、商品輸入援助の停止が正式に決まった。一九六四会計年度（一九六三年七月～六四年六月）の最初の三カ月分、三〇〇〇万ドルあまりは、すでに予算の配分や消化を終えていた。その残りが止められたのである。ちなみに会計年度は一九七七年以降、一〇月に始まり九月に終わる形に変更されている。

国務省はサイゴンの大使館に、アメリカは「動かすのが非常にむずかしい」政府に向かって、「必要な、だが限られた改善」を求めているのだと伝えた。それは「ジェムに影響を与える、何らかの方法を見つけようとする」（テイラー）努力の一環だった。「アメリカ政府は南ベトナム防衛を支援するため、必要なあらゆることを行うが、政府のやり方を何から何まで変えない限り、これ以上ジェムは支持しない」（ウィリアム・バンディ国防次官補）方針だった。

同様に選択的停止の対象となったのが、「平和のための食糧計画」である。インド、インドネシア、パキスタンなど発展途上諸国に、アメリカが余剰農産物などを供給するものだった。南ベトナムの場合、供与されたコンデンスミルク、小麦粉、綿などが売却され、戦略村建設の資金などを生んでいた。一九六三年秋、商品輸入援助と平和のための食糧計画による援助は、南ベトナムの全輸入額の六〇～七〇％を占めていた。

一〇月五日、とりあえず五カ月分、二九〇万ドル相当のコンデンスミルクについて、今後は月ごとに新たな取りきめを必要とすることが決まった。ジェム政府に「政治的圧力」を及ぼすこと、しかも「遅かれ早かれ経済的影響が生じ、それがさらにベトナム政府への圧力となる」ことが期待された。だがニュー夫人は、ベトナム人はコンデンスミルクが嫌いで、豚に飲ませているくらいだから心配ないと強気だった。

小麦粉（年六〇〇万ドル）や原綿（年一二〇〇万ドル）も近く対象品目となる予定だった。それは、アメリカがジェム政府による抑圧を是認しないという行動の「象徴」だった。

サイゴン＝チョロン（ショロン）間の水路や、発電所の建設計画への援助支出（それぞれ一〇〇〇万ドルおよび四〇〇万ドル）も圧力の材料だった。プロジェクトはすでに最終段階にあったから、軍事面への反動も経済への悪影響もあまりなく、しかし心理的影響は十分見込めた。

援助停止にあたっては、「面子を失うことなく妥協する十分な機会」（ヒルズマン）をジェムに与えることが好ましかった。一〇月二日、ケネディは「記者には何もいうな」と政権首脳に釘を刺した。ピエール・サリンジャー報道官も「記者の質問にはいっさい答えない」つもりだった。

静かな決定

一〇月五日、ラスクはロッジに、この件について公式声明は発しないと伝えた。アメリカの「大規模制裁」を大々的に報じられるよりは、無策を批判されるほうがましだとされた。

商品輸入援助などは「技術上の再検討のため中止」しているにすぎない。それ以外の計画も「継続的に再検討」中だ。こうした言い逃れが用意された。デイビッド・ベル国際開発庁（ＡＩＤ）長官は、援助が「停止された《サスペンデッド》」のではなく、再開の含みを持たせて「延期された《ヘルド・アップ》」にすぎないと主張すべきだとした。シュレジンガー大統領特別補佐官の言葉を借りれば、援助停止の決定は「静かに実行」された。のち、ジェム政府転覆へのアメリカの関与を検討した上院外交委員会報告は、それを「気むずかしい同盟国に影響を及ぼすための、非公表の圧力」路線と呼んだ。

決定の二日後、このニュースは報道機関に漏れてしまう。それでもサイゴンのブレント経済援助使節団長は、援助計画は依然「検討中」だ、今回の措置は、計画「全面的再検討」のための「無期限」停止にすぎないと煙幕を張り続けた。

二つの懸念

戦争を阻害せず、国民生活を破壊しない。この二つの条件をクリアしているはずの商品輸入援助などの停止だったが、それでも悪影響を懸念する声は消えなかった。

第一に、戦争遂行。アメリカによる補給と空輸を失えば、南ベトナム政府軍は数カ月しか持たないといわれていた。ＣＩＡのベトナム作業班は九月末、援助停止が「戦争遂行の努力を阻害するだけで、べトナム政府を跪かせはしない」と分析した。

マクナマラ国防長官とテイラー統合参謀本部議長も、援助停止の「二面性」を懸念した。援助停止は「わが国が自由に用いることのできる、最も強力な手段」だ。しかし軍事作戦に悪影響を及ぼすに違いないというわけである。政府軍の重鎮ズオン・バン・ミン将軍はテイラーに、「援助削減によって軍事作戦に遅延が生じる」ことは「悲劇的」だと訴えた。

第二に、国民生活。マクナマラとテイラーによれば、投機が進みインフレが激化すれば、戦争遂行の懐勘定だけでなく、南ベトナム政府のやりくりにも「深刻な影響」が生じる可能性があった。物不足とインフレは、二～四カ月で「かなり危険」なレベルになると思われた。そうなれば、ベトナム人をアメリカから離反させる恐れがあった。

ベル国際開発局長官はケネディに、商品輸入援助が南ベトナムの輸入額の四〇%にあたると指摘し、物資がこの国に入ってこなくなれば、「経済に重大な影響」を及ぼすと警告した。マッコーンCIA長官も、ジェムやニューに対する「政治的効果」が現れる以前に、「サイゴンの実業界に経済危機を引き起こす」恐れが大だと力説した。

初手から望み薄

九月二一日、ラスクはケネディに、ジェム政府に対する「心理的圧力」としてはともかく、援助停止は「経済的圧力としてはほとんど無意味」だとの見方を伝えている。二三日、ケネディも「援助削減の脅しに効果があるとは思えない」し、「事実上近い将来にはわずかな変化しか起きそうにない」と漏らした。

一九六三年秋、南ベトナムの外貨準備高はほぼ一億六〇〇〇万ドル。そこに年八〇〇〇万ドルの輸出収入を合わせれば、アメリカの圧力に十分対抗できると見られた。援助なしでも一年はやっていけるともいわれた。彼らにそこまで力を蓄積したのは、アメリカの過去の政策である。

ＣＩＡからは、援助停止にはたいして建設的効果が期待できないので、従来どおり時間稼ぎをしてはどうかとの見方が示された。マクナマラとテイラーも、経済全般が好調なこと、物価が安定していること、コメやゴムの輸出も伸びていること、実業界もさほど慌てていないことなどをケネディに報告した。サイゴンの倉庫はアメリカの物資で満杯だった。認可済みの物資は供給手続きの途中で、その流れは五～六カ月ほど保たれるはずだった。援助が止まったからといって、すぐに南ベトナム経済が大打撃を被るとは考えられなかった。

脅しにはそれが効く相手と、効かない相手がいる。ジェムもニューも、すでに「しっかりと防御態勢を固めて」いた。彼らは今後も、アメリカの圧力に「頑強に抵抗」するものと思われた。経済援助使節団のルーファス・フィリップスが予見したように、少なくとも両国間の「冷たい戦争」発生は確実だった。

下手な制裁がジェム政府を「隅に追いつめる」結果、いわば窮鼠猫を噛む反応を生じさせる危険さえあると、国務省内の分析は警告した。アメリカとの全面対決、北ベトナム（ベトナム民主共和国）との和解、アメリカ人への挑発行為などが考えられた。

しかも段階的圧力計画を検討した文書が認めるように、彼らはその場しのぎの「達人」だった。「アジア人からすれば政治的に純朴」なアメリカ人を手玉にとるなど、簡単だった。

足元を見られる

アメリカの弱みは他にもあった。九月下旬、南ベトナム政府軍の報道担当者は将兵に、「アメリカはベトナムに深く関わりすぎており、援助を止めることなどできない」と断言した。ケネディの弟で司法長官のロバートは、「われわれはベトナムにおける努力を支援することに、非常に深く関わっている」ために、いま考慮中の計画では「ジェムはたいして影響を受けないだろう」と見ていた。ＣＩＡのベトナム作業班は、米軍撤退を含む「究極的制裁」の可能性でさえ、ベトナム側には「空虚」な脅しとして片づけられるだろうと結論づけた。

一〇月八日、上院外交委員会に出席したマクナマラ国防長官は、圧力をかけたからといって、「わが国の勧めに従った行動を確実にとらせる」ことには必ずしもならないとも認めた。南ベトナムは「独立国家の政府」なのであり、「それが植民地だと考えたり、植民地のように行動することを求めたりするのは、きわめて不適切」だからだった。

一〇月二七日、ロッジはアメリカの世論に言及しながら、ジェムに切々と訴えた。アメリカは、南ベトナムと「対等なパートナー」として扱われたいのだ。「ベトナムがわが国の衛星国になって欲しくない」のだ。ボール国務次官によれば、両国が「対等のパートナー」なのだという「みずからに甘い欺瞞」が、アメリカの行動を制約していた。

特殊部隊支援が槍玉に

ニューの権力封じ込めのうえで重要だったのが、特殊部隊《レッドベレー》への援助である。セオドア・ソレンセン大統領特別顧問によれば、特殊部隊はすでにニューの「私設軍隊」と化していた。

彼らの給与が九月も支払われたことは、アメリカが今後もジェム政府支援を続ける明らかな証拠と受け止められた。だが逆に、この援助を止めれば、指揮官レ・クァン・トゥンやニュー夫妻への直撃弾となるはずだった。

リチャードソンCIAサイゴン支局長は反対した。しょせん「嫌がらせ程度の効果」しかないと考えたからである。特殊部隊への資金供給停止が「可能な唯一の影響力のてこ」だとするロッジでさえ、たいして効果は上がらないのではと不安だった。

だが一〇月五日、つまり商品輸入援助の停止と同時に、特殊部隊への援助を止める決定も下された。ケネディは「彼らが戦争遂行の努力に直接役立っていないこと、だからわれわれは彼らを援助できないということ」がその理由だと述べた。援助停止決定の一週間後、ラスクは、特殊部隊が「サイゴン周辺にとどまっている限り、また統合参謀司令部（JGS）の指揮下に置かれない限り、給与を支払ってはならない」とロッジに厳命した。

ジェム政府への通告は一〇月一七日。ただしこの件について公式声明は行わないことになった。記者に聞かれたら、「戦争遂行に直接役立たない兵力」を支援できない、アメリカが求めるのは「指揮系統の統一」だと説明する。

だが一〇月二一日、UPI通信が特殊部隊への援助停止を報じた。二二日、国務省は「特殊部隊のうち野戦作戦に投入されず、あるいはこれに関連した訓練計画に従事しないもの」に対する援助打ち切りを通告したと発表した。南ベトナムは「持てる軍事的資源のすべてを戦争遂行の努力に投入すべき」だからである。

ジェム株が急落

ケネディ政権の念頭には、つねに議会の動向があった。ロッジは九月一九日、ニューやチュオン・コン・クー外相に、仏教徒抑圧の中止を援助の条件とするチャーチ決議案が通過すれば、「対外援助へのボディブロウ」となると脅しをかけた。二四日、ケネディはジェムに、「好ましい方向への大きな、目に見える、信じられる形の転換」が生じない限り、「変化は不可避」だと伝えた。ヒルズマン極東担当国務次官補が用意した段階的圧力計画の中では、議会の動きは、ロッジがジェムを動かす「有益な弾薬」として期待された。

上院外交委員会は一〇月上旬、マクナマラ国防長官、テイラー統合参謀本部議長、ラスク国務長官、マッコーンCIA長官らを相次いで召喚、問いただした。アメリカだけが重荷を担い、諸外国の支援が形ばかりなのはなぜか。ジェム政府は効率的なのか。それに代わる存在はないのか。巨額の援助が、なぜ影響力増大のてこにならないのか。

九月から一〇月にかけて、アメリカ国内でジェム政府の株は「最低点」に陥ったと、国務省極東局のカッテンバーグは述べている。この頃、一日あたり一五〇万ドルの援助をがぶ飲みするまでになっていた国。そこで展開される宗教弾圧。果てしのない独裁。アメリカ国民はそのすべてを敵視していた。数少ないジェム支持勢力、ケネディ自身もメンバーだったアメリカ＝ベトナム友好協会（AFV）でさえ、公然とジェムを批判するようになった。

九月末、サイゴンを訪れたテイラーはジェムに、アメリカ国内に醸成されつつある「深刻な信頼の危機」への早急な対応を繰り返し求めた。ワシントンではヒルズマンがブー・ホイ新国連大使（オブザーバー）に、南ベトナム政府のイメージ改善を懇願した。

一〇月二七日、ロッジはジェムに訴えた。アメリカは、自国の伝統とも理想とも相容れない専制を支援するという「きわめて厄介な立場」に陥っている。「記者が殴打され……僧侶が焼身自殺し、アメリカのトラックで子供たちが集団キャンプに運ばれている」記事など読まされたくない。アメリカは「世論の国」だ。その世論が「すでに非常に批判的」なのだ。

猛女来襲

ジェム政府は、アメリカの世論を動かそうと秘策を講じた。ベトナムについて「あらゆる誤解を一掃」するため、ニュー夫人を送り込むことである。だが、自分は「アメリカ人を再教育」しにやってきたのだと胸を張るところが、じつに彼女らしかった。

彼女は、自分がこれから「ライオンの檻」に入るのだとも語っていた。ケネディ政権が「脅迫とも思える警告を用いてまで、私が来るのを止めさせようと尽力してきた」からである。テイラーのいう「ケネディ政権に対する攻撃をアメリカ国民に伝えるため」の来訪を、政権首脳はけっして好ましく受け取ってはいなかった。

入国を阻止できなければ、せめてニュー夫人がろくでもないことをしゃべり出さないよう、祈るばかりだった。だが彼女はすでに訪米前、悶着を引き起こしていた。ローマで、政府軍とともに血と汗を流すアメリカ人軍事顧問を、「ちっぽけな、金目当ての傭兵」呼ばわりしたのである。アメリカ国内では一気に反ジェム感情が沸き立った。

九月末、マクナマラはジェムに、何とか彼女の口を閉じさせるよう求めた。だがジェムにはその気などなかった。困ったことにジェムもニューも彼女を制御していないのだと、帰国後マクナマラは上院外交委員会でこぼしている。

ある地方紙のいう、「極東の女性版カストロ」がアメリカの地に降り立ったのは一〇月七日。アメリカ国民が「ちょうどジェム政府に対する新たな圧力が持つ重要な意味に気づき始め、疑念によって引き裂かれていた時」（メクリン）だった。

アメリカ政府関係者は誰一人彼女に会おうとしなかった。マイク・マンスフィールド民主党上院院内総務が、いま少し丁重な扱いをしてはどうかと示唆したほどの冷淡さだった。それは戦時の同盟国が送ってきた、事実上のファーストレディにふさわしい扱いではなかったと、『ニューヨーク・ヘラルド・トリビューン』のマーガレット・ヒギンズ記者は批判する。

暴言の報い

滞米中、ニュー夫人の発言はそれまでより礼儀正しく、機転にも富んだものだった。ただし、あくまでもそれまでに比べれば、の話である。

彼女は叫んだ。五月八日のフエ事件が仏教徒に悲劇的な死をもたらしたのは、共産主義者が爆弾を投げたからだ。仏教徒など「ごろつき《フーリガン》」そのものだ。焼身自殺は「共産主義者の陰謀」だ。いまは「戦争の帰趨を決める最後の戦いの、最後の一五分」だ。しかるに盟友である政府に力ずくで変化を求め、援助を止め、その転覆を画策するなど「裏切り」でしかない。「なぜわれわれを溺れさせるのか？　なぜ背後からわれわれを刺そうとするのか？」。ケネディ政権は「われわれよりも共産主義に近い」存在だ。赤くないとしても「ピンク色」の連中だ。

当初は保守派を中心に、彼女を歓迎する向きがあった。一〇月九日、冷戦緩和を反映して、ケネディはソ連への小麦売却を許可した。同じ時期、同盟国への援助停止には批判もあった。だが彼女の暴言がすべてを台なしにした。「彼女がいくらか問題を起こすとは思っていた」ラスクも、これほどとは想像していなかった。世論調査によれば、ほぼ一三対一で、アメリカ国民はニュー夫人の言い分に否定的な反応を示した。

ＣＩＡのベトナム作業班長クーパーのいう、「アメリカの政策を逆転させる最後の、絶望的な機会」は無に帰した。彼女こそ「おそらく他の誰よりも、アメリカ政府を反ジェム政府に踏み切らせるのに貢献した人物」（メクリン）だった。

実は、彼女に最大級の敵意を示していたのが、彼女の両親だった。チャン・バン・チュオン前駐米大使は娘の旅行先を追いかけ、その発言にいちいち反駁してまわり、ジェム政府と一緒では勝てないと力説した。前国連大使であるチュオン夫人は、ジェムを「無能者」、ニューを「野蛮人」、娘つまりニュー夫人を「怪物」と罵った。

国連の行動

九月一七日、国連総会が開幕した。セイロン（現スリランカ）を中心に、アジア・アフリカの一四カ国がベトナム問題の討議に賛成していた。アメリカは仏教徒弾圧の「謝罪役」を押しつけられはしないかと戦々恐々だった。南ベトナムを非難し、あるいは北ベトナムの討議参加を求めるような決議が採択されるのもまずかった。

だが人権侵害への反対に表だって異を唱えるのは得策ではなかった。引き延ばしの画策自体、猛反発を買う恐れがあった。アメリカの対応がジェム政府を勇気づける結果となることも好ましくなかった。アメリカは国連の「舞台裏」で、討議の先延ばしに必死だった。

もう一つの焦点は、国連による調査団の派遣だった。南ベトナム政府は内政干渉など受けつけない姿勢だった。サイゴンの放送は、どうやらウ・タント国連事務総長は母国ビルマ（現ミャンマー）で、軍が文民政府のメンバーを投獄した事実を忘れているようだと皮肉った。

だが一〇月四日、ジェム政府は国連調査団を南ベトナムに招請した。引き替えに国連での討議は延期された。ニュー夫人もブー・ホイ国連大使も、南ベトナムの実情を見れば、仏教徒弾圧など事実無根だとわかると自信満々だった。

一〇月八日、国連総会は調査団派遣を決定した。ニュー夫人がアメリカの土を踏んだ翌日のことである。メンバーはアフガニスタン・セイロン・コスタリカ・ダホメー・モロッコ・ネパール・ブラジルの代表だった。

アメリカは、調査団が「会いたい人物にはすべて会わせる」ことが重要だとした。そのほうが、今後国連での討議が有利になると思われたからである。だがジェム政府は、調査の「舞台監督役をつとめる明らかな意図」を隠そうともしなかった。たとえば大使館内のティック・チ・クァンを国連調査団に会わせるつもりなど毛頭なかった。

調査団は一〇月二四日から一一月三日（ジェム打倒クーデター発生の翌々日）まで南ベトナムに滞在した。報告書が出されたのは一二月。全員一致ではなかったが、宗教迫害の確たる証拠は見つけられず、世上報じられた弾圧にはかなりの誇張があるとした。だがジェムが舞台を去った後の報告書に、アメリカも世界もたいして興味は示さなかった。

3　袋小路に突入

援助停止の影響

商品輸入援助の停止は、南ベトナム経済を崩壊状態に陥れたといわれる。政府には財政危機の兆しも生じた。援助停止決定からほどない一〇月半ば、ロッジ大使は経済危機による暴動発生の可能性さえ示唆し、これ以上この措置を続けることに反対した。

さまざまな物資は国内に十分に備蓄されていた。だが人為的要因、たとえば実業界の過剰反応、現地通貨ピアストル売り気運の増大、対米関係をめぐる将来への不安などが、物不足とインフレをもたらした。輸入品とは直接関係のない、そしてベトナム人の食生活に欠かせない調味料、魚醬《ニョクマム》も、九月末からの一カ月で二割がた価格が上がった。

通貨レートは額面上一ドル＝七三ピアストル。闇市場でも通常は八〇～一〇〇ピアストル程度だった。だが一〇月末のＣＩＡ報告によれば一三〇～一八〇ピアストルに、大使館のメクリン広報担当参事官によれば二〇〇ピアストルにまで下落した。一〇月末、ロッジは金《きん》が市場から消えたと報告した。

外国人記者のインタビューに応じたゴ・ジン・ニューは、一方的な援助停止にともない経済にも戦争にも甚大な悪影響が及ぶことは避けられないとした。一一月一日朝、ジェムがロッジに語ったところによれば、物不足が兵士や民兵の生活に重荷となり、戦争遂行を阻害することが予想された。

折れる姿勢も

すでに九月末の段階で、商品輸入援助停止の可能性がジェムに大きな懸念を与えていた。この頃ジェムは、特殊部隊司令部を統合参謀司令部の指揮下に置く姿勢を示している。

援助停止の正式通告と前後して、特殊部隊は各軍管区司令官の指揮下で活動するようになった（南ベトナムは一九六三年当時、北から南に第一～四軍管区に分けられていた）。一〇月半ば過ぎ、サイゴンではロッジが、ワシントンでは国務省極東局のカッテンバーグが、アメリカの圧力が「ジェムとニューをぐらつかせた」と確信していた。

一〇月二四日、ジェムはロッジを、南ベトナム中部の街ダラトへの視察旅行に招待した。ほぼ一カ月ぶりの顔合わせである。それは「ジェムが変化を考えている可能性を示す徴候」（ヒルズマン極東担当国務次官補）の一つだった。ロッジにいわせれば、商品輸入援助停止によってジェムは「自分の立場が考えていたほど強くないと気づいた」のである。

この日、グエン・ゴク・ト副大統領は、援助がいつ再開されるかと探りを入れてきた。二八日、グエン・ジン・トゥアン国務相はロッジに、ジェムがアメリカの「援助なしにはやっていけない」との結論に達したと伝えた。

しかしロッジは楽観を戒めた。「国内の圧力に対するベトナム政府の反応を確かめるため、しばらくの間強硬な立場を保つ」べきだというわけである。

彼らの軟化は歓迎すべきことだった。だが問題は、それにともなう「具体的な行動がほとんどない」ことだった。ポール・ハーキンズ軍事援助司令官も、アメリカの圧力が「ジェムとニューの行動を変えさせるだろう」としつつ、その行方は「まだ明らかではないようだ」と慎重な姿勢を保った。

強硬策が奏効か

一〇月三〇日、ロッジは商品輸入援助と特殊部隊支援の停止が、「どれほど言葉を尽くしてもできなかったほど、わが国の苛立ちをベトナム政府に印象づけた」ことを高く評価した。この頃サイゴンは、ジェム政府がどれだけ生き延びられるかという憶測で持ちきりだった。

一一月一日、サイゴンを訪れたハリー・フェルト太平洋軍司令官がジェムを表敬訪問した。フェルトが去った後、ジェムは随行したロッジを引き留めた。ジェムはこう語った。自分が「善良かつ率直な盟友」であること、「すべてを失った後に話し合うのではなく、いま率直に問題を解決したいと思っている」こと、「ケネディ大統領からの提案はすべて真摯に受け止め、実施するつもり」であることなどを、ケネディにぜひ伝えて欲しい。

ロッジの解釈では、ジェムは「自分に何をして欲しいか、いってもらえればそれを実行する」という姿勢を示した。「もしアメリカが一括の取引をしようとするのなら、そうできる立場にある」と、ロッジは喜色満面だった。

クーデター後のことだが、ロッジは「まっさらの壁にひび割れが見え始めた」と、援助停止の効果を振り返った。「ジェムとニューに圧力をかけ、同時に戦争遂行の努力を危険にさらさず、国民の基本的な生活水準を低下させせない方策」を実現したことこそが、自分の「きわめて価値ある貢献」だった。ロッジはのちにいたるまで、それを自分の「最大の成功の一つ」だと誇らしげだったと、国家安全保障会議のロバート・コーマーはいう。

ジェム政府打倒に成功した興奮の中、ホワイトハウス・スタッフ会議は、援助停止によって「われわれの言葉は本気なのだと示した」ことを自画自賛した。少なくとも援助停止は「象徴的・心理的にかなりの衝撃」（ヒルズマン）をもたらした。援助停止を苦々しく見ていたフレデリック・ノルティング前大使でさえ、それによって「アメリカが変化を望んでいることが明白になった」ことだけは認めている。ソレンセン大統領特別顧問がのちに、援助をその「ずっと以前に削減しておくべきだった」と悔やむのもそのためである。

ジェムを倒したチャン・バン・ドン将軍やレ・バン・キム将軍も、商品輸入援助の停止に「非常な心理的効果」があったと断言した。ベトナム人は、インフレには困惑を覚えつつも、ジェム政府に改革を求める圧力としては援助停止を是認していたという。

しかし、制裁の効果については、かなり疑問の余地がある。一〇月九日、ケネディは記者会見で、九月二日に求めた「人事の交替と政策の変化」について、「大きな変化はまだないと思う」と認めた。「われわれはいまだに一カ月前と同じ問題に対処している」とも述べた。

何も変わらず

一〇月一九日、サイゴンのアメリカ大使館はワシントンに情勢判断を送った。「ジェムとニューが圧力継続に直面して引き下がる気配はない」。

一〇月二八日、現地を視察したばかりのクレメント・ザブロッキ下院議員は、統合参謀本部で反乱鎮圧を担当するビクター・クルラック将軍に向かって、商品輸入援助停止の効果に「重大な疑問」を呈した。かえって南ベトナム国民の信頼を傷つけ、インフレを生じさせ、戦争遂行を阻害したというわけである。

一〇月三〇日、CIAは「依然として、ジェム政府がアメリカの見解に歩み寄る大きな動きをしつつあるという徴候はない」と分析した。ジェムもニューも「アメリカは最後には、彼らの思うがままの形で協力せざるをえないと確信」しているのではないか。「援助再開の理由を提供するような行動」はまったく見られない。

ジェム政府が倒れた後、ブレント経済援助使節団長は、援助停止で「ベトナム経済が、いかなる根本の部分でも打撃を受けた証拠はまったくない」と振り返った。圧力戦術の提唱者の一人ヒルズマンは、援助停止には「本物の影響力はなかった」と回顧する。「一〇月最後の重要な数週間でも、ワシントンからの圧力には目に見える効果などほとんど、あるいはまったくなかった」と、CIAのベトナム作業班長クーパーはいう。コーマーも、アメリカが「かなりの間接的影響力」は行使できたものの、その結果は「むしろむらだらけ」だったとしている。

たしかにジェムは折れる兆しを見せた。だがそれは「悲劇的なことだが、遅すぎた」と、CIAの極東責任者で、かつてCIAサイゴン支局長だったウィリアム・コルビーは心底残念そうである。

ロッジとジェムの最後の会見は、クーデター発生の数時間前だった。その報告が打電されたのは一一月一日午後三時、クーデター部隊の決起後だった。ワシントンには「すべてが終わるまで」（ヒルズマン）、ジェム譲歩の報は届かなかったのである。本音ではジェム打倒を望んでいたロッジの、意図的な遅延を問題視する者も少なくない。

しかし、かりにクーデター直前に報告が届いたところで、たいして変わりはなかったと思われる。そもそもジェムがアメリカの要求を受けてみずから動くこと自体、ロッジに対する「降伏」（メクリン）を意味していた。クーデターに先だつ時期、ジェムの側には、むしろアメリカの圧力に対する憤激と反発があらわだった。

援助など要らぬ

一〇月七日、『タイムズ・オブ・ベトナム』は援助停止を報じ、アメリカが戦争を妨害していると非難した。同じ日、ニューはある外国人記者に、アメリカはなぜ南ベトナムをユーゴスラビアのように扱ってくれないのかとこぼした。彼が求めたのは「金《かね》を渡すが統治体制に影響を及ぼそうとはしない」やり方だった。

この頃、自分流の「革命」を推し進めるニューは、アメリカ流の「改革」への嫌悪をあらわにしていた。「アメリカ人はベトナムを知らない。英語やフランス語をしゃべり、ハーバードで学んだような、少数のベトナム人ばかりだと思っている。だから何を置いても民主主義をベトナム人に押しつけようと望むのだ」と切り捨てた。

ニューはアメリカを糾弾し続けた。南ベトナム国民はアメリカへの信頼を失ってしまった。勝利をおさめつつあるこの時に、なぜ南ベトナムを崩壊に導こうとするのか。援助を突然、それも一方的に削減するなど言語道断だ。しかもCIAの一部分子が仏教徒を煽り、クーデターをそそのかす始末だ。援助停止によってアメリカは戦争に悪影響を与え、この国の分裂と反政府クーデターを企図している。

チュオン・コン・クー外相も、アメリカが仏教徒と結託していると批判した。『タイムズ・オブ・ベトナム』は「罵声の洪水」（クーパー）をアメリカに浴びせるばかりだった。

戦いは自力で

一〇月七日、国会開会に臨んだジェムは、外国からの援助や米軍将兵の犠牲に謝意を表した。彼が挙げたのは、国連、南・東南アジアの経済開発を目指すコロンボ計画、フランス、西ドイツ（ドイツ連邦共和国）、イギリス、オーストラリアなどである。ただし、アメリカの援助にだけは、意図的に言及を避けた。

一〇月一七日、CBSのインタビューでジェムは、「アメリカの援助があろうとなかろうと、私は戦い続けるし、アメリカ国民との友好は十分に維持する」と断言した。

一〇月二六日はベトナム共和国八回目の建国記念日だった。ジェムは自給自足と自立の重要性を強調し、いまこそ「禁欲の時」だと宣言した。政府による冗費節減・自給自足政策が開始された。

ニューは高官たちに資金や物資の節約を命じた。アメリカの援助がなくても、一年やそこらやっていけるようにするためである。そしてアメリカとの「長期にわたる意志の戦い」に、そして「消耗戦」に備えるためである。彼は自動車がなければ自転車を使えと叫んだ。

コンデンスミルクが止まったため、ジェム政府は一〇月末、国内の乳製品販売を禁じた。有名なサイゴンのカフェも例外ではなかった。

南ベトナム政府は、アメリカ以外の国にも色目を使い始めていた。一〇月九日、フランスが一〇〇〇万ドル相当の援助を供与する協定が結ばれた。

言質を与えず

一〇月二七日、ジェムとの会談はロッジを苛立たせただけだった。ジェムはあれこれと従来の成果を並べ立てた。しかし対米関係修復の具体的措置はまったく提案せず、アメリカ人の活動を批判し、戦争勝利というお題目を繰り返すばかりだった。商品輸入援助再開についてさえ「まるで自分には関係ない問題のよう」な態度だった。

いったい何ならやってもらえるのか。ロッジが何度か訊ねても、ジェムはうつろな目で彼を見るか、話題を変えるか、「お役には立てません」との台詞で応じるかだった。たまりかねたロッジは「大統領閣下。私が行った提案をことごとく、閣下は却下されました。閣下のお力で可能な、アメリカの世論に好ましい印象を与えるようなことを、何か一つでも思いつかれることはありませんか」と問いかけた。だがジェムはやはり「うつろな表情で話題を変えた」とロッジは記している。

コルビーは二人の会話を「意志断絶の古典的な事例」としている。一〇月二八日、前日の不毛な対話について、ロッジは、ジェムの右腕と称されるグエン・ジン・トゥアン国務相に愚痴った。トゥアンは、「あまり多くを求めない」よう助言し、「大統領は面子を保たなければならない」からと言い訳した。ジェムとの会談は「ベトナム政府には、対米関係を元通り落ち着かせるような、具体的措置をとる用意はまだない」ことをロッジに痛感させた。

一〇月三〇日、ジェムは信頼する部下の一人、アメリカから呼び戻したチャン・バン・ジン代理大使に、「これ以上アメリカ人と話などできない」と語った。同じ頃ニューも、アメリカ側との接触を「完全に遮断」していた。

一一月一日、ジェムはケネディのさまざまな要求を受け入れるには、なお「タイミングの問題」があるとした。彼が「適切な時期」の行動を約束したとしても、何の意味もなかった。

圧力への対抗措置はさまざまに考えられた。米軍のベトナム撤退を要求する。ロッジを「好ましからざる人物《ペルソナ・ノン・グラータ》」として国外に退去させる。アメリカ人をことごとく追い出す。アメリカとの外交関係を断つ。フランスに支援を求める。北ベトナムとの交渉に入るなどである。

あからさまな威嚇

ベトナム人官僚とアメリカ人との接触は事実上不可能になった。ベトナム人はアメリカ人と同席すること、より正確にいえば、同席を誰かに見られることを恐れ、親友でも会おうとしなくなった。大使館や軍事援助司令部（MACV）などは、厳重な監視下に置かれた。雇用されるベトナム人は嫌がらせを受け、ときに逮捕された。一〇月末、あるアメリカ人記者が、一六歳のベトナム人女学生とロッジが並んだ写真を撮った。数分後、彼女は逮捕されてしまった（翌日に釈放）。

アメリカ人に対する「脅迫キャンペーン」も九月以来続けられていた。たとえば大量の黄色の服を購入することである。これを着せて、僧侶のふりをさせた大人数にアメリカ大使館を襲わせる――その素振りを見せる――ためだった。暗殺対象者のリストがすでに出来上がっているとの噂も絶えなかった。

一〇月に入ると、援助停止に抗議する「自発的」デモが、大使館や広報文化交流局（USIS）などの前で行われる気配が強まった。通常、デモなどけっして許されないような国であるにもかかわらず、である。アメリカ側施設の敷地内への侵入にも、政府による規制は甘かった。

袖の下の鎧

一〇月上旬、アメリカ人を対象とする襲撃や暗殺の情報が、「だいたい一〇日に一回の割で」ロッジの耳に入るようになった。襲撃の噂そのものが「心理戦争の先手」だった。ロッジはこの噂には「本物の可能性」があると踏んでおり、もし群衆が集まる気配があれば、即座に大使館の門を閉鎖するよう指示した。

一〇月後半、「毎日のように」（メクリン広報担当参事官）この種の情報が寄せられた。一〇月二二日、サイゴン郊外に四〇〇〇人の秘密警察や特殊部隊が私服で集まり、大使館や広報文化交流局などに突入する素振りを示した。アメリカ人に「パニック的反応」を生み出すことがニューの狙いだった。

一〇月二七日、ダラトでジェムはロッジに、「暗殺の話であなたは頭をやられつつあるのではないか。私を知っている者ならみな、あなたの安全を守ることが私の最大関心事だとわかっている」とうそぶいた。ロッジは「あなたが私の暗殺を望んでいないということには、全幅の信頼を置いている。だがそうした噂はいつも私のところに届いているのだ」と応じた。ジェムは「ベトナム人というのは奇妙な国民で、怒りにまかせておかしな行動をとる可能性がある」とのたまった。同盟国の大統領と大使が交わすものとは思えない会話だった。

一一月一日、最後の会見をロッジはこう結んだ。「暗殺の噂があるが、といってあなたやベトナムに私が抱く称賛の気持ちと個人的な友情はまったく変わらない。……嘘の噂がどれだけあっても影響することはない」。それは愚挙を止めるためだったのか。あるいはたんなる捨てぜりふだったのか。それはわからない。

建国記念日の事件

一〇月一二日、新大使としてワシントンに赴任直後のド・バン・リは、ある国務省員を相手に、せっかく戦争がうまく運んでいるいま、両国が「袋小路」に立たされているのは「悲劇」だと嘆いた。だがアメリカに膝を屈するくらいならとばかり、「頑固で誇り高い」ジェムは自殺も同然の道を選んだのだと、サイゴンのメクリンはいっている。

一〇月を通じてCIAが繰り返し分析したところによれば、援助停止と前後して、ジェム政府は「アメリカとの長期の消耗戦」への備えを着々と固めていた。ジェムとニューは「これまで以上に深く塹壕を掘る」ことで、アメリカの圧力に抵抗しようとしていた。その行く手には「対米関係の長く、冷たい冬」がはっきりと見えていた。

メクリンによれば、両国の関係は「軍事作戦を除けば、あらゆる分野で立ち往生しつつあった」。互いに負けじとばかり、両者は「意志のテスト」を展開していた。ヒギンズ記者にいわせれば、すでに「経済・政治戦争」が始まっていた。段階的圧力計画も、援助停止という制裁が「現政府を目標とした公然たる、敵意に満ちた経済戦争」だとの前提に立っていた。

一〇月一八日、ロッジはグエン・ジン・トゥアン国務相に、「私がベトナムに対して抱く強い友情の精神を行動で示すことができる日が来るに違いないとの大きな希望」を表明した。トゥアンも「すべてがうまく運び、あなたの任期が大成功に終わることを信じている」と応じた。だがそのような日が訪れることはついになかった。

一〇月二六日の建国記念日祝典について、アメリカの参加は「最小限」にとどめるべきだとロッジは主張した。ラスク国務長官もこれに同意、恒例の第七艦隊旗艦プロビデンスの顔見せは中止された。祝典は群衆もまばらで、「沈んだ雰囲気」のまま挙行されたと、ロッジはのちに報告している。

援助停止という荒療治は、ジェムとニューの「ガードをますます固くさせるのに成功しただけ」だったと、CIAで極東を担当していたコルビーはいう。メクリンにいわせれば、ニューは「隅に追いつめられた獣」となった。ジェムはますます自分の殻に閉じこもった。

攻撃目標の中核

九月後半から一〇月にかけて、ある国務省電の草案によれば、相変わらずベトナムの「中心的な問題」はニューだった。ロッジはチュオン・コン・クー外相に、ニューが「ベトナムでまずく運んでいることの象徴」だと描写した。

ニューは「ベトナム政府内の真の権力者」(ヒルズマン極東担当国務次官補)でもあった。ズオン・バン・ミン将軍はロッジに、すべてを「ニューが取りしきっている」と述べた。軍事問題についてジェムに相談しても、ジェムはニューに聞けと指示するか、ニューを呼ぶ始末。公式の報告はニューのもとにだけ届けられた。

九月末、ブー・バン・マウ前外相は、ニューがジェムに「途方もない影響力」を持っていると見た。ジェムは修道院にでも入り、「あらゆる政治的決定を弟に委ねたい」様子すら示していた。一〇月初め、マクナマラ国防長官とテイラー統合参謀本部議長は、ニューの行動範囲が拡大しており、いずれ兄の後を継ぐ気だとケネディに報告した。

ハリマン政治担当国務次官は「ニューを除去しなければならない。さもなくばジェム政府は重大な危険にさらされるだろう」と確信していた。現地視察を終えたマクナマラとテイラーは一〇月初め、ニューさえ除去できれば、南ベトナムの政治的「緊張は短時日のうちに消え去る」だろうと結論づけた。ロッジは「しばらくの間、少なくとも一二月まで」彼が国を留守にすればよいと考えた。その頃には、ワシントンで議会の予算審議が終わるはずだった。

マクナマラとテイラーの勧告を受けて、ケネディ政権は「権威主義の象徴」たるニューの活動を制限し、できればサイゴンの権力中枢部から除外せよとジェムに迫った。ラスクは国連本部でブー・ホイ大使に、彼をジアロン「宮殿から出す」ことが急務だと語った。サイゴンではロッジがチュオン・コン・クー外相に、ニュー出国の必要性を力説した。

出国を拒否

だが一〇月二八日、ロッジとの会見で、ジェムは「とてもすぐれた、非常に静かな、きわめて和解的な、とても妥協を好む」人物だと弟をかばった。一一月一日、つまりクーデター決行の朝もロッジに向かって、ニューは「権力を求めておらず、非常に柔軟な精神の持ち主で、いつも山ほどすぐれた助言をしてくれるから、みなが彼の助言を求めるのだ。困難な問題があっても、ニューはつねに解決策を見つけ出すのだ」と称賛した。

実情を熟知するグエン・ジン・トゥアン国務相は、ジェムとニューの切り離しなど徒労と見ていた。

彼は、よしんばジェムの頭がまともな状態に戻ったとしても、すぐさまニューが彼を「すっかり洗脳し直した」に違いないと、東南アジアに詳しいベテラン記者ロバート・シャプレンに漏らしている。クー外相は、「恥辱」もしくは「懲罰」の香りがする限りは、ニューは出国に応じまいとロッジに伝えた。ニュー本人も出国を拒み続けた。「私自身のことなどどうでもよい」のだ。だが自分がいなくなれば、共和国青年団の士気が大打撃を受ける。戦略村計画も崩壊する。アメリカの世論は、自分をスケープゴートにしている。

それどころかニューはアメリカを脅しにかかった。自分を追い出せば、「三カ月後」には、今度はジェムを追放しなければならなくなるだろう。彼は一〇月初め、イタリアのある週刊誌にこう語った。

マクナマラとテイラーは、「もしジェムがニューを支配的な地位から追ったとしたら、驚くべきこと」だと見ていた。当時ケネディ政権の中では、「シャム双生児」（メクリン）理論、つまり二人は分離不能だというあきらめが幅をきかせていた。ヒルズマンによれば、「双子」も同然の二人を切り離すなど「かなりの（ノスタルジックな）願望」でしかなかった。サイゴンでは、現地の事情に詳しいパトリック・ハネー教授がマクナマラに、二人は互いがいなければ「二四時間」も持たないと述べた。

圧力と拒絶の回り舞台の果てに、ジェムと弟との切り離しは「達成不可能」（ラスク）だということが判明した。それどころか、アメリカの努力は「ジェムを怒らせ、二人の兄弟をますます緊密にさせただけだった。

厄介者の夫妻

問題はニュー一人ではなかった。九月一九日、ヒルズマンはラスクに、ニュー夫妻こそが「災厄を招く道の責めをもっぱら負うべき」存在であり、ともども「追放すべき」だと論じた。ラスクは、二人を遠ざけられれば「ジェム大統領はこの国の大統領であり続けられただろう」と回顧している。

ヒルズマンの段階的圧力計画が求めたのは、南ベトナム政府自身による「劇的、象徴的な行動」だった。九月一七日、ホワイトハウスからロッジに指示が飛んだように、その結果「なんらかの目に見える形でニュー夫妻の影響力が減少すること」が必要だった。同じ日、経済援助使節団のフィリップスは、ニュー夫妻がいなければベトナム人は政府の勝利のために戦うだろう」と主張した。九月二四日、ケネディはジェムに、ニュー夫妻の排除を求める「最低限」の措置として、ただし「きわめて短時日のうちに」、アメリカが援助を止める可能性を示唆した。

だが一〇月七日、ロッジは「非暴力的手段では、彼らの意志に反してニュー夫妻を除去することはできない」との結論に達した。それでもなお二八日、ロッジはニュー夫妻に「沈黙期間」を設けるようジエムに求めた。その意図は「ニュー夫妻がしばらく姿を消す」ようにさせるところにあった。だがクーデターが数日後に迫ったこの時期になっても、そうした説得が必要だったところに問題がある。

ヒルズマンによれば、残る選択肢は三つあった。ベトナムからの米軍撤退。ニュー放逐。そして、クーデターである。

4　メリーゴーラウンドは廻る

弱気の将軍たち

九月のサイゴンでは、複数のクーデターや暗殺計画が進行中だった。メリーゴーラウンドのように、いったん眼前から消えた人々が、再び派手な陰謀を手に姿を現したのである。陰謀の中心にいた一人、ズオン・バン・ミン将軍は、もしやるなら「突然」行動を起こし、「完璧な成功」をおさめなければならないとアメリカ側に語った。

だが九月一六日、あるCIA関係者はラスク国務長官に、ベトナム人は「いつも」クーデターについて語るが、「たいてい話だけ」なのだと述べている。CIAサイゴン支局は二〇日、将軍たちには「まったく定見がなく、ある日にいうことと次の日にいうことが違う」と報告した。

火曜日にはクーデターが一〇〇％生起するといわれた。水曜日になるとクーデターなど絶対に起きないように思えた。ヒルズマンは当時をこう振り返っている。

将軍たちには十分な兵力がなく、内部も分裂していた。あるCIA報告にいう、「政府のまわし者や噂をまき散らす者が満ちあふれる中でたがいの団結と信頼」を維持するのは、まさに言うは易く行うは難し、だった。

政府軍首脳は、居場所をつねに明らかにし、司令部に泊まるよう、政府側に命じられた。将軍たちは家族に危害が加えられないかと懸念しきりだった。政府は、高官や軍人に広く手当をばらまくなど、忠誠を買う手だても怠りなかった。

政府の御用新聞『タイムズ・オブ・ベトナム』は、VOA（アメリカの声放送）が一貫して南ベトナム政府に敵意を示していること、一部のアメリカ人が、「クーデター支持のCIA中核分子」を構成していることなどを糾弾した。ゴ・ジン・ジェム大統領自身、マクナマラ国防長官やテイラー統合参謀本部議長に、「サイゴンのアメリカ側組織の一部」が反政府の陰謀に関与していると言明した。

情報枯渇に苦慮

九月一六日、国務省における会議で、ラスクは「クーデターの首謀者は、最初に危機を開始してしまえば、あとはアメリカがやってくれると考えている」のかどうかを問うた。だが政権首脳の誰からも、答えは返ってこなかった。わかっているのは、彼らに行動開始「後の包括的な計画がない」ということだけだった。

国家安全保障会議のマイケル・フォレスタルにいわせれば、九月末までにクーデター情報はまったく「枯渇」状態にあった。チャン・バン・ドン将軍とチャン・ティエン・キエム将軍が一致して主張したように、クーデターはあくまで「ベトナムの国内問題」だったからである。また、アメリカが腰砕けになるか、話がゴ・ジン・ニューに筒抜けになることを将軍たちが恐れたからである。

九月一七日、ホワイトハウスはロッジ大使に「差し迫った将来、現政府を除去するための行動をとれる可能性は大きくない」との見通しとともに、当面できるのは穏健な改革を目指して圧力を及ぼすことだけだとの方針を伝えた。一九日、ロッジもこれに同意した。

出口を模索

ノルティング前大使はケネディが「出口を――可能であればクーデター回避を模索していた」のだという。九月一九日、マッコーンCIA長官はドワイト・アイゼンハワー前大統領のもとを訪れ、ケネディがクーデターについて「他の誰よりも慎重」だと伝えた。

ラスクもこの頃、政府交替をあれこれ画策することに「居心地の悪い」思いを禁じえなかった。ジェムの抑圧政策に「個人的な嫌悪」を抱いていたにもかかわらず、主権国家の指導者を力ずくで替えることには、二の足を踏まざるをえなかったのである。

ジェム除去をめぐるホワイトハウス＝国務省と、国防省＝CIAとの「激しい対立のもとで大統領は揺れ動き続けた」と、CIAの極東責任者コルビーはいう。八月下旬から九月下旬にかけて、クーデターを起こすスイッチの「ある種のつけたり消したり」（フォレスタル）が続いたのもそのためである。

サイゴンも同じだった。一方にはロッジ、メクリン、ジョゼフ・メンデンホールら大使館の面々。他方にはハーキンズ軍事援助司令官、リチャードソンCIAサイゴン支局長、ブレント経済援助使節団長ら。

九月末、バチカン法王庁のサルバトーレ・アスタ大使はマクナマラ国防長官に、「アメリカ政府はサイゴンで、まとまった声を発していない」と苦情をぶつけた。ベトナム人の多くもアメリカの真意が把握できず、惑乱していた。

視線の先

それでも九月二三日、ヒルズマン極東担当国務次官補はロッジに、ワシントン全体が「しだいにわれわれの見方に近づいて」きたこと、「断固たる決意を固めた集団」がロッジを最後まで支えぬくつもりであることを伝えた。二七日、ロッジは「現政府と一緒では、永続的な形で戦争に勝利することはできない」として、政府交替を求める方針を確認した。

九月二八日、今後の展開としてボール国務次官は、第一に現政府の刷新と基盤拡大、第二にグエン・ゴク・ト副大統領を首班とする政府の形成、第三に軍政府の樹立を挙げた。ただしト副大統領が権力を掌握するには「軍の支え」（ヒルズマン）が必要だった。

ボールはロッジに、ズオン・バン・ミンを国務相もしくは国防相に、レ・バン・キムをその代理に、チャン・バン・ドンを参謀総長に、チャン・ティエン・キエム、グエン・カーン、グエン・バン・チュウのいずれかを内相に据えたチームはどうかと具体的な提案を行っている。いずれもジェム打倒を画策する将軍たちである。すでに問題は政府交替の如何ではなかった。むしろその後の統治にこそ、目が向けられていた。

クーデターもやむなし

九月二三日、ケネディはマクナマラとテイラーを南ベトナム視察の旅に送り出した。ジエム追い落としに懸命だったハリマン政治担当国務次官は、「われわれの政策に反対している二人」の派遣を「災厄」視した。

だがそれは杞憂だった。マクナマラに向かって、現地滞在中で実情に詳しいロンドン大学のハネー教授はこう論じた。道は「現在のままの政府と一緒に勝利をおさめるか、別の政府への交替を支持するか」二者択一しかない。効果ある手だては「軍のクーデターか暗殺」だけだ。その結果状況が好転する可能性は、せいぜい「五〇％」。複数の勢力による権力闘争が発生し、長期化する可能性、いくつかの軍管区の司令官が、中央政府からの分離を宣言する可能性さえある。だが「二、三、あるいは四週間以内に」

クーデターは起きるだろう。

この時、リチャードソンCIAサイゴン支局長もマクナマラに、「ジェムと彼の一族がたどっている道は災厄につながる」と認めた。

帰国後、マクナマラはテイラーとともに大統領にこう提言した。アメリカはジェム政府と「協力」すべきだが、それを「支持」すべきではない。おそらく「二〜四カ月のうちに」重大な決断を迫られるはずだ。新たな指導者が誰かを「緊急に」見きわめ、接触を持つべきだ。今後もしジェム政府の効率に問題が生じれば、「政府支持について再検討する」べきだ。

一〇月三日、マクナマラは「ジェムとの和解」か「ジェム転覆のクーデター」の二者択一しかないと語った。「ぐずぐず真ん中にいるわけにはいかない」とも述べた。

ジェムを見捨てるとすれば、憲法尊重の立場から、グエン・ゴク・ト副大統領が後継となることが最善だった。南部人であり、権力亡者でなく、軍との関係も悪くなかった。ただ実際問題としては新政府の主役たるべきは政府軍だった。次の担い手となる将軍たちが「アメリカの操り人形」視されないよう、慎重に行動することが重要だった。

なお残る疑問

困ったことに、マクナマラやテイラーらの報告によれば、肝心要の政府軍首脳に「難事をやりとげようという気持ちがほとんどない」有様だった。その結果アメリカは、眼前の困難を克服できるという「希望はたいしてない」状態に置かれていた。

クーデターの中心人物ズオン・バン・ミン将軍は視察団の面々に、現在の「不幸な状況に解決策はない。……国内外で支持を集められるような、現政府への反対派はまったくいない」と泣き言を並べるばかりだった。彼の口調から、テイラーはクーデターは実現しそうにないと感じた。ミンとテニスに興じたあるアメリカ人大佐も、彼が「何が起きているかについて混乱」しているようだとテイラーに報告した。

たとえクーデターが起きても、成功の確率は大きくなかった。ジェムに代わって誰が、どのような政府を樹立するかも不明だった。新政府がいまよりましになる確率は、せいぜい「五分五分」程度だと見込まれた。リチャードソンも、「将来が非常に不確か」だとマクナマラに伝えた。ハネー教授がマクナマラに伝えたように、それは「賭け」の域を出なかった。

現地を視察したザブロッキ下院議員はケネディに、キューバ革命の例を引いてむやみな政府交替を戒めた。たしかに独裁者フルヘンシオ・バティスタは「よくなかった」。だがそれに取って代わったフィデル・カストロは「もっと悪い」ではないか。

息吹き返した策謀

一〇月二日夜、チャン・バン・ドン将軍はCIAサイゴン支局のルシアン・コネインに、「一〇月末ないし一一月初め」にクーデターに踏み切ると語った。この頃サイゴンは「噂話製造工場」(ボール)の様相を呈していた。

一〇月三日、ワシントンではサリバンが、ヒルズマンにこう論じた。もはや問題は「この政府と一緒で勝てるかどうか」ではない。「われわれの目的のみならず、わが国の利益にも反する」ような目的を抱くこの政府に、勝利の果実を許すかどうかなのだ。

一〇月五日、ホワイトハウスがロッジに、「クーデターを実際に、ひそかに促す動きはとってはならない」との指示を与えた。しかし同時にロッジには、ジェムらに代わる指導者との接触を図るという「緊急かつ秘密の努力」が求められていた。いざという場合に否定できるよう極力秘密保持に努めることも強調された。その意図するところは明白だった。

一〇月五日、マクジョージ・バンディ国家安全保障担当大統領補佐官は、あとあと否定できるようにすべての指示を「口頭」で行うよう釘を刺している。六日、ケネディはロッジに、アメリカは「クーデターを刺激したくない」けれども、「クーデターを妨害しない」と伝えた。秘密が漏れず、アメリカが責めを負わされなければそれでよかった。

サイゴンでは一〇月五日朝、CIAのコネインがロッジの了解のもと、統合参謀司令部にズオン・バン・ミン将軍を訪ねた。ミンの懸念は、「きわめて近い将来におけるベトナム政府の交替」についてアメリカの支持をあてにできるかどうかにあった。具体的にアメリカに何かをして欲しいわけではないが、「アメリカ政府はこの計画を妨害するつもりはないという、アメリカ側の保証」だけは、何としても必要だった。

コネインは何も約束しなかった。しかしロッジの考えは決まっていた。「アメリカは彼の計画を妨害しない」こと、「国民の支持を獲得し、共産主義者との戦争に勝利をおさめる見込みのある政府」であればアメリカは援助を続けることなどを伝えるべき時が近づいていた。

一〇月一〇日、コネインはミン将軍に、アメリカはクーデターを妨害せず、政変後も援助を続けると太鼓判を押した。将軍たちが恐れていたのはアメリカの援助が止まることだったから、これほど重要な保証はなかった。

援助停止が点火

一〇月五日は、ジェム政府への援助が停止された日でもある。それは将軍たちが、アメリカの支持を示す証拠として、かねて求めていた措置だった。CIAの極東責任者だったコルビーはそれを「ジェムへのスクイズ攻撃」と呼んでいる。

一〇月一八日、ロッジはある記者から、商品輸入援助の停止が、「クーデターに有利な条件を生み出した」と聞かされた。二三日、チャン・バン・ドン将軍はロッジに向かって、自分は商品輸入援助停止に「感銘」を受けたし、特殊部隊への支援停止は、アメリカがとった「最も優れた行動の一つ」だったと語った。二九日、ロッジは商品輸入援助と特殊部隊援助の停止が「クーデターの空気をつくり出した」と高く評価した。

ジェム打倒後、チャン・ジン・デ前厚生相はある大使館員に、将軍たちがクーデターに結集した「決定的要因」は援助停止、すなわち「アメリカは本気」だとわかったことだと語った。それは「あらゆる疑念を払拭」したのだとズオン・バン・ミン将軍ものちにいっている。

チャン・ティエン・キエム参謀総長によれば、この「ワシントンからの信号」が彼らに、「アメリカ人かジェムか」という二者択一を迫った。戦争が続く以上、そしてアメリカが出ていけば戦争は終わりである以上、そしてアメリカが援助を止めるほどジェムに怒り心頭である以上、答えは決まっていた。クーデターは「アメリカを喜ばせるため」の行動だったのだ。

一一月四日、マクジョージ・バンディ国家安全保障担当大統領補佐官と、彼の部下であるフォレスタルは、商品輸入援助の停止が「今回蜂起をもたらすにあたっておそらく決定的な要因」だったと振り返った。六日、ロッジはアメリカの断固たる行動が、「いかにして政府を変えるかを人々に考えさせ始めた」と有頂天だった。二〇日、ベトナム政策関係者が一堂に会したホノルル会議で、ブレント経済援助使節団長は商品輸入援助停止を、「クーデターに点火した火花」と呼んだ。

それゆえにアメリカの行動を糾弾するのが、ゲリラ戦争遂行に協力していたロバート・トンプソン英軍事顧問団長である。それが「他国の国内政治問題への恐るべき干渉」であり、アメリカが「ジェムの後継者に対する際限のない支援政策にコミットした」からである。

消えた守護神

援助停止と同じ一〇月五日、リチャードソンCIAサイゴン支局長がベトナムを離れた。名目上、ワシントンでの「協議」が目的だったが、ベトナムに戻る予定はまったくなかった。

彼の前任者コルビーによれば、CIAサイゴン支局はかねて、ベトナム側にアメリカの意志を伝える便利な「道具」だった。リチャードソンはワシントンの政策にもとづいて、ニューと接触を保つという「特別な責任」（クーパーCIAベトナム作業班長）を負っていた。だがジェムやニューを最後まで支え抜くというワシントンの政策が変わった時、サイゴンに彼の居場所はなくなった。

リチャードソン更迭は、ジェム政府への「効果的圧力」（ヒルズマン極東担当国務次官補）の武器だった。それはジェムとニューに「アメリカ政府と接触できる同情的なチャンネル」（コルビー）など、もう存在しないのだという事実を見せつけた。まさに彼らに対する「平手打ち」だったと『ペンタゴン・ペーパーズ』はいう。

ヒルズマンはのちにケネディ図書館のインタビューで、それが意図せずに「クーデターに貢献」した「最も重要な出来事」だったかもしれないと認めている。「アメリカ人が聞いたクーデターの噂を残らずゴ・ジン・ニューに報せ続けていた」人物が消えたことは、将軍たちから躊躇の大きな種を取り除いたからである。

リチャードソンの帰国を求めたのはロッジだった。その理由はリチャードソンがその正体を報じられたところにあった。だが実はそうさせたのは、大使みずからの漏洩だった。

ロッジにとってリチャードソンはかねて国外追放こそふさわしい「好ましからざる《ノン・グラータ》」（テイラー）人物だった。共和党の大物政治家でもある大使の要求を、ケネディも了承せざるをえなかった。傘下の組織を「サイゴンでしでかしたへまの犠牲にするのをいやがった」マッコーンCIA長官も、この人事を渋々認めた。CIAサイゴン支局長の椅子は一二月まで空席となったが、その間にロッジはコネインと将軍たちとの極秘接触を進めさせた。

風雲急告げる街

一〇月一六日、マッコーンは、ベトナムで「きわめて近い将来」に「爆発」が起きると予測した。むしろ問題は、クーデターを画策する連中があまりに多すぎることだった。

一〇月三一日の時点で、少なくとも一〇個以上のクーデター計画があちらこちらで進行中だとロッジは報告した。彼はのちに、将軍たちが意図的に「街を噂であふれさせた」のだといっている。成功の確率を上げるためには、どれが本物でどれが偽情報か、わからなくすることが必要だった。実際に、一一月一日を迎えたジェムは、「クーデターがあることは知っている」けれども、「誰が起こすのかはわからない」とロッジにこぼしている。

元民族解放戦線幹部のチュオン・ニュー・タンは、一〇月半ば頃チャン・バン・ドン将軍らがサイゴン周辺の部隊を指揮する佐官級の軍人を味方につけ、政府支持派の将軍たちを孤立させられる状況をつくり出したという情報を得たと、当時を振り返っている。ゲリラ戦専門家であるトンプソン英軍事顧問団長によれば、一〇月下旬、クーデターが起きるか、将軍たちが一網打尽となるか、サイゴンの見方は「ほぼ半々に分裂」していた。

微妙な均衡

一〇月二九日、CIAで極東を担当するコルビーは、政府側・反乱側の兵力が均衡状態にあると報告した。これを聞いたケネディは、いま決起するのは「愚か」だとした。五分五分の状態で戦いが始まれば、たちまちそれが拡大、長期化すると思われたからである。

だが同時にケネディは、両勢力の均衡について「実際にクーデターが始まるまでは、たいていそう見えるもの」だとも述べていた。最初はクーデター部隊が比較的少数でも、事態の進行につれて多くの兵力が結集する可能性があった。CIAサイゴン支局も、潜在的には参加してくれる部隊も多く、将軍たちも成功の見込みはあると踏んでいると分析した。クーデターに反対だったテイラーですら、いざとなれば兵力の多寡は問題ではなく、「少数の重要人物」がいればことは成し遂げられると持論を展開した。

クーデター派の将校や兵力をサイゴン周辺に残す。一方、大統領警備隊、特殊部隊、装甲部隊など親ジェム派を遠ざける。いざという場合にジェムを応援する部隊の動きも阻止する。こうした手だてがひそかに講じられた。一一月一日朝、マクジョージ・バンディ国家安全保障担当大統領補佐官は、ジアロン宮殿の大統領警備隊を除けばサイゴン周辺でも戦場でもほとんどの部隊が将軍たちの側についたと判断した。

蜂起前夜

一〇月二三日朝、チャン・バン・ドン将軍はコネインに、「一週間以内」の行動を予告した。

一〇月二五日夜、サイゴンの街には、いよいよ明日だとの噂が駆けめぐった。

一〇月二六日、クーデター予定日と多くの者が予想した建国記念日。行動はいったん延期された。必要な部隊がサイゴンから遠くに移動させられたためである。

一〇月二八日、ドンはコネインに、今後一週間はサイゴンを出ないよう警告した。

一〇月二九日、ドンはサイゴンの治安を握るトン・タト・ジン将軍と、最終的な計画を確認した。

一〇月三〇日、ドンはズオン・バン・ミン、チャン・ティエン・キエム両将軍と「最終的決断」の場を持った。腹は決まった。二日後にクーデターを決行する。

だが過去の教訓に学んだジェムは、万一の場合サイゴン郊外の部隊をすぐに呼び寄せる手はずを整えていた。ジェムもニューも軍の動きに目を光らせていた。何人かの将軍ははっきりと疑われていた。一部は「金と新車」で買収されたとの情報もあった。

ワシントンの関心は現地のアメリカ人の安全にあった。だが救出作戦のため事前に米軍を移動したりすれば、ジェム政府側に危機を察知させてしまう。アメリカが事前にクーデターを知っていたと、後で批判される可能性もある。

しかし緊急事態に備えないわけにもいかなかった。一〇月二九日から三〇日にかけて、水陸両用部隊を含む海兵隊がベトナム沖合に待機した。いざ必要となれば、沖縄からサイゴン・タンソンニュット空港まで、二四時間以内に海兵隊を空輸する手はずも整えられた。

この大事な節目に、ロッジは協議のためワシントンに戻る予定だった。クーデター開始まではウィリアム・トルーハート代理大使が、その後はハーキンズ軍事援助司令官が現地の責任者となるはずだった。だがさすがにサイゴンが沸騰状態に陥ると、計画変更の可能性が出てきた。

ケネディは、ロッジが予定どおりサイゴンを発ち、あとはハーキンズに任せればよいと考えていた。もし日程を変えれば、「われわれがクーデター計画を知っているということが、ジェムにわかってしまう」。それ以上に、アリバイ工作としては「クーデター発生時に、ロッジが国外にいるほうがよいだろう」。ワシントン行きが中止にでもなればジェムは疑念を抱くものと予想されたから、チャン・バン・ドンも予定を変えないようアメリカ側に求めた。

結果的に、ロッジの出発は一〇月三一日、「最後の瞬間になって」(メクリン)延期された。事態がいよいよ切迫の度を強めたこと、ロッジが事後をハーキンズになど委ねたくないと心を決めたことなどが理由である。彼はサイゴンにとどまり、翌一一月一日朝の目覚めを迎える。

5 千鳥足の政権

対立が深刻化

更迭されたリチャードソンCIAサイゴン支局長を、『ニューヨーク・ヘラルド・トリビューン』のヒギンズ記者は、「サイゴンの『ジャングル』の犠牲者」と呼ぶ。ロッジが目の敵にしていたのはリチャードソン個人ではなく、CIAという組織だったからである。

CIAは南ベトナムで、豊富な資金を背景に大きな権力を行使していた。リチャードソンの前任者コルビーは、彼らが、ジアロン宮殿の「表門と裏門から地方の村落にいたるまで」、広範な人脈を築き上げたと述べている。

ＣＩＡの命令無視や権力乱用。ロッジとの対立。リチャードソンが消えて満足気なロッジ。反撃の機をうかがうＣＩＡ。マクナマラ国防長官やテイラー統合参謀本部議長らの派遣も、一つにはＣＩＡが制御不能かどうか見きわめるためだったといわれる。

ケネディは記者会見で、政権内の不一致も、ＣＩＡの独走も否定し、ロッジが「サイゴンのすべてのアメリカ政府代表を一致団結させる全権」を持つと強調した。ロッジ主導のＣＩＡ封じ込め、クーデター促進策が一歩進んだ。

ワシントン内部でも、ワシントンとサイゴンの間でも、サイゴン内部でも、事実や政策について認識のずれが拡大していった。南ベトナムに、とりわけゴ・ジン・ジェム大統領にどう対処すべきかをめぐって「われわれは分裂したままだった」と、マクナマラは回顧している。

クーデターについては、「いつも揉め事が起きては消える」（ロバート・ケネディ司法長官）有様だった。帽子産業振興の会合に出席した時、側近たちがてんでにお気に入りの帽子を手に取るのを見たケネディは、「まるでベトナム問題の助言者たちのよう」だと笑ったことがある。だが実際のところ、笑い事ではなかった。

マクナマラやテイラーらの派遣は、ケネディ政権がなんとか統一——少なくともその外見——を保つ手だてでもあった。二人の報告を受けてケネディは、全員一丸となって新政策に邁進すべきだと強調した。「実際に、そして目に見える形で」（ボール国務次官）政権を一つにしなければならなかった。

動揺は続く

一〇月初め、いったんジェム放逐で腹をくくったはずのケネディ。だがクーデターの是非をめぐる政権内の激しい対立、まるで見通せない現地の状況などに、その後も動揺し続けた。

ホワイトハウスは一〇月九日、「われわれはクーデターを刺激したくはないが、またアメリカが政府の交替を妨害するとか新政府への経済・軍事援助を拒否するとかいう印象を残したくもない」との指針を、CIAを経由してロッジに与えた。同時に新政府が「軍事面の努力の効率を増大させ、戦争に勝利するために国民の支持を確保し、対米協力関係を改善する」ことへの期待も表明された。

ノルティングはクーデター支持への政策変更が、「かなり突然」だったという。もしそう見えたとすれば、ジェムに舞台を去らせるべきか否か、ケネディが最後の最後まで、はっきりと決断を下せなかったからである。

一〇月下旬、ケネディ政権の最優先課題の一つは、クーデターを含むベトナム政策について「アヒルたちをきちんと並ばせる」(ハリマン政治担当国務次官)ことだった。政権だけでなく、アメリカの国民も報道も、ジェムと一緒で勝てるのか勝てないのか、二分されていた。

大使と司令官

リチャードソン更迭をめぐる騒動など、実は「歌劇の序章」にすぎなかったと、ジェム政府崩壊後にCIAサイゴン支局は報告している。

サイゴンでは、クーデターの是非をめぐって、ロッジ大使とハーキンズ軍事援助司令官が、ほとんど口もきかない有様だった。九月下旬にマクナマラとテイラーがサイゴンに送られたのも、一つには両者の関係を確かめるためだったという。

ロッジはハーキンズにクーデター関連の情報を与えず、決定にも関与させなかった。一〇月三〇日、つまりクーデター発生の二日前、ロッジは「時間がないために」ハーキンズと実質的な協議ができないとホワイトハウスに伝えた。だがその本音は、「政府の交替のようなきわめて政治的問題を、軍にまかせるのは妥当とは思えない」からだった。

ロッジはクーデターに、自分以外の誰も関与させようとしなかったとメクリンはいう。ロッジは機密保持を理由に、将軍たちとの接触を独占した。ワシントンに情報を与えるどころか、時にはワシントンの指示を無視してまで、クーデターに突進した。彼は「ワシントンのわれわれよりもクーデターを支持していた」（ラスク国務長官）人物だったからである。

一〇月二三日、ロッジは「すべては迅速に変えなければならない」し、「クーデターに有利な条件」はすでに整いつつあると意気揚々だった。

一〇月二五日、このまま無能なジェム政府が存続し、それゆえに騒擾が続けば「戦争遂行の努力が阻害される」ことは明らかだと主張した。動き出したばかりのクーデターに「冷水を浴びせる」など「まったく賢明でない」ことだった。

一〇月二六日、「現政府の無能のせい」で、南ベトナム国内に政府交替を求める空気が蔓延していると報告した。

一〇月三〇日、もしアメリカがクーデターを邪魔すれば将軍たちや彼らの仲間を危険にさらすと警告した。かえって一部勢力が早まった行動に出て、混沌を生み出す恐れさえあった。「ベトナムの最も優れた将軍たち」が関与しているのだから、成功は間違いなしだった。

対照的に、ハーキンズにとって、クーデターなどまさに「気違い沙汰」だった。彼は一〇月末、ひそかにクーデターを促すなどとんでもないと、テイラーに繰り返し訴えた。変化は必要かもしれないが、ジェム政府がその統治方法を変えれば済む話ではないか。いまは「あまり急いで馬を乗り換えないほうがよい」。ワシントンが政府交替を選ぶのなら仕方がないが、たとえその場合でも戦争への影響などを十分見極めなければならない。

一〇月二九日、テイラーはハーキンズに、大使と軍事援助司令官の間に「効果的意志疎通」も、クーデターをめぐるワシントンの方針についての「共通理解」も欠けていることへの懸念を伝えた。水と油のような大使と司令官に、南ベトナムの将軍たちも困惑を禁じえなかった。

絶望と希望と不安

クーデター支持派の論拠は第一に、ジェムに対する絶望である。ラスクは一〇月三〇日、アメリカが「下り坂」を滑り落ちつつあり、政府を替えなければアメリカの政策がベトナムで破綻する可能性が高いと述べた。ウィリアム・バンディ国防次官補はのちに、ジエムという「負け馬」に固執すれば、「崩壊」と「より混沌とした状況」が生み出されてしまうと思われたとしている。

第二に、政府を替えさえすれば事態は好転するだろうという希望である。ベトナム人の間には強固な反共感情が存在している。北からの脅威に直面すれば彼らは一丸となるはずだ。ジェムさえ去れば事態は好転する。少なくとも、いまより悪くなるはずはない。

ハリマンによれば、一〇月までの時点で、「その後発生したような不安定を予想した者は誰一人いなかった」のである。そこに物事の好転をいつも信じる「アメリカ人の無邪気さ」を指摘するのは、CIAのレイ・クライン情報担当副長官である。

第三に、ジェム統治が戦争に及ぼす悪影響への不安である。一〇月二九日、ラスクは「ベトナム軍指導者の多くが、ジェムのもとでは対ベトコン戦争には勝てないと考えているのであれば、アメリカが現政府とともにそれを続けるのは大きな危険がある」と述べた。「長期的には、もしジェム政府が続けば戦争遂行の努力は下り坂になる」と警告したのである。ハリマンも「ジェムはこの国をベトコンに対する勝利に導くことはできない」と強硬だった。

猛烈な反対論

ジェム擁護派も負けていなかった。彼らの根拠は第一に、ジェムの資質である。たとえ多くの欠点があるにしても、彼が「最後まで戦い続ける闘士」(ロバート・ケネディ)であることは間違いない。たとえ彼が本物の大馬鹿野郎だとしても、「われわれの」馬鹿野郎なのだと、じつにあからさまに語ったのはマッコーンCIA長官だった。

第二に、クーデターが状況をいっそう悪化させる可能性である。ノルティング前大使は「政治的真空」の発生を恐れた。ジェム打倒後に何が現れるか、新政府が安定を確保できるか、そもそもクーデターが成功するのかはっきりしないうちは、ケネディはジェム除去には反対だったとロバートは述懐する。南ベトナム国内で紛争が長期化する可能性は否定できなかった。サイゴンを舞台にたとえば「三日間の内戦」が勃発しただけで、「最悪の不幸」がもたらされるに違いなかったとウィリアム・バンディはいう。

テイラーやマッコーンが心配したように、クーデターそのものが「戦争遂行の努力に悪い影響を与える」可能性があった。マクナマラは、クーデターが起きれば、戦局がまずい方向に逆転する「重大な危険」があると懸念した。新政府樹立にともない、当然軍事作戦のペースは落ちるものと見込まれた。

第三に、代替策の不在である。CIAのマッコーンやコルビーは上院外交委員会で、ジェム以外に指導者はいないと力説した。CIAのベトナム作業班を率いるクーパーは、「もしジェムが交替させられた場合、ベトナム国民が全体としてより好ましい状態に置かれ、共産主義者の脅威にうまく対処できるものかどうか」わからなかったと述べている。

瓦解への不安

クーデターの是非以上に大きな問題があった。本当に首尾よく運ぶかどうかである。ラスクは一〇月二九日、もしアメリカが「反乱を起こす将軍たちを支持するのであれば、彼らが必ずジェム政府転覆に成功するとの保証を得なければならない」と言明した。大統領の弟ロバートも「クーデター失敗がもたらす危険は非常に大きい」と懸念した。マッコーンも、失敗はそのまま「災厄」につながると断言した。クーデター推進派のハリマンでさえ、「反乱を起こした将軍たちが、ジェム政府を打倒できるとは予言できない」と述べた。

ロバート・ケネディは、クーデターが頓挫すれば「ジェムはわれわれを放り出すだろう」と不安顔だった。大統領自身、「もし誤算をおかせば、東南アジア全土で地歩を一夜のうちに失いかねない」と憂慮した。

同じ日の夕刻、ケネディは、ジェム政府を必ず倒せる、少なくとも「引き分け」以上の結果を生むと証明する責任は「クーデター推進派」にあるとした。逆に、将軍たちが「うまくクーデターを成功させられると証明」できなければ、「前進するのは間違い」だと思われた。

一〇月三〇日、マクジョージ・バンディ国家安全保障担当大統領補佐官はロッジに、「万一、成功の高い見込みが明らかに存在しないと貴下が判断した場合、成算が大きくなるまで行動を止めるよう、納得させるような形でその疑念を将軍たちに伝える」よう求めた。「ひとたび責任ある指導者のもとでクーデターが開始されれば……それが必ず成功することが、アメリカ政府の利益」だからだった。

ロッジも「もしクーデターが失敗すると確信したら、もちろんそれを止めるべく全力を尽くす」とワシントンに保証した。しかし彼は「何もしない危険もまた膨大」だとも確信していた。「万一クーデターが失敗した場合、その時点でできる限り、その破片をかき集める必要があろう」と割りきってもいた。出たとこ勝負に挑む度胸だけは、十分備わっていた。

成功も難題

たとえ慎重に直接的関与を避け、どれほどしらを切りとおしたところで、アメリカにクーデターの責めが帰せられる可能性は大きかった。一〇月二九日、ロッジは「このクーデターが失敗しようと成功しようと、どれほど根拠がなくても、アメリカ政府は非難されるだろうという事実を受け入れる用意をしておかなくてはならない」と警告した。三〇日、たとえ将軍たちがこれが「純粋にベトナム人の手による」行動だと強弁したところで、アメリカは「好むと好まざるとに関わりなく、すぐに巻き込まれる」だろうとハーキンズは予測した。

クーデターが成功しても、その結果「ベトナムと、事実上東南アジアすべての将来を、われわれに知られていない人間の手に委ねることになる」ことにロバート・ケネディは不安を隠せなかった。ジェムの「次にどのような政府が登場するのか、また血なまぐさい暴動が発生するかどうか、誰もわからないままクーデターは起こしたくなかった」と彼は回顧している。彼の兄も「何がやってくるのか、新たな政府が安定したものか、実際問題としてクーデターが成功するのか、判明するまでは彼と絶縁するのに反対だった」のである。

将軍たちは一〇月末までに、次の政府のあり方についてアメリカ側に情報を与えていた。半年ないし一年後には自由選挙にもとづいて議会をつくる。最終的には文民政府の樹立を目指す。共産主義者でない政治犯はできるだけ早く釈放する。反政府派の活動も認める。宗教の自由を保障する。外交面では親西側の立場を維持する。そして何よりも戦争に勝利する。それでも、新政府の組織や構成は、なかなか見えてこなかった。

国家安全保障会議のフォレスタルによれば、問題は第一に「ジェム政府が非常に弱体」だったこと。第二に、次の政府が「いくらかでも強さを増すのか、民衆の支持を受けるのか、まったく保証がなかった」ことだった。ケネディ政権は袋小路に直面していたのである。

右往左往

一〇月二二日、ハーキンズ司令官はチャン・バン・ドン将軍（参謀総長代理）に、いまは戦争がうまくいっているので「クーデターを起こすにはまずい時」だと述べた。だが翌日、ドン将軍から問い合わせを受けたCIAのコネインは、アメリカはクーデターを阻害しないし、新政府が軍事作戦の効率を向上させ、国民の支持を確保し、対米関係を好転させるのなら援助も止めないと繰り返した。ハーキンズ発言はケネディの指示に反していることも伝えられた。すったもんだのあげく、「アメリカの支持は依然として存在するという保証」（ドン）が再度与えられた。

一〇月二九日、ラスク国務長官はこう論じた。クーデターとなれば、いずれの側もアメリカの支援を求めるに違いない。もし反乱軍を援助すれば、「ジェムとの間の橋を燃やす」ことになる。ジェム側に立てば軍の士気を著しく低下させ、「戦争遂行を根本から阻害」しかねない。

この日、つまり実際にクーデターが起きる三日前の時点でも、マクジョージ・バンディ国家安全保障担当大統領補佐官はロッジに、不干渉、クーデター促進、クーデター阻止という選択肢を提示している。依然としてケネディ政権は混乱と不決断の中にあった。

ケネディ政権はクーデター後の展開について、十分な検討なしに事態の推移を追認したと批判されている。現地の実情にも詳しかった国務省極東局のカッテンバーグは、「政府軍の優越下でジェム後を引き継ぐかもしれない政府の政治的性格について、慎重な再検討と再評価」が欠けていたとする。アレクシス・ジョンソン政治担当国務次官代理も、「ジェムの後に誰が、そして何が来る可能性があるかまったく考えもなしに」クーデターが黙認されたのだという。

自分が当時「検証・議論・討議を、基本的な問題に集中させるべきだった」と後悔の臍《ほぞ》を噛むのは、マクナマラ国防長官である。その基本問題とは「ジェムと一緒で勝てるのか？　もし勝てないのなら、誰か別の人物で置き換え、われわれがもっとまくやることが可能なのか？　勝てないのだとしたら、ニューやフランスと協力して中立化を考えるべきだったか？　あるいは、さもなくば、南ベトナムの政治的無秩序のせいでアメリカがそこにとどまれなくなったという理由で引き揚げることを考えるべきだったか？」などだった。

ウィリアム・バンディ国防次官補も、政権内の混乱や個人的対立、情報の歪曲などの中で、結果について十分な考慮がなかったことを認めている。統合参謀本部で反乱鎮圧を担当したクルラック将軍も同様に、ジェム後に来たるべきものについての検討などなかったとする。

サイゴンからロッジが戒めたように、アメリカが「何が起こっているかわからないような立場に置かれること」だけは避けなければならなかった。だが現実に一〇月末のケネディ政権は、情報面で「多くのギャップ」（ヒルズマン極東担当国務次官補）に直面していた。ワシントンはロッジやハーキンズに、将軍たちの行動計画について情報を求め続けた。ロッジは、将軍たちの態度や能力について、十分な情報がないことを認めた。肝心の将軍側からも、詳細な計画は寄せられていなかった。

状況不透明

一〇月二九日、クーデターをめぐって「ほとんど情報がない」ことにラスクは困惑を禁じえなかった。ロバート・ケネディは、「反乱を起こす将軍たちがどのような計画なのか、われわれには知る権利がある」と叫んだ。だからといって、どうなるわけでもなかった。

ケネディ政権は、サイゴンでもワシントンでも「報告をつぶさに受け、進展を見守っている」とし、しかしクーデターについて「事前に知っていたのかと聞かれた場合は、知らなかったと答える」方針だった。それはたんなる言い訳ではなかった。厄介なことに、それは取り繕いや偽装というより、かなり実態に近かったのである。

一一月一日、つまりクーデター当日、CIAサイゴン支局は「クーデター計画も、クーデター派の兵力の概要も入手していない。……したがってクーデター派が成功できるかどうかを十分評価することができない」とワシントンに報告した。軍事援助司令部は「差し迫ったクーデターの明白な証拠」とみなせるものは受け取っていなかった。

勢いは止められず

ロッジは一〇月二六日、「もしこの国で本当にクーデターが起きるのであれば、ある時点で転がり始め、われわれには止められなくなる時が訪れるだろう」と考えていた。

にもかかわらずケネディ政権首脳は、相変わらず一つの幻想にとらわれていた。ケネディが一〇月二九日に語ったように、「反乱を起こす将軍たちの計画をジェムに暴露する以外にも、クーデターを押しとどめる方法はある」ということである。同じ日、マクジョージ・バンディ国家安全保障担当大統領補佐官はロッジに「クーデター派に対するわれわれの態度は、依然として彼らの決断に決定的な影響を与えるものと信ずる」と打電した。

ロッジは狂ったようにワシントンに打電し始めた。「ジェムやニューに教えるのでない限り、アメリカ政府が積極的に動いてもクーデターを阻止できないし、そうなればありとあらゆる非難を浴びることになろう」。自分は「クーデターを遅らせたり止めさせたりする力がわれわれにあるとは考えていない」のだ。「本質的にベトナム人の問題」に及ぼせる影響力などアメリカには「ほとんどない」のだ。

彼はこう回顧している。自分としては、大統領が「最後の瞬間まで事態を制御できるように」全力を尽くした。だがケネディに「将軍たちがいったん動き始めれば、物事にはそれ自体の勢いが生じ、誰も止めることはできないと警告」しなければならなかった。ケネディが「最後までボタンに指をかけることができるなどと思わないように」するためだった。

一〇月三〇日、バンディ大統領補佐官はロッジに「われわれにクーデターを遅らせたり止めさせたりする力がないということを、アメリカの政策の基礎として、われわれは受け入れることはできない」と強いメッセージを送った。成功の見込みがないようなら、行動を遅延もしくは中止させるよう、大使は全力を尽くさなければならない。

だがそれはクーデターが起きるわずか二日前のことだった。しかもジェムへの敵意をあからさまにするロッジが、本当に納得したとは思えなかった。ケネディ政権は、八月末にクーデターが消えた時と同じ轍を踏んでいた。

成り行き任せ

一〇月二五日、テイラー統合参謀本部議長はハーキンズに、クーデター計画の立案にも実施にも「いかなる関与も回避し続けるべき」だと指示した。ケネディ政権は口を拭ってただ結果を待つ態度だった。

クーデターが勃発すれば、双方の側からアメリカが支援を要請される可能性があったが、いずれの側にも直接的な肩入れを避ける方針だった。事態がおさまった後、要人の移動に必要となれば別だが、航空機や飛行士などの投入も行わない方針だった。

将軍たちが何を計画しているか、次の指導者がどのような連中かは詳細に知りたい。だが具体的な作戦計画の検討や助言役に引きずり込まれるのは御免だ。「政府交替とあまりに一体視されかねない」ことは駄目だ。要は機密保持とともに、いざという場合に関与を否定できることだ。将軍たちとの接触も「もっともらしく否定できる範囲内」にとどめることが重要だった。「国益のためとあれば」いつでも全面否定できる用意が完全に整っていた。

アメリカはクーデターを奨励しない。妨害もしない。それがケネディ政権の立場だった。だがCIAで極東を担当するコルビーがいうように、すでにクーデターという「魔女の鍋」がぐつぐつと煮えたぎっている以上、無作為はジェム没落の容認と同義だった。

しかもケネディはクーデター計画も、状況判断も、ロッジに任せ切りにした。それは事実上クーデターを是認したのと変わらない。コルビーが、ケネディは「球をロッジに渡した」と批判するのもそのためである。ロッジがケネディの指令を「非常に賢明」だったと称賛するのも、同じ理由である。ケネディはひたすら現実から逃避していた。ジアロン宮殿のジェムがそうだったように。

第4章　崩壊——混沌への一里塚

1　決起の日

部隊が動き出す

一九六三年一一月一日朝、ハリー・フェルト太平洋軍司令官が、ホノルルから南ベトナム（ベトナム共和国）の首都サイゴン（現ホーチミン）に飛んだ。彼は一〇時、ヘンリー・キャボット・ロッジ大使とともに、ゴ・ジン・ジェム大統領を表敬訪問した。

この時ジェムは、CIA（中央情報局）の一部が「自分を倒そうとするクーデターの噂をまき散らして、空気を毒している」と訴えた。だがロッジは相手にしなかった。クーデターなど知らない。何も心配することはない。

大使館のジョン・メクリン広報担当参事官はこれを、アメリカがジェムを支えてきた歳月の「最後を飾るパロディ」だとしている。実際にはアメリカが何をしてきたかは、これまで見たとおりである。

午前一一時半、香港に向かうフェルトと、見送りのポール・ハーキンズ軍事援助司令官は、タンソンニュット空港でチャン・バン・ドン将軍と顔を合わせた。フェルトが発った後、ドンはハーキンズに昼食を誘われたが、用があると断った。

その用を果たすため、すでにこの日朝七時半には、南ベトナム政府軍（ARVN）の各部隊に行動命令が下っていた。フェルトとジェムの会見中も、彼らはサイゴンおよびその周辺に移動中だった。正午までは将軍たちも統合参謀司令部（ＪＧＳ）に集結した。

午後一時過ぎ、クーデター部隊はついに決起した。三時間ほどに及ぶ昼食と午睡《シエスタ》のさなか、首都は「静かで不思議な」空気に包まれていたとメクリンは想起する。

一一月一日が選ばれたのにはいくつかの理由があった。ジェムや、弟で政府の実力者であるゴ・ジン・ニュー大統領政治顧問が確実に首都にいると見込まれたこと。ベトナムの暦のうえで縁起のよい日だったこと。カトリックの祝日（万聖節）で午後は休みになり、行動が察知される危険も、市民が巻き添えになる可能性も、最小限に抑えられると思われたこと。

実は、かねてニューは、反政府勢力をあぶり出す「ブラボー・ワンおよびツー作戦」に夢中だった。特殊部隊《レッドベレー》の一部をサイゴンの外に出し、まず隙を見せる。同時に、ジェムに忠実な別の部隊を、ひそかに首都周辺に結集させる。彼らに反乱軍として決起させる。クーデターが誘発されれば、これを一気に粉砕する。そして後顧の憂いを断つ。

一一月一日は、ニューが演出した偽クーデター計画の決行予定日だった。それが反政府部隊の移動を容易にした。ジェムやニューも怪しい動きを察知したが、最初は自分たちの目論見どおりの行動と誤認した模様である。

ワシントンに急報

午後一時四五分、チャン・バン・ドン将軍は軍事援助司令部（ＭＡＣＶ）に電話をかけ、クーデター開始を通告した。報せはハーキンズ司令官の手をへて、午後二時にロッジのもとに届いた。

地球の真裏にも第一報が届いた。ワシントンは、一一月一日午前二時過ぎ。ジョン・Ｆ・ケネディ大統領は電話でたたき起こされたが、事態がはっきりせず、再び眠りについた。

午前五時（サイゴンは午後五時）過ぎ、ロッジから国務省に届いた報告では、開始から三時間以上たってもクーデターの成否は不明だった。メクリンによれば、現地の広報文化交流局（USIS）は「情報の真空状態」に直面していた。対照的に、大使館は「噂、矛盾する報告、当て推量で満杯」だった。

午前八時（クーデター発生からほぼ六時間あまり後）、ホワイトハウス・スタッフ会議でマクジョージ・バンディ国家安全保障担当大統領補佐官は「いまのところわれわれにできるのはただ見守り続けること」しかないと語った。『タイム』のヒュー・サイディ記者の目には、政権首脳は「ただ情勢をみるよりほか、することはほとんどなかった」ように映った。

米軍放送は現地のアメリカ人に、外出を控えるよう呼びかけた。家族のベトナム行きにも待ったがかかった。ベトナム近海には海兵隊が待機し、空母二隻も急行中だった。沖縄の航空機も、海兵隊急派の準備万端だった。

幸い、アメリカ人の被害はとくになかった。海兵隊も、彼らを輸送する航空機や艦船も、ほどなく通常態勢に戻った。一一月四日、アメリカ人のベトナムへの旅行制限も解除された。

粛々と進む作戦

決起後ほどなく、反乱軍は大統領官邸であるジアロン宮殿に向かった。攻撃の指揮を委ねられたのが、本書の最初に登場した人物、南ベトナム崩壊直前まで大統領だったグエン・バン・チュウ（当時大佐）である。

反乱軍は頑強な抵抗に遭った。大統領警備隊の司令部や兵舎の周辺などでも、かなり激しい戦闘が続いた。

夕刻、ジアロン宮殿や警備隊兵舎などが爆撃された。だがハーキンズが伝えるところでは、その爆撃は「きわめて下手くそ」な代物だった。その結果、さほど遠くない米海兵隊兵舎がとばっちりを受けた。

反乱軍はタンソンニュット空港や国防省、内務省、海軍司令部、中央警察署、放送局など主要施設を次々に制圧した。首都周辺から、反乱の支援部隊も続々集まった。

当初は必ずしも旗幟を明らかにしていなかった軍人も、相次いでクーデター支持に鞍替えした。もっとも、ジェムに忠誠を誓う電報を送った直後にその取り消しを打電するような司令官たちが、どれほどあてにできる存在だったかはわからない。

特殊部隊を率いる親ジェム派のレ・クァン・トゥン大佐も、降伏し逮捕された。午後四時五〇分、サイゴン放送は軍が国土を掌握したと報じた。午後六時二五分、ハーキンズは「すべてはいまや静穏」だと、マックスウェル・テイラー統合参謀本部（JCS）議長に伝えた。

多少の弾痕や砲爆撃の跡を別にすれば、戦場となったジアロン宮殿にもその周辺にも、たいして被害はなかった。宮殿は一カ月もかからずに修復された。戦闘での犠牲者も一〇〇人ほどにとどまった。戒厳令下、警察と軍が秩序維持にあたった。市民は外出禁止を守り、公共施設は平常どおり機能していた。

勝利宣言

将軍たちが組織した軍事革命評議会（MRC）は、ジェム政府の権力濫用と社会的不公正を非難し、自分たちが「祖国を救うための革命」に乗り出したのだとする声明を発表した。

軍の放送は戒厳令発布、午後八時～午前七時の外出禁止、治安や秩序を乱すような会合・印刷・配信・文書保持の禁止、軍事法廷による違反者の処罰などの方針を流し続けた。放送局は、ジェムの独裁・弾圧・腐敗などを糾弾し、決起した軍を称賛し、さらに戦い続けよと人々を鼓舞し、無用な抵抗を戒めた。

早くも一一月一日朝八時、ホワイトハウス・スタッフ会議に臨んだ国家安全保障会議（NSC）のマイケル・フォレスタルは、予想以上に「うまく行われたクーデター」に喜びを爆発させた。サイゴンでは三日、大使館を訪れたチャン・バン・ドン、レ・バン・キム両将軍に向かってロッジが、彼らの「熟達した行動」を称賛した。四日、ロッジはワシントンに対しても、秘密保持や兵力の集中など、彼らが示した「きわだって優れたやり方」を高く評価した。

国務省が一一月四日に行った分析は、このクーデターが「よく計画され、うまく実施された」と評価した。この日、ディーン・ラスク国務長官は、クーデターが「驚くほど抑制され、効率的なやり方」で進められたことに、将軍たちの「叡智と責任感」が示されているとの解釈をフランス政府に伝えた。ベトナム人も同じだった。一一月七日の記者会見で、トン・タト・ジン将軍は、軍事行動がきわめて順調かつ迅速に進み、ジェム側の呼びかけに応じる部隊もなかったと胸を張った。またチャン・バン・ドン将軍は、部隊の動きが「時計のように」正確だったと自画自賛している。

高飛車な要求

一一月一日午後四時半、軍の放送がジェムとニューに、投降と辞任を呼びかけた。だがそれは「五分以内に政府の全権を渡さなければ、宮殿に大規模空爆を敢行する」という、じつに高飛車な要求だった。

同じ頃、チャン・バン・ドン将軍がジェムに電話で、出国を条件に全面降伏を求めた。真摯な話し合いに応じる、新たな政策をとる用意があると粘るジェム。だがドンは「なぜ昨日そういわなかったのですか。もう手遅れです」とそっけなかった。

午後四時四五分、将軍たちは電話で、やはり出国と引き換えに二人の辞任と降伏を求めた。ズオン・バン・ミン将軍みずから、「五分以内」に降伏しない限り宮殿を爆撃すると通告したのである。特殊部隊のレ・クァン・トゥン大佐も電話口に出させられ、すでに自分は降伏したとジェムに伝えた。

ジェムとニューは将軍たちに、協議のため宮殿に顔を出すよう求めた。将軍たちは時間稼ぎを警戒し、交渉を拒んだ。二人は、各地の司令官や共和国青年団の幹部に電話をかけまくった。だがほとんど通じず、味方も現れなかった。

午後六時過ぎ、将軍たちのもとに届いたジェムの回答は、明確な拒絶だった。ニューが絶対に白旗を掲げようとしなかったのだという。

脱出と投降

夜九時頃、ジアロン宮殿への攻撃が始まった。正確な時間はわからないが、おそらくその直前、ジェムとニューは秘密の地下トンネルで宮殿を脱出した。

彼らは「ドルをつめたブリーフ・ケースを一つ」手にしていたと、『ニューヨーク・タイムズ』記者デイビッド・ハルバースタムは描写している。一説には、すべてが終わった後、六〇〇〇ドル入りのスーツケースを頂戴した人物がいる。ズオン・バン・ミン将軍である。

二人はチョロン（ショロン）の中国人街へ逃げ込んだ。中国人宅に匿われたとも、教会に隠れたともいう。その後は、北の中央高地か南のメコン・デルタに脱出して再起を果たすか、サイゴンの台湾（中華民国）大使館を経由して台湾政府の庇護を受ける心づもりだったようである。

深夜、いったん砲声は止んだ。一一月二日未明、最後の攻撃が始まった。そして午前六時一五分、「突然すべてが静けさを取り戻した」と『タイム』は報じている。

宮殿には、肝心のジェムもニューも見つからなかった。将軍たちとともに統合参謀司令部に詰めていた、CIAサイゴン支局のルシアン・コネインは、「なんとしてもジェムとニューを探し出さなければならない」と苛立ちを隠さなかった。

一一月二日朝六時前後、将軍たちとジェム、ニューとの間で、再度投降をめぐる電話交渉が始まった。ジェムは最初、反乱軍に即時降伏を要求するほど強気だった。しかし最後は「名誉ある降伏」に応じた。条件は、彼らを空港まで安全に送り、出国を認めることだった。

偶発的自殺

アメリカが軍事援助の中で供与した、M113武装兵員輸送車が差し向けられた。「大統領を乗せるのにこんな車両を使うのか?」とニューは激怒した。だがM113が統合参謀司令部に到着し、その扉が開けられた時、二つの遺体が床に転がっていた。

軍首脳は、二人が自殺したと発表した。だが遺体をめぐる情報は隠され、墓のありかも明らかにされず、写真も公表されなかった。このため、二人は生きているとの噂さえあった。

二人は銃でみずからを撃ったとも、手榴弾を用いたとも、毒を仰いだともいわれた。怪しげな説明を突かれ、困った軍首脳は、「偶発的自殺」という解釈を捻り出した。ニューの罵詈雑言に激高した兵士が、二人と揉み合ったあげくに起きた「不幸な事故」（ズオン・バン・ミン）だというわけである。

だが『ニューヨーク・ヘラルド・トリビューン』のマーガレット・ヒギンズ記者の言を借りるまでもなく、それは「見え透いた嘘」だった。コネインはミン将軍に、自殺説を信じる者は「ひょっとして一〇〇万人に一人」くらいはいるかもしれないと語った。二人はカトリックであり、とくに敬虔な信者ジエムが自殺などするはずがなかった。もっともクーデター推進派の一人ロジャー・ヒルズマン極東担当国務次官補は、「アジアのカトリック」が最終戦争《アルマゲドン》の到来を確信したのだとすれば、たいして不思議はないとケネディに語っている。

マクジョージ・バンディ国家安全保障担当大統領補佐官はロッジ大使に、二人の死で新政府の評判が傷ついており、まして政府軍首脳の誰かが暗殺を指示したとの見方が広まれば、その打撃はさらに大きいと伝えた。新政府は二人の死について「すぐに完全な説明」を行い、その証拠を提示しなければならなかった。

ラスク国務長官もロッジに、二人の死をめぐる報道が、アメリカにも世界にも大きな「衝撃」を与えていると伝えた。もし新政府の言い分が本当なら、たとえ国連や諸外国の外交団あるいは医師団の調査を受け入れてでも、「彼らの死が本当に自殺であり暴力によるものではない」ことを証明すべきだった。二人の死、そしてその真相が藪の中であることが、ワシントンに「重大な懸念」を生じさせていた。

ところがすでに、銃で撃たれ、血まみれでM113の床に横たわる二人の写真が出まわっていた。二人は後ろ手に縛られていた。銃創は後ろから撃たれたことを示していた。ジェムには激しく殴打された跡が、ニューには山ほど銃剣で刺された跡があった。

一一月四日朝、バンディ大統領補佐官はホワイトハウス・スタッフ会議で「彼らが暗殺されたという証拠が増えている」と認めた。だがクーデターの指導者たちは、相変わらず自殺説に拘泥していた。

二人の遺体は姪夫婦のもとに届けられた。彼らの墓はサイゴン近郊に、墓碑銘もないままつくられた。

動機は明白

二人を撃ったのは、ズオン・バン・ミン将軍の護衛役だった兵士である。ミン将軍の命令(口では何もいわなかったが身振りでそう示したともいわれる)、ないし他の将軍たちの暗黙の了解による射殺だったといわれる。

当のミン将軍は、けっしてみずからの責任を認めなかった。だがことが済んだ後、彼のもとには「任務完了」の報告が届いている。一説には、ミンは確実にジェムやニューを仕留めるよう、プロの殺し屋(彼の護衛役がそうだったという)を含む数人のチームを送り込んだ。一九六二年六月までCIAサイゴン支局長だったウィリアム・コルビーは、それを「彼がめったにしなかった決然とした行動の一つ」と呼んだ。責任転嫁の意図もあってか、クーデターの仲間だった将軍たちも異口同音に、すべての責めはミンにあるとしている。

もしそうなら動機は単純明快だった。二人を生かしておけば、いずれ復活の恐れがあったからである。アメリカ人が再びジェムを担ぎ出す可能性さえ危惧されていた。とくに地方でのジェム人気を考えると、「他に手はなかった。二人は殺されなければならなかった」とミン自身がいっている。

平井吉夫編『スターリン・ジョーク』(河出文庫、一九九〇年)によれば、一九五六年、いわゆるスターリン批判の後、ある笑い話《アネクドート》が流布された。ヨシフ・スターリンの遺体を引き受けてもいいと、イスラエル政府がソ連に申し出た。だがソ連のニキタ・フルシチョフ首相は即座に断った。「だめ、だめ。あそこじゃ、一人、生き返っているからな」――ミンらの心境も、それと同じだったのかもしれない。

アメリカ側がジェムを助けたいという意向を示した時、あるベトナム人将校は「われわれに、政府を倒して、それから自殺でもせよというのか」と憤慨した。「彼らはなぜ死んだのか?」とチャン・バン・ドン将軍が聞いた時、ミンは答えた。「彼らが死んだからといって、それが何だというのだ?」。ヒルズマンがいうように、将軍たちは「王に怪我を負わせるだけでは賢明でない」という、洋の東西を問わぬ権力奪取の格言を守っただけだった。ある将校の言葉を借りれば、「草を抜くのなら根っ子から」というわけである。

一族の命運

たまたま長女とともに訪米中だったゴ・ジン・ニュー夫人は、夫ニューと義兄ジェムの死の責任はケネディにあると糾弾した。ユダが銀貨三〇枚でイエスを売ったことも引き合いに出した。アメリカへの亡命の可能性も取り沙汰されたが、「その政府が私の背後から一刺しするような国」になど、絶対にとどまらないと叫んだ。

約三週間後にケネディが暗殺された時、彼女の顔は残忍な喜びに輝いたことだろう。ローマを経てパリに移った彼女は「ベトナムで起きることはアメリカでも起きる」のは当然、まさに自業自得だと嘲笑した。未亡人ジャクリーンには、ケネディの死を皮肉った、感情むき出しの書簡を送った。

彼女の心配は、サイゴンに残された三人の子供にあった。アメリカにとっても、子供たちを無事母親のもとに届けることが、ジェムとニューの死で衝撃を受けた「世論に対して埋め合わせとなる要因」（ロッジ）だった。ロッジは旅券を持たない子供たちに、旅行証明書を発行した。大使館は軍事革命評議会と協力し、子供たちをローマ滞在中だった母親のもとに送り届けた。

生き残った者にも災厄はやってきた。ジェムの弟でフエ（ユエ）を牛耳る実力者、ゴ・ジン・カンである。政府崩壊と前後して、彼の自宅周辺には、数千人もの「敵意ある大群衆」が集まった。過去の残虐行為が憎悪を買い、彼が民衆のリンチを受ける危険は大きかった。

やはりフエに君臨し、仏教徒危機のきっかけをつくったゴ・ジン・トゥック大司教にも同じ危険があった。だが彼はたまたまローマ滞在中で助かった。ロンドンにいる弟ゴ・ジン・ルエンも無事だったが、駐英大使の職は辞さざるをえなかった。

修道院に逃げ込んだカンは、アメリカ領事館への避難を望んだ。国務省から領事館には、もし本当に身の危険があり、カン自身が希望すれば、避難を認めるよう指示が下された。ローマ法王パウロ六世もロッジに、カンの助命協力を要請した。四日、ロッジはズオン・バン・ミン将軍らに、カンがリンチに遭うのはまずいと働きかけた。

だがジョン・ヘルブル総領事はカンに、もし新政府から引き渡し要求があれば、アメリカは従わざるをえないと伝えていた。国務省もヘルブルに、万一カンを助けることでアメリカ人が危険にさらされるようなら、彼をサイゴンに移送し、あとは大使館に任せよと指示した。

将軍たちはアメリカ側に、法にのっとってカンを取り扱うと約束した。国務省はカンの身柄引き渡しを認めた。四日、サイゴンに移されたカンは、そのまま新政府に引き渡された。軍事革命評議会は、カンの今後は新政府形成後に司直の手に委ねられると発表した。

だがカンの殺害は、クーデター計画に織り込み済みだったといわれる。彼の権力は、南ベトナム政府を「ジェム＝ニュー＝カン連合」と呼ぶ者がいたほどだった。彼は、旧政府支持派の残党や新政府に反対する勢力を結集する核となる可能性もあった。将軍たちは、ジェムやニューよりもカンを憎んでいたのだともいう。結局カンは処刑された。

2　巨大な衝撃波

顔面蒼白

一一月一日午前、ホワイトハウスで会議中だったケネディのもとに、ゴ・ジン・ジェムとゴ・ジン・ニューの死の報せがもたらされた。ケネディは「突然立ち上がって部屋から飛び出した。その顔には、私がそれまで見たこともないような衝撃と落胆があらわだった」と、同席していたテイラー統合参謀本部議長。大統領は「文字どおり蒼白になった。彼がこれほどの心の動きを見せたことはなかった」と、ロバート・マクナマラ国防長官。「真っ青な顔で、気持ちを落ち着かせるために部屋を出て行った」と、CIAで極東を担当するコルビー。

ジャクリーン夫人によれば、階上に駆け上がったケネディは、「ピッグズ湾の時と同じ、ひどい様子」だった。頭を何度も振りながら「なんてことだ！　なぜなんだ？」とうめいた。ピッグズ湾事件とは、一九六一年四月、ケネディがフィデル・カストロ政権打倒のため、亡命キューバ人によるキューバ侵攻を組織し、見事に失敗した出来事である。

落胆と後悔

ラスク国務長官はそこにケネディの「もっとよい答えを見つけられなかった後悔」と、「ジェム大統領が殺された後悔」を見る。「疑いもなく彼は、ベトナムが外交政策における最大の失敗だったこと、自分がこれまで十分な注意を向けていなかったことに気づいた」のだと、歴史学者でもあるアーサー・シュレジンガー大統領特別補佐官はいう。政権全体に「深い悔悟の念」（リンドン・ジョンソン副大統領）が拡がった。

ケネディは、「二〇年も祖国のために戦ってきた人物が、こうした最期を迎えるべきではない」と語った。こともあろうに「アメリカ製の兵員輸送車の中で、後ろから撃たれて暗殺されるような最期」などあってはならないことだったと、国務省政策企画委員長となった元マサチューセッツ工科大学教授ウォルト・ロストウは述懐する。

ジェムの死を知った時、ケネディはホワイトハウスでひそかに録音していたテープに、「私はジェムとニューの死で衝撃を受けた。……最後の数カ月、彼はどんどん扱いがむずかしくなっていたが、とはいうものの一〇年以上にわたって国家を一つにし、非常な逆境のもとで独立を守ってきたのだ。その殺され方はとりわけ忌まわしいものだ」と吹き込んでいる。ケネディを慰めようと、ジェムの専制ぶりを指摘する者もいた。だが大統領は「彼はむずかしい立場にいた。祖国のために最善を尽くしたのだ」と相手をたしなめた。

現実から目を背ける

ケネディは二人の命を助けたいと考えていたようである。ロッジによれば、ケネディの政策は「ジェムとニューの除去につながるどころか、二人の命を救えたはず」のものだった。けっしてケネディに好意的でないフレデリック・ノルティング前大使でさえ、ケネディが「一九六三年一一月一日に起きた、そのとおりの結果を予期していたとは思えない」と見ている。ウィリアム・バンディ国防次官補にいわせれば、将軍たちを相手に「可能な限り最も強い態度で」二人の殺害を禁じる働きかけもあった。のちに権力を握ることになるグエン・カオ・キ将軍は、アメリカ側から、流血も報復もなしだと釘を刺されていた。

ラスクは、「クーデター発生の可能性が高いと見えるようになった時、私の主要な関心はジェム大統領の身に害が及ばないようにすることであり、ロッジ大使はクーデターが起きた場合のジェム大統領の安全を確保するため尽力した。不幸なことに、そうした手配はうまくいかず、ジェム大統領は殺されてしまった」のだと回顧している。

クーデター直前、ケネディは、マサチューセッツ州選出下院議員トーバート・マクドナルドを極秘のうちにサイゴンに送った。このままでは殺されるとジェムに出国を促したのだが、拒否されたのだといった。マクドナルドは、ハーバード大時代、ケネディのルームメイトであり、フットボール仲間でもあった。

大統領がジェム殺害を禁じたのに、CIAがそれを無視した。少なくとも、ケネディがはっきりとジエム暗殺を否定しなかったことを同意を得たと勝手に解釈し、何も伝えないままことを進めた。こうしたCIA批判がある。

CIAのリチャード・ヘルムズ計画（秘密工作）担当副長官によれば、暗殺計画は「大統領執務室の外」に置かれていた。大統領にしても、知らなければ虚言を弄する必要もない。正面から話しても、しょせん大統領の許可は得られないだろう。ことはCIA内部で処理すればよいというわけである。

二人の死を知った直後、ケネディは「あのこん畜生どもをなんとかしなくてはならない」と、ジョージ・スマザース上院議員に怒りをぶちまけている。もしケネディ暗殺がなかったら、CIAは、キューバ侵攻の失敗（ピッグズ湾事件）後しばらくして、アレン・ダレス長官やリチャード・ビッセル計画担当副長官が更迭されたのと同じ目に遭ったことだろう。

テイラー統合参謀本部議長によれば、ケネディは「政府交替は流血なしに実現できる」と、みずからを納得させていた。ケネディは二人の殺害について、「なぜこんなことをしたのだ？」と苦々しげにつぶやいたといわれる。

想定外の事態

もしケネディが、二人の命が助かると考えていたとすれば、政治指導者としては幼稚すぎた。「状況を理解している者なら、無血クーデターが可能だと信じられたはずはない」（ノルティング）からである。

現地を何度も訪れた『ニューヨーク・ヘラルド・トリビューン』のヒギンズ記者は、ケネディもロッジも「ベトナムの政治的ジャングルを律する残酷な掟」をまったく理解していなかったのだと見ている。

少なくともケネディは、政府軍内部に熟成された反ジェム感情がいかに強いか、まるでわかっていなかったといわざるをえない。

一九六三年当時はCIAで極東を担当していたコルビーは、八月下旬のクーデター論議について、ジェムの死をあれこれ「考えたくない空気」があったとしている。見たくないものは見ないのが人間である。とすれば、一一月のケネディも同じだった可能性は大きい。

二人の殺害ではなく、せいぜい亡命で片をつけられるという幻想が、ケネディの目を曇らせていた可能性もある。マクジョージ・バンディ国家安全保障担当大統領補佐官はクーデター発生直後、将軍たちも本音では「ジェムが国を出てくれることを望んでいる」のだと、ホワイトハウス・スタッフ会議に報告した。少なくとも、将軍たちは二人の命を保証していた。

だが二人の身を守ることは、アメリカの要望ではあっても、クーデター支持の絶対条件ではなかった。将軍たちには、二人を生かしておくつもりなどなかった。ズオン・バン・ミン将軍がいったように、アメリカ人が聞きたくないのならこの話はしない、それだけだった。

お座なりな出国協力

かねてラスクはロッジに、万一の場合はジェムらを国外に導くよう指示を与えていた。ロッジの述懐によれば、彼はジェムに自宅を避難先として提供し、出国の便宜を図ると申し出た。サイゴンのバチカン大使館にも電話し、アメリカ大使館に来るようジェムに働きかけを依頼した。

ロッジはイタリアのジョバンニ・ドルランディ大使に、米軍機を提供してジェムに出国を勧めるつもりだと語っている（その後、再度の電話でジェムに断わられたと伝えた）。一一月五日、上院外交委員会に臨んだラスクとヒルズマン極東担当国務次官補は、ロッジがジェム兄弟救出に尽力したことを強調した。

だが、そうとばかりもいいきれない。国外脱出には飛行機が欠かせないはずである。ところがクーデターの翌朝を迎えても、それは用意されていなかった。おそらくジェム出国で事態解決が図られる可能性に備えて、将軍たちはＣＩＡのコネインに飛行機の調達を求めた。しかし、十分な航続距離を持つ飛行機をグアムから移動させるには二四時間かかるという返事だった。最後の最後まで、用意しようと思えばできたはずの出国手段は提供されなかった。

何もしない理由はあった。クーデターのさなかであれば、出国手段の提供はジェムを降伏に誘う役に立ったかもしれない。だがすでに政府が崩壊した以上、そのような労をとる必要などなかった。右から左に飛行機を供与すれば、アメリカのクーデター関与疑惑を強める恐れもあった。

別の説もある。最後の瞬間に、ロッジはジェムにクーデターに抵抗しないよう戒め、アメリカがジェット機を提供するからフィリピンに脱出するよう提案した。確実に飛行機までたどり着けるよう、車を迎えに出すともいった。だがジェムは、ロッジが危険を過大視している、自分は逃げ出したくないと首を縦に振らなかった。

さらに別の説もある。ロッジはジェムに亡命への助力を持ち出した。これを聞いた補佐官が、自分が車でジェムを迎えに行こうと申し出た。ところがロッジは、その必要はないし「そこまで関わることはできない」と却下した。

最後の電話

一一月一日午後四時三〇分、南ベトナム大統領とアメリカ大使の、最後の電話である。クーデター発生から三時間あまりが経過していた。

ジェム　一部の部隊が反乱を起こしました。私は知りたいのだが、アメリカの態度はいかなるものなのか？

ロッジ　閣下にお話できるほど十分な情報は得ていません。銃撃の音は聞きましたが、すべての事実を把握しているわけではありません。しかもいまワシントンは午前四時三〇分で、アメリカ政府になんらかの見解があるとは思えません。

ジェム　でもなんらかの一般的な考えはあるはずです。つまるところ私は国家元首なのです。自分の義務を果たそうと尽力してきました。いまも義務と良識が命じるところに従いたい。私は何よりも義務を信じています。

ロッジ　閣下が義務を果たされてきたことは確かです。今朝お話ししましたように、閣下の勇気と、祖国への偉大な貢献を私も称賛します。閣下がこれまでなされたことについて、誰も名声を奪うことはできません。いま私が心配しているのは、閣下の身の安全です。私が受けている報告では、いま生じている行動の責任者たちは、閣下が辞任されれば閣下と弟君を安全に出国させると保証しています。お聞きになりましたか？

ジェム　いいや。（それから一息置いて）私の電話番号はお持ちですね。

ロッジ　はい。閣下の身の安全について何かできることがあれば、連絡してください。

ジェム　私は秩序の再確立に努めているのです。

ジェムの護衛役の記憶によれば、ワシントンは夜明け前で連絡がとれないというロッジの言い草に、ジェムは激高した。「大使、貴殿は相手が誰かおわかりか？　わきまえていただきたいが、貴殿は独立した主権国家の大統領と話をしているのですぞ。私が国を出るとすれば、国民がそう望んだ場合だけです。反乱を起こした将軍の一派や、アメリカの大使などの求めに応じて出国など絶対にしません。アメリカ政府はこの悲惨な事態について、全世界に対して責任をとらなくてはならないのです」。それはジェム最後の大見得だった。

冷淡な扱い

一一月一日夜、ロッジはいつもどおり午後九時半頃に床に就いた。ベトナム人のクーデター騒ぎごとき些事に、安らかな眠りを乱されたくなかったのかもしれない。ロッジは二人の死に「深い悲しみをおぼえ、その有様に恐怖を感じた」し、自分の中に「大きな後悔」もあったと回顧している。アベレル・ハリマン政治担当国務次官の補佐官だったウィリアム・サリバンは、政権全員にとってと同様ロッジにとっても、二人の死は衝撃だったと述べている。

だがウィリアム・トルーハート代理大使には、ロッジが二人の死に多少なりとも動揺したという記憶はまったくない。ワシントンでは、ジェムに同情的だったヒギンズ記者がヒルズマン極東担当国務次官補に、「おめでとう。手を血で染めた感想はどう?」と皮肉めかして聞いた。「おいおい、何をいっているんだ」とヒルズマンは応じた。「革命とは非情なものだ。人々が傷つくこともあるさ」。

二日朝、マクジョージ・バンディ国家安全保障担当大統領補佐官は、ピエール・サリンジャー報道官になんらかの形で遺憾の意を表明させてはどうかと提案した。ラスク国務長官も「ジェムとニューの死を皮肉られて糾弾されないよう」これに同意した。ところがマクナマラ国防長官は、「なぜ何かをいう必要があるのか」と噛みついた。結局、アメリカ政府が公に、暗殺への遺憾の意を示すことはなかった。

責任転嫁

ケネディ政権は責任逃れに汲々とした。はるかのち、サリンジャーは「ケネディにはジェム暗殺の責任はない。彼はクーデターがありうることは知っていたが、クーデターの首謀者にジェム殺害を指示したことはない」と論じた。

国家安全保障会議のフォレスタルによれば、ケネディは「それまで南ベトナムについて受けていた助言」がいかに間違っていたかを思い知らされ、自信を失った。とすればそこには、悪いのは間違った自分ではなく、自分を誤った方向に導いた部下だという、責任転嫁の心理が垣間見える。それはピッグズ湾事件直後や、ベトナム政策全般にも共通する特徴である。

むしろジェムの自業自得が強調された。クーデター直後、ロッジは「私はジェムとニューに私的に助言を与え続けた。彼らがそれに従っていれば、その結果彼らはいまも生きていたはずだ」と論評した。ケネディ暗殺直後、ジョンソン新大統領との最初の会見で、ロッジは、「われわれにはジェムとニューの死について責任などまったくない。彼らが私の助言を受け入れていたら、いまも生きていたはずだ」と傲然としていた。

残る課題は、「将軍たちが、自分たちの行動がこれまで生み出したよい評判を、可能な範囲で維持しなければならない」ことだった。つまり、二人の助命と安全な出国に向けて、彼らなりに最大限努力を払ったのだと内外に示させることである。

3 アメリカの役割

不意打ちを食らう

一一月一日正午頃、ラスクはウィリアム・フルブライト上院外交委員長に、自分たちは「クーデターの噂は聞いていたが、詳細は知らなかった」と伝えた。ヒルズマンはのちに、「誰がクーデターの首謀者か、いつ起きるのか、具体的な情報はまったくなかった」といっている。フォレスタルはクーデターを「まったく予期していなかった」と、ロバート・ケネディ司法長官は、軍決起の報せが「まったく突然」だったという。

少なくとも、一一月一日という決行日が想定されていなかった可能性はある。ウィリアム・バンディ国防次官補は、まさかこれほど早くとは思っていなかった。だが、ジェム打倒派の筆頭的存在ハリマン政治担当国務次官の言い分は違う。ゴ・ジン・ジェムの死はともかく、クーデターそのものは「誰もが知っていたと思う」。それどころか、「少なくとも私は、クーデターが起きるのはもう少し早いと思っていた」。

サイゴンのロッジは、クーデターを「ここ一両日中」だと睨んでいた。だがそれでも一一月一日、「金曜日に昼食の席で砲声を聞いた時、クーデターが近いと知っていたにもかかわらず、びっくりした」という。実際にそれが発生するまで、正確にいつ開始されるのかはわかっていなかったようである。

決起直前の出来事

ジェムの報道官だったトン・タト・ティエンによれば、一一月一日朝、ジェムと会見したフェルト太平洋軍司令官がジアロン宮殿を辞そうとするたびに、ロッジは新たな質問を発し続けた。一二時過ぎまでジェムを釘付けし、何も余計なことをさせないためである。陰謀を事前に知っていなければ、とうていできない芸当だった。

反論もある。ジェムとの会見が「十分で済むのか五時間になるか」（ヒルズマン）まったく読めない以上、クーデター決行の当日にフェルトの表敬訪問を入れるはずなどない。フェルトがサイゴンを発ったのも、軍事援助司令部からクーデターはないと聞かされたからだ。

実際にこの会見は、ジェムお定まりの独白に終始した。ケネディ大統領の特別補佐官シュレジンガーによれば、将軍たちは「長話を続けるジェムの才能」に気が気ではなかった。何度も時計に目をやり、ガムを噛むなど、苛立ちを隠さぬチャン・バン・ドン将軍の様子を、フェルトは不思議に感じていた。遅くとも午後二時頃までには、フェルトにサイゴンを発ってもらわないと「後々大変なことになる」からだった。

情報を与えられず

もし本当にアメリカが不意を打たれたのだとすれば、その原因はいくつか考えられる。第一に、クーデターをめぐる話があまりに日常茶飯事——ラスクにいわせれば「流行」——だったことである。しかも、たいていは取るに足らないような噂話でしかなかった。

とりわけ一〇月のサイゴンは、『イソップ物語』の「狼少年」的な空気に満ちていたとテイラー統合参謀本部議長はいう。ケネディ政権は「何カ月もの間、クーデターの報告を受け続けてきた」と、一一月一日にラスクは述べている。ケネディ大統領は「クーデターの噂はいつも聞かされていたが、ほかならぬこのクーデターが起きるとは、まったく思っていなかった」のだと、弟のロバートはいう。

第二に、将軍たちが最後まで、アメリカ側に情報を出し渋ったことである。一〇月二四日夜、チャン・バン・ドン将軍はCIAのコネインに、決行二日前でなければ計画の詳細を明かせないとした。コネインは、計画の詳細を検討した後でない限り、アメリカ政府はいかなる言質も与えられないと応じたが、無駄だった。

一〇月二八日、「いつ行動を期待できるのか」と胸を躍らせながら聞くロッジに、ドンは「まだ用意ができていない」とそっけなかった。ロッジは、情報が欲しい、詳細な計画が見たいと食い下がったが、無駄だった。せめて四八時間前には計画を提示して欲しい。必死にせっつくコネインに、ドンが認めた余裕はわずか「四時間」だった。

これではワシントンと事前に協議などできず、「アメリカは事態の推移に、たいして影響を与えられない」とロッジも焦った。いや、むしろそれこそ彼の思う壺だったのかもしれない。ワシントンの影響力も監視も遮断して、あとは自分が主導権を発揮できるからである。

一〇月三〇日、ハーキンズ軍事援助司令官がテイラー統合参謀本部議長に伝えたところでは、せいぜいクーデターは「一一月二日より遅くはない」時期に起きるという程度の認識しかなかった。この頃ワシントンでは国務省極東局のポール・カッテンバーグが、将軍たちのクーデターがいかなる方法をとるかは「実際に真っ暗闇」だと憂慮を深めていた。

アメリカを疑う

アメリカが自分たちの後見人だというのに、将軍たちはなぜこうした態度をとったのか。一つの理由は、自分たちがアメリカの「召使い」（チャン・バン・ドン）にはならないという決意にある。ドンは一〇月二八日、ロッジに自分たちが「アメリカがクーデターに関与するのを避けるよう可能なあらゆる行動をとる」決意を披瀝した。翌日にも、「いかなる行動であろうとすべてベトナム人による」ものであり、アメリカは「クーデターに干渉したり、それを刺激したりすべきでない」と述べた。同じ日、コネインが資金や兵器の供給について打診すると、ドンは必要なのは「勇気と確信」だけだと大見得を切った。

もう一つの理由は機密保持の必要である。将軍たちが「ベトナム政府への漏洩」を恐れる気持ちは、ロッジにも十分理解できた。

その根底にあったのが、アメリカへの不信である。一〇月三〇日、マクジョージ・バンディ国家安全保障担当大統領補佐官はロッジに、「将軍たちを裏切ってジェムに通告することなど一度も考えたことはない」と述べている。だが将軍たちは、これまでジェムが危地に陥るたびに彼を救ってきたアメリカを、心から信じてはいなかった。

とくに彼らの猜疑の念は、ハーキンズ軍事援助司令官に向けられた。いったん一〇月二六日に予定されたクーデターが延期を余儀なくされたのも、ハーキンズがジェムに情報を漏らしたのではと疑われたせいだったといわれる。

結果的に、アメリカ人に与えられた時間的余裕は「約四分」(ハーキンズ)しかなかった。将軍たちが約束していた、四時間前の予告すら守られなかったのである。「申し訳ないが、アメリカ人を誰ひとり信用していなかった」(チャン・バン・ドン)からにほかならない。詳細な計画を当日まで入手できなかった不始末を内密にしてくれと、後でコネインはドン将軍に懇願したという。

相互不信の罠

ロッジもハーキンズも、ズオン・バン・ミン将軍をたいして信頼していなかったから、お互い様だった。ミンだけではない。一〇月二三日、ロッジは、クーデターに「本気に見える者は誰ひとりいない」とこぼした。クーデター直前に行われた国家安全保障会議のある会合について、「出席者の大部分はクーデターが本当に起きるのかと懐疑的」だったと、ヒルズマン極東担当国務次官補は述懐している。

ロバート・ケネディが「情勢は四カ月前、将軍たちがクーデターを組織できなかった頃とまったく変わっていない」と苛立ちをあらわにしたのは、一〇月二九日のことだった。ラスク国務長官も、並み居る将軍の「誰も信用してはならない」と述べた。

クーデター当日、CIAサイゴン支局は国務省にあて、「将軍たちにクーデターを成功させるだけの勇気と能力があるかどうか」がすべての「基本問題」だと打電した。ロッジはサイゴンを訪れたフェルトに、「将軍たちのうち、十分胸毛の生えている者は誰ひとりいない」と嘆いた。

主役は彼ら

大事なのは、シュレジンガー大統領特別補佐官がいうように、「すべてがベトナム人によって計画され実行された」とする公式見解を、徹頭徹尾維持することだった。クーデター当日朝、ケネディは「これがアメリカのクーデターではない」こと、しかし「過去二カ月、クーデターの報告は受けていた」ことを内外に示すべきだとした。

ラスクはのちに、「われわれはクーデターに関与しないし、期待もしない」というのがアメリカの公式の立場だったと説明している。実際に「われわれはクーデターを刺激しないようにしていたし、ジェム大統領を倒そうとする者が誰であれ、青信号を出すつもりはなかった」。それは「南ベトナム人による努力」の結果であり「彼らのショウ」だった。

クーデター発生直後、ラスクは、今回の企てが「ベトナム人の問題」だとの解釈を、繰り返しロッジに伝えた。サイゴンのロッジも一一月六日、これが「ベトナム人の、それも国民的な問題」だと応じた。ラスクはフルブライト上院外交委員長に、「わが国の関与は最小限」だったと請け合った。国務省は、アメリカ政府がクーデターにまったく関与していないとの声明を発表した。

ケネディ暗殺の二日後、ロッジはジョンソン新大統領らを前に「われわれはクーデターに関与しなかった」と断言した。彼は一九六四年の帰国時にも、一九七三年の回顧録でも、クーデターがまったくベトナム人の問題だったと繰り返した。それどころか回顧録では、「自由の側に立つ人間がみずからの家をきれいにできれば、自由という大義の立場をこれほど強めるものはない」と将軍たちを激賞した。

将軍たちも、アメリカはジェム打倒に何の役割も演じていないと繰り返し強調した。チャン・バン・ドン将軍はのちに、アメリカ側から何度か支援の申し出はあったが、自分たちは彼らをあくまで「観客および記者」の立場にとどめさせたとしている。自分はロッジに対しても、「われわれは何も要らない」こと、「自分たちでやりたい」こと、これは「ベトナム人の問題でなければならない」ことなどを伝えたのだ。

関与を全否定

援助停止がクーデターの引き金を引いたことについて、ケネディは一一月二日、政権首脳を相手に「われわれがジェムに対して用いた援助をめぐる圧力は、彼を打倒する目的ではなく、対ベトコン戦争が必ず成功するよう彼に歩み寄らせる目的だった」との立場を示した。アメリカの関与や責任をめぐる報道を抑えるためである。

クーデター推進派は異口同音である。「私が知る限り、われわれがとった行動で、クーデターを促したものなど一つもない」と、ハリマン政治担当国務次官。「われわれは実際にクーデターの陰謀に関わりを持ったことなど一度もない」し、ただジェムを「これ以上支えるのを止めた」にすぎないと、国家安全保障会議のフォレスタル。アメリカは「最小限」必要な措置として親仏教徒的な立場をとり、ニューの排除を試みただけであり、アメリカの圧力がクーデターを促したとしても「われわれにはそういうつもりはなかったのだが、結果としてそうなった」だけだと、ヒルズマン極東担当国務次官補。

クーデター反対派も例外ではない。テイラー統合参謀本部議長は、「クーデター実施へのアメリカの直接参加の証拠について私はまったく知らない。まして暗殺についていっさい証拠がないことは確かである」と述べている。CIAでベトナム作業班を率いたチェスター・クーパーも、「ワシントンが何の役割も演じなかったことは真実」だとしている。ただし、それはあくまで「字面上」の話でしかないことを彼も認めていた。

ケネディ政権の姿勢は、アメリカの関与を隠しながら――それで世界を納得させられると信じながら――カストロ打倒に乗り出した、ピッグズ湾事件を彷彿とさせる。だがメクリン広報担当参事官にとって、クーデターに関わりがないとの主張は、「金庫破りだとわかっている相手に、これからビールを飲みに出てくると知らせた銀行の夜警が無罪を主張するような」あきれた論理だった。かつてCIAサイゴン支局長だったコルビーも、アメリカがいかに重要な立場にあったかをまったく無視した、この「見事な理論」――行動を決断したのは将軍たちでありアメリカではない――を皮肉っている。

政権全体の手柄

実際には、クーデターが発生するやいなや、CIAサイゴン支局のコネインは、将軍たちの求めに応じて、統合参謀司令部に詰め切りとなった。それは、コネインがいかに彼らの信頼を得ていたかの証左だという。逆に、彼は万一に備えた人質だったとの説もある。コネインは将軍たちに助言を与えるとともに、入手した情報をすぐさま大使館に伝えた。彼がもたらす生の情報は「計り知れない価値」を持ち、「最大級の利益」をもたらすとロッジも高く評価した。しかもコネインは万一に備え、四二〇〇万ドル（約三〇〇万ピアストル）の資金を持参した。その金は将軍たちに分け与えられた。

問題はコネイン一人の行動ではない。ジェム兄弟の死の場合と同じく、クーデターそのものへの関与や奨励についてCIAの暴走を糾弾する向きもないではない。

だがロッジは、CIAなどに手柄を独り占めにさせてたまるかといわんばかりだった。「クーデターという種が強靱な植物にまで生育した土壌はわれわれが用意したもの」であり、「われわれの準備がなければクーデターは起こらなかったはず」だ。クーデターは「アメリカ政府の一致団結した行動がなかったならば不可能」だった。アメリカ人が一糸乱れずジェム放逐に邁進したことは「大統領、国務省、軍、国際開発庁（AID）、広報文化交流局、CIA」すべての功績だった。彼はこう力説した。

一一月四日、ラスク国務長官はロッジに、大使館や軍事援助司令部、経済援助使節団（USOM）などによる「卓越した仕事」を挙げて謝意を表した。六日、ケネディは「ここ数カ月の南ベトナムにおけるアメリカの活動全体を一体化させ、指揮した」ロッジの指導力を褒め称えた。

ロッジもまた、ワシントンの「理解力と想像力のある支援」をたたえた。ケネディ暗殺直後、帰国したロッジは「国務省極東局の支援」に謝意を表し、ヒルズマンは「お互い様」だと上機嫌で応じた。こうした会話の中から浮かび上がってくるのは、思い通りの結末に喜びを隠しきれない人々の姿である。ジェム打倒クーデターは、本質的に「決定はホワイトハウスが行ったもの」（コルビー）だった。ケネディ自身が吹き込んだ録音テープによれば、クーデターについて、そしてとくに八月二四日の電報（国務省電二四三号）を発して以来、二カ月あまりの展開について、彼は「大きな責任」を自覚していた。

テイラー統合参謀本部議長の回顧録も、自分たちに「重大な責任」があること、しかも「後始末について準備もなく」行動したことがのちの戦争長期化とアメリカ化をもたらしたことを認めている。クーデターからほぼ一週間後、ファム・ダン・ラム外相はある大使館員に、「アメリカがクーデターを支持し支援したという非難は避けられない」と語った。

無力を痛感

ケネディ政権に同情すべき点があるとすれば、事態制御における力の限界である。アメリカが「事態の推移に与えられる影響力は限られていた。本当の決定権は南ベトナムの将軍たちの手に握られていたからだ」とラスクはいう。

ロッジはクーデター直後、「それが始まったらわれわれは止めることはできなかったし、たとえ影響を与えられたにしても大変な困難がともなっただろう」と述べている。ロッジはのち、ケネディ図書館のインタビューで、地元の人間に「外部の人間が影響を与えるのはきわめて困難」だと、一般論で逃げを打った。

回顧録で彼はこう主張した。「われわれはもしそうしたいと思ったところで、クーデターを開始させることなどできなかったはず」だ。まして「いったん始まってしまえば、止めることもできなかったはず」だ。アメリカの立場が非常に強力で「あとはクーデター始動のボタンを押すだけ」にさえ見えたことは確かだが、「実際には押すべきボタンなどなかったのだ」。

それは言い訳にすぎないかもしれない。だが、それがけっして言い訳でなかったところに、本当の問題がある。クーデター発生前も、その後も、アメリカはみずからの意志と状況判断に反して、ほとんど何も制御できず、ただ流れに身を任せるばかりだったからである。

CIAのベトナム作業班長クーパーはいう。一九六三年秋、「ベトナム人がみずから行動を決意したのはきわめて明白」だ。「ベトナム人がみずからやるのでない限り」アメリカ人にはクーデターを成功させ、状況を改善するだけの「能力も知識もなかった」からだ。

組織管理に難渋

一九六〇年の大統領選挙中、「油をよく差されて回転の早いケネディ・マシン」という言葉が一瞬で出るようなタイプライターが発明されれば、ひと財産になっただろうといわれる。だがたとえそうしたマシンが現実にあったとしても、一九六三年のベトナムに限ってはまったく動きを止めていた。たとえ動いていても正常に機能しているのか、誰が操作しているのか、まるでわからなかった。

とりわけクーデターへの対応は個人間の、そして組織を巻き込んでの、対立と混乱に彩られていた。ケネディ政権には「チームとしての活動」などなかったし、政策決定過程は「最悪」だったとウィリアム・バンディ国防次官補は述懐する。ノルティング大使は、一九六三年の南ベトナムにおける政治危機への対応は、「混乱、二枚舌、致命的過ち」だらけだったと手厳しい。ロバート・トンプソン英軍事顧問団長も、戦略村計画を例に、アメリカ人が行政管理面の失態に真剣に注意を向けなかったと批判する。

実はベトナムの隣国ラオスでも、同じ問題が発生していた。国務省、国防省、国際開発庁、ＣＩＡがそれぞれ独自の見方にもとづいたばらばらな計画を持ち、人員を派遣し、資金を投入し、影響力を行使していた。その結果「ラオス人だけでなくわが国の同盟国も、本当のところ誰がアメリカの代表として発言しているのか——ＣＩＡなのか、軍なのか、国際開発庁要員なのか、大使なのかわからなかった」と、ヒルズマン極東担当国務次官補はいう。

下院議員・上院議員をへて、弱冠四三歳でホワイトハウスの主となったケネディには、行政管理の経験はなかった。せいぜい第二次世界大戦中、乗員数名の魚雷艇ＰＴ109を指揮した程度である。ドワイト・アイゼンハワー前大統領は一九六三年九月、ジョン・マッコーンＣＩＡ長官に、ケネディ政権のやり方を「たんに未熟」なだけだと切り捨てた。

4　輝ける再出発

軍政万歳

ゴ・ジン・ジェム政府は消えた。街路は群衆であふれ、繁華街の交通は止まった。人々は笑顔で歌い、踊り、叫び、旗を振りまわした。当時現地を取材中のある日本人記者は、人々が「みな晴れやかな顔」で、「これから自由にものがいえる」と喜びを爆発させるさまを目の当たりにした。一一月一日は新たな記念日となった（一九七五年のベトナム共和国崩壊まで）。

一一月七日、全土で戒厳令が解除された。サイゴン大学やフエ大学をはじめ、学校はたいして混乱もなく再開され、学生たちも平常を取り戻した。仏教徒危機の中で、弾圧への抗議のため職を辞した大学教授たちも復帰した。

人々は「軍政万歳」を唱え、戦車に花輪を飾り、装甲車によじ登った。兵士に歓声を浴びせ、花束を渡し、一緒に写真を撮り、果物や食糧を彼らに分け与えた。

とくに人気の的はジェム打倒の中心人物、ズオン・バン・ミン将軍だった。人々に顔がよく見えるよう、軍帽をかぶるなとロッジ大使が助言したほどである。一一月九日、「軍がその出発にあたって国民の広範な支持を得ていることは疑問の余地がない」とロッジは得意満面だった。

もっともマクジョージ・バンディ国家安全保障担当大統領補佐官は、軍政への支持がどこまで自発的かわからないと冗談まじりに語っている。『ニューヨーク・ヘラルド・トリビューン』のヒギンズ記者は、クーデターの張本人であるアメリカ人に向かって、そのクーデターへの苦情や不満など漏らすわけがないではないかと苦々しげである。

新しい憲法と政府

軍事革命評議会は一一月二日、ジェム統治下の憲法を停止し、国会を解散すると発表した。「ベトナム国民が民主的政体を選択した」ことが理由とされた。

一一月五日、臨時憲法が公布された。立法・行政権は軍事革命評議会が行使し、委員長が国家元首となる。ただし、予算・徴税・国防などを除く、一部の行政権は臨時政府に委ねる。その政府の構成は、首相が軍事革命評議会の承認を得て決定する。現行法は「一一月一日革命の精神」に反しないものに限り、有効なものとする。

同じ一一月五日、グエン・ゴク・トを長とする臨時政府が発足した。閣僚には、ズオン・バン・ミン大統領（前職は大統領軍事顧問、以下同じ）、チャン・バン・ドン国防相（陸軍参謀総長代理）、トン・タト・ジン内相（第三軍団司令官）、チャン・トゥ・オアイ情報相（マラリア撲滅・心理戦争担当）ら、クーデターの主導権をとった軍人たちが名を連ねた。

文民としては、ト首相兼経済財政相（副大統領）に加え、チャン・レ・クァン地方問題相（留任）、ファム・ダン・ラム外相（外務省幹部）、グエン・レ・ジアン労相（労働省幹部）らが入閣した。クァンら三人は「最善」の人選だとロッジは高く評価した。

軍事革命評議会は、将軍たちがいがみ合ってきた過去を克服し、「団結していくため最善を尽くす」覚悟を示した。内部対立は皆無ではなかったが、CIAサイゴン支局の分析によれば、クーデター成功の喜びや新政府形成の多忙さの中で、「おおむね水面下」に食い止められていた。士気高揚のため、軍人たちは相次いで昇進の恩恵にあずかった。

一一月六日、サイゴン放送は、軍事革命評議会のもとに一二人体制の執行委員会が設立されると発表した。委員長はズオン・バン・ミン将軍。以下チャン・バン・ドン、トン・タト・ジン、レ・バン・キム、チャン・ティエン・キエム、グエン・バン・チュウら政府軍首脳である。

新体制は事実上、ミン＝トの二頭体制だった。ト新首相の起用は第一に、憲法にのっとった政変という、ラスク国務長官によれば「外見」を、マッコーンCIA長官によれば「見かけ」を保つためだった。

第二に、トには体制変更にともなう衝撃を多少なりとも和らげる機能が期待された。たとえば職を辞そうとする閣僚の何人かは彼が引き留めた。

第三に、トは仏教徒抑圧に反対し、仏教徒の尊敬を得ていた。

第四に、彼は行政官として豊かな経験と優れた資質を持っていた。

ハーキンズ軍事援助司令官がいうように、ト新首相はじつに「論理的な選択」だった。ただし「より強力な人物が現れるまで」の話である。

上々の滑り出し

将軍たちは矢継ぎ早に新政策を打ち出した。国民の統一を維持する。議会を「ベトナム第二共和国」、つまり一九五五年以来のジェム統治とはまったく異なる、新時代の政治体制にふさわしい組織とする。規律を重んじつつ民主主義を推進する。非共産主義であれば、政党の自由な活動を認める。共産主義者は別として、政治犯を釈放する。あらゆる人々に政治参加を促す。宗教、思想信条、言論、報道の自由を確立する。仏教徒や学生などの自由を回復する。経済・社会・教育・厚生分野などで緊急の必要に対処する。腐敗を追放する。自由世界の一員として共産主義と戦う。

メコン河口から南に約一〇〇キロ、プロコンドール島の収容所から、毎日船が政治犯を運んだ。亡命者も帰国の途についた。拘束されていた僧侶、学生、教師なども釈放された。八月二一日に襲われたサーロイ寺院周辺は、仏教徒弾圧の終わりを祝う人々であふれかえった。

仏教指導者は革命を称賛し、軍事革命評議会を支持した。新政府も仏教徒側の要求に耳を傾ける姿勢だった。仏教に限らず、カオダイ、ホアハオなど土着宗教教団とも協力、その力を活用したいと考えていた。

一一月半ば、将軍たちは、「全体として健全な計画」を始動させ、「上々の滑り出し」を見せているとロッジは満足げだった。とりわけズオン・バン・ミン将軍は、どうやら予想以上に「政治的な才」と「国民的指導者として求められる要素」を備えた人物のようだった。

国民の支持を確保

クーデター直後は厳しい検閲体制が敷かれたが、事態が落ち着くと緩和された。

将軍たちが記者会見で「報道との協力という新時代」の開幕を宣言すると、記者の間から歓声が沸き起こった。チャン・トゥ・オアイ情報相は一一月半ば、民衆が「突然もたらされた報道の自由に接して、著しい興奮状態」にあると述べている。ホワイトハウスのサリンジャー報道官によれば、「ベトナム人とアメリカの新聞との間に協調の新しい時代」が到来したのである。

ジェム統治下でついぞ見られなかった、政府の支持基盤拡大という心強い徴候もあった。一一月六日、ロッジは新政府と国民の関係に「大幅な強化」の徴候を見た。一四日、ＣＩＡサイゴン支局は、人々が依然新政府に「非常に好意的」なまなざしを向けていると報告した。二〇日、ベトナム政策関係者が一堂に会したホノルル会議で、ロッジは「ここ数年で初めて、中央政府が都市住民の熱狂的支持を獲得した」と豪語した。

それはけっして妄想とばかりもいえなかった。新政府を構成するほとんどが南部（コーチシナ）人、しかも仏教徒だったからである。その中核に位置するのが、ミンをはじめとする軍首脳だった。北部（トンキン）・中部（アンナン）出身者、カトリックが幅をきかせるジェム時代は、すっかり過去のものになった。

首都には静穏と秩序が保たれた。幸い、新政府に対抗してクーデターを起こすような動きは現れなかった。公共施設は機能し続けていたし、外国人記者のたまり場だったホテルも通常営業だった。給仕たちの一部はジェム政府崩壊を祝うべくどこかへ行ってしまい、その分サービスがお座なりだったが。

警察も通常任務に戻った。ジアロン宮殿周囲に築かれた、防御のためのバリケードや鉄条網は撤去された。宮殿周辺に放置された塵芥が、ジェム統治の終焉を象徴していた。

ヘルブル総領事の報告によれば、フエも同様に「すべては平穏」だった。兵士も警官も鉄条網もほとんど目にすることはなくなった。集団的な暴力も発生していなかった。一一月一六日、ＣＩＡは新政府が「初期の陥穽を克服」し、少なくとも「たとえ暫定的だったとしても新たな秩序を確立」したようだと判断した。

ホノルル会議で、ジョゼフ・ブレント経済援助使節団長は「まったく新しい精神」の存在に太鼓判を押した。心強いのは、新政府が「自信に満ち、しかし自信過剰ではない」ことだった。

欣喜雀躍

ジアロン宮殿の前には星条旗が掲げられた。フエでもサイゴンでも、アメリカ人はベトナム人から微笑みかけられ、英雄扱いされた。ハリマン政治担当国務次官の補佐官ウィリアム・ジョーデンは一九六三年末、緊張と齟齬の半年間をへて、両国間に「新時代」が始まったのだと高く評価している。

クーデター直後、車で大使館に向かうロッジには、歩道から拍手と歓声の渦が巻き起こった。街を歩くとまるで「大統領候補のような」扱いだった。もし彼が本当にベトナムで選挙に打って出れば、勝利は間違いなしといわれた。冗談めかして出馬を勧める者もいた。

クーデターの成功は、サイゴンのアメリカ人たちに「輝ける希望の瞬間」（メクリン広報担当参事官）をもたらした。クーデターに賛成・反対を問わず、これで戦争が「劇的に短縮」できるという確信が広まった。一一月半ばの大使館は、意気揚々たる空気が支配的だったとヒギンズ記者はいう。ジェムの死による衝撃から立ち直ったワシントンも、「後継者たちがこの国にいっそうの統一をもたらしてくれるという望みを抱いた」と、ラスク国務長官は述べている。

アメリカ内外の報道もおおむねクーデターを支持し、南ベトナムの前途に希望を表明した。ハリス世論調査によれば、クーデターの一週間後、アメリカ国民も四五％対三五％でケネディのベトナム政策を評価した。かつてジェムを支え続けたアメリカ＝ベトナム友好協会（ＡＦＶ）は、さっそく将軍たちに祝電を送った。

ラスクは一一月八日の記者会見で、新しい指導者が国民を一つにし、任務に邁進し、独立と自由と安全を守れるよう期待を表明した。ＣＩＡのレイ・クライン情報担当副長官は「誰もが事態は少しはましになるだろうと思っていた」と述懐している。

政権内のもめ事の種も消えた。クーデター発生の翌日、「いまやわれわれを分裂させるものは何もない」とマクジョージ・バンディ国家安全保障担当大統領補佐官は語っている。

二人三脚

一一月半ば、アメリカが「サイゴンで、かなりの威信をともなう立場を築き上げた」こと、ベトナム人が「私の助言を真摯に受け止めようとしている」ことに、ロッジは期待を膨らませた。CIAサイゴン支局も、ベトナム人の目に映った好印象を、実務レベルでの交渉や協力体制づくりにつなげるべきだとした。

一一月一日以降、両国関係は「新たな段階」を迎えた。アメリカはたんなる支援ではなく、真の協力体制確立を目指した。国際開発庁は、新政府が従来より、対米協議に協力的になると楽観していた。二〇日、ホノルル会議でブレントは、「より効果的な協力体制を実現する好機が存在」すると意気軒昂だった。ロッジも両国間の協力が「これまでになく緊密化」していると述べた。

ラスクによればアメリカは、フットボールでいえば「まるでクォーターバックのように」将軍たちに指揮命令することは思いとどまるつもりだった。だが、「最初の大仕事は新政府の構築」だとすれば、まったく口出しをしないわけにもいかなかった。

指導者が寺院を訪問する。人々と握手し、一緒に写真を撮る。重要なメコン・デルタの住民と積極的に対話する。農民が政治的意志を表明できるような仕組みをつくる。省や地方レベルで、民衆の欲求に敏感に対応する組織を整える。土地改革をしっかりと実施する。戦争遂行への全面的な支持を国民から勝ち取る。やるべきことは山ほどあった。

承認のタイミング

ズオン・バン・ミン将軍はクーデターを起こした日、アメリカなど西側諸国による早期の承認を求めた。ワシントンもかねて予想した事態であり、できるだけ急いで新政府を承認する方針だった。アメリカの世論も、ほぼ三対一で承認を支持していた。

問題はそのタイミングだった。一一月一日、ラスクは、新体制がはっきりと確立するまで「正式な承認は待ったほうがよい」との判断を示した。他国に先駆けて、ろくに政府の体裁も整っていないのに承認してしまえば、クーデターがアメリカに操られたものだという「間違った刻印」を押してしまうからである。だが同時に彼は、承認の先頭を切ることを恐れるあまり、ぐずぐずしてはならないことも承知していた。

この二律背反の中で、承認のタイミングは新政府が「公式に樹立されればすぐ」とされた。一一月四日、国務省は「将軍たちがこの間、わが国の利益や彼らの国際的立場に害をもたらすような行動をとらなければ」という条件のもと、「臨時政府形成後すみやかに」承認する方針を確認した。臨時政府発足の前日である。

もう一つ、発表方法という問題があった。当初、マクジョージ・バンディ国家安全保障担当大統領補佐官は公式発表の形を好まず、大統領が記者会見の中で触れる程度でよいと考えていた。ロッジ大使も同様に「低音」での発表、たとえば新政府にアメリカ政府の覚書を手渡した後、報道用に文書を出すようなやり方を望んだ。

一一月七日午後六時半、友好関係の維持強化を求める南ベトナム政府の要請に応じる形で、国務省が新政府承認を発表した。一時間後（現地時間で一一月八日午前七時半）、ロッジからズオン・バン・ミン将軍に正式に承認が通告された。ファム・ダン・ラム外相はロッジに、「これほど迅速な承認」について謝意を表明した。

西側諸国も相次いで新政府を承認した。一一月五日、マレーシア。七日、タイ。八日、イギリス・オーストラリア・日本。かねてジェム退陣による民心の一新を望んでいた日本は、新体制で反共の戦いに望む南ベトナムの「安定のために自由諸国が一層の協力の手を差しのべることが肝要」だとして外交的戦列に加わった。

中南米と何が違う

ケネディ政権は西半球では、民主化推進という条件をつけて、軍事政権の承認を先延ばしにする傾向があった。一九六一年一月のエルサルバドルで新政府を承認したのは二一日後。一九六二年のペルーでは三〇日後。一九六三年のグアテマラでは一七日後である。

逆に、ソ連と承認の早さを競う必要のあった東半球では、短時日のうちに決断を下す例が多かった。シリア（一九六一年には一二日後、一九六三年には四日後）、イラク（一九六三年、二日後）、ビルマ（現ミャンマー、一九六二年、五日後）などである。

一九六三年秋、ワシントンの念頭にあったのは中南米諸国である。クーデター決行の日、ラルフ・ダンガン大統領補佐官は、「もしこの軍政府をすぐに承認してしまうと、中南米で自分が迷惑する」と、冗談まじりに漏らしている。中南米諸国と南ベトナムのどこが違うのか。実際に中南米各国からの問い合わせが相次いでいた。南ベトナムの新政府を簡単に承認してしまえば、アメリカがこれまで中南米諸国に憲法にのっとった政権交替を力説してきた努力が台無しになると危惧された。

問題はケネディが一一月一日に言ったように、「ベトナムで反乱を起こし立憲政府を倒した政府に対する承認」と、「ホンジュラスで立憲政府を倒した反乱政府への不承認」という、異なった路線の折り合いをどうつけるかだった。ホンジュラスの先例に従えば今回も承認すべきではなかった。もし違う対応をとるのであれば、内外に対して明確な説明が必要だった。

筋道は立った

ケネディ政権は新政府承認の材料探しに必死だった。第一に、アジアと中南米の状況の違い。シュレジンガー大統領特別補佐官は、アメリカが中南米に「特別な責任」を負っているという、よそとは異なる事情からすれば、対応も異なって当然だとした。

第二に、合憲性。バンディ大統領補佐官は、政変が憲法にのっとったものかどうかを基準にしたい意向だった。グエン・ゴク・ト前副大統領の処遇が重視されたのもそのためである。

第三に、合法性。ラスク国務長官は、将軍たちが「政府の合法性」を維持することを重視した。ジェムとゴ・ジン・ニューの死について、真相究明が急がれたのも、承認に踏み切る条件づくりのためだった。

第四に、国民の支持。人々が政変に喜びをあらわにしていることが、中南米と南ベトナムの大きな違いだ。だから「中南米の将軍たちも、同じように国民の支持があることを誇示すればうまくいくだろう」。これがバンディの「なかば冗談めかした」処方箋だった。

第五に、前政府の欠陥。ジェム政府下での「抑圧、国民の支持欠如、戦争を効率的に遂行し続ける能力の欠如、それどころか敵と交渉に入ることを望む気配」などである。

この時、アメリカの承認・不承認の基準を明確化すべきだとするCIAのベトナム作業班長クーパーに、かつてハーバード大教授だったバンディは、「私は外交史をよく知っており、政府がそんなことをしたら、ごたごたに巻き込まれるのは確実なことくらいはわかる。承認をめぐる対応は、状況次第で変わるからだ」と答えている。アメリカの利益からすれば、ご都合主義こそが正しい選択肢だった。つまるところ今回は、アメリカが「受け入れられる種類のクーデター」（バンディ）だったということである。

一一月二日、ラスクは南ベトナム承認の理由を全在外公館に説明した。第一に、ジェム政府の欠陥である。一族支配の道具に成り下がっていたこと。民衆の大多数だけでなく、政府内部や軍からも強い反対があったこと。共産主義者の破壊活動や侵略に対処する能力を失いつつあったこと。

第二に、新政府への期待である。前政府の抑圧政策を逆転し、明らかに民衆の広範な支持を得ていること。近い将来選挙によって、国民の意思を反映する政府への移行を目指していること。共産主義の侵略との戦いに国民が結集していること。憲法上ジェムの後継者たるべきト副大統領が指導者の中に参加していること。

マクジョージ・バンディ国家安全保障担当大統領補佐官によれば、「承認以外にも、さまざまな政府へのわが国の支持を示す政策を持つべき」だった。その一つとなるべきものが、援助再開である。

クーデターの際に頒布されたビラには、アメリカの援助倍増を受け入れ、フランス・イギリス・オーストラリア・西ドイツ（ドイツ連邦共和国）・日本・タイなど諸外国の援助も歓迎することが明記されていた。生活水準の向上が共産主義に対抗する力となるからだった。

チャン・トゥ・オアイ情報相は、民衆を「羊の群れ」にたとえた。「折にふれて慎重に食わせなければならない」からである。物不足のゆえに彼ら、とりわけ農民に不満が生じ、新政府の基盤やその対米関係に「政治的反動」が及ぶことなどあってはならなかった。

援助再開の条件

だが援助再開にはさまざまな条件がついた。第一に、デイビッド・ベル国際開発庁長官は、「たんに援助のスイッチを入れる」のではなく、その前に「援助に関する技術を改善させる機会を活用」すべきだとした。援助を垂れ流しのあげく、何も見返りが得られなかったジエム時代の愚を繰り返してはならない。

新政府がアメリカと共同で行うべきことは多かった。徴税体制の改善、選択的な増税、政府の非効率なやり方の是正、外国援助の使途の再検討、予算決定の仕組みの改善、非軍事分野の歳出削減、軍事予算の維持、戦時国債の発行、コメ・水産品・肥料などの価格管理、蓄積外貨の有効活用などである。

第二に、アメリカが相応の発言権を持つことが求められた。ブレント経済援助使節団長がホノルル会議で説明したように、大事なのは「影響力を保ちつつ、白紙小切手を与える印象を避ける」ことだった。援助は「アメリカが望む線に沿ったベトナム共和国の協力」と引き換えだった。ベルも、ベトナム側にも「資源を総動員させる」ことが重要だと力説した。ラスクはサイゴンにあて、「新政府に白紙小切手を与えるように見えるのを避けなければならない」と打電した。具体的には、アメリカが人材を派遣し、ベトナム人の経済専門家と一緒に問題解決に当たらせることが肝要だった。

第三に、タイミングも重要だった。ロッジ大使は、援助再開は急がず、ジェム政府が約束した国際的な義務を、新政府がしっかりと継承するかどうかを見きわめるべきだとした。

もう一つの支持表明

一一月二日、ラスクはロッジとブレントに、商品輸入援助計画と平和のための食糧計画、この二本柱の援助を再開する用意があること、新たな商品輸入援助として二〇〇〇万ドルが供与されることを伝えた。

平和のための食糧計画にもとづく、三カ月分の綿・小麦粉・ミルクの供給について、ベトナム側と交渉に入ること。一〇月に凍結された商品輸入援助一八五〇万ドル分のうち、まず五〇〇万ドル分を調達すること。サイゴンの水力発電プロジェクトなど、中断された諸計画を再開すること。これらも認められた。小麦粉やコンデンスミルクはすぐに供給された。新政府は、一〇月末以来の乳製品販売制限を撤廃した。

両国間に協定が成立すれば、二カ月足らずで物資がサイゴンに到着する見込みだった。しかし南ベトナム国内の在庫は小麦粉が翌年一月半ば、ミルクが一月初めまでしか持たなかったから、悠長にしてはいられなかった。ミルクや小麦粉の供給には「政治的に重要な意味」(ラスク)があった。

国務省は、新たに権力を握った軍事革命評議会が「活力をもって戦争を遂行することにコミットしており、軍事面だけでなく非軍事面でも闘いを再活性化するだろう」と期待した。援助再開はその「努力をできる範囲で可能な限り努力を支援したい」という熱意の表れだった。

一一月九日、アメリカ政府は商品輸入援助の再開を声明した。援助供給も、共産主義との戦いを進めるうえで経済的問題にどう対処するかなどの検討も、それ以前と同じやり方で進められることになった。その後もベトナム側は「賢明な援助と確固たる支持」（グエン・ゴク・ト首相）を求め続けた。ブレントは、政府運営方法の改善、できるだけ早い時期の戦争勝利と並んで、最大限アメリカの援助を受け取ることが将軍たちの目的だと指摘した。それは新政府の脆弱さの表れでもあった。

経済回復の徴候

クーデター後、多くの省で社会・経済的な改善の報告があった。両国共同で地方開発計画を担当するチームは各地で成果を上げており、ベトナム側の熱意もますます高まっている。雨季や洪水による被害も見受けられるが、コメやトウモロコシなどの収穫は上々だ。ある経済援助使節団員がホノルル会議に報告したところによれば、一九六〇年に八八〇〇万ドルだった外貨獲得は、六一年に七〇〇〇万ドル、六二年に四七〇〇万ドルと激減した。コメやゴムの国際価格低落、南ベトナムの洪水などがその理由だった。しかしコメ輸出が再び軌道に乗ると、外貨獲得に弾みがついた。一九六三年には八〇〇〇万ドル、二年後には九五〇〇万ドルが見込まれた。

もう一つの経済力の指標であるコメについて、ブレントは、一九六三年のコメ輸出量を三〇万トンと見積もり、来年は種籾や肥料の改良などによって三割ほど増大するとの見込みを明らかにした。南ベトナムは「世界で最も豊かな稲作地域」（ロッジ）となりうる、期待の地だった。

インフレも心配したほどではなく、輸入品の物価も安定していた。砂糖、肥料、鉄鉱石、鉄鋼、化学製品などは価格低落の傾向を示し、米価をはじめ国内向け商品の価格も安定を見せていた。経済全体がどうやらクーデター以前に戻りつつあり、その前途は明るかった。少なくともアメリカ人にはそう見えた。

5　波乱含みの旅立ち

わき起こる不安

一一月二〇日のホノルル会議は、ケネディ政権のベトナム政策関係者による、最後の包括的な協議の場となった。この時マクナマラ国防長官は、クーデター以降見受けられる「ある種の多幸症」に不安を表明した。クーデターからほぼ二カ月後、かつて共産主義者のベトナム侵略を告発する白書を作成したジョーデンは、上司のハリマン政治担当国務次官に、間違いの根本が、「ジェム＝ニューの統治が終わりさえすれば、問題はすべて解決されると考える人々があまりにも多すぎた」ことにあると指摘した。

だが実は、クーデター直後のワシントンには「喜びなどまったくなかった」と、国務省極東局のカッテンバーグは述懐する。たとえば一一月二日朝の国家安全保障会議は、「冷静な、陰鬱ともいえる」雰囲気だったと、ＣＩＡの極東担当だったコルビーはいう。クーデター直後の、あるＣＩＡ報告にいう「試運転期」の段階ですでに、サイゴンにも、サイゴンとワシントンの間にも、次々と困難が生じていたからである。

戦争遂行を阻害していたはずの政府が消滅した後も、「ベトナム戦争早期終結の見通しはまるでなかった」と、セオドア・ソレンセン大統領特別顧問はいう。統合参謀本部で反乱鎮圧を担当していた、海兵隊のビクター・クルラック将軍や、マッコーンＣＩＡ長官らは、軍政府のもとで今後事態が改善される可能性は、せいぜい「五分五分」だと見ていた。ゴ・ジン・ジェムよりましな指導者が見つかる可能性は、「せいぜい運しだい」のようだった。だがマクナマラや、『ニューヨーク・ヘラルド・トリビューン』のヒギンズ記者によれば、結果的にはそれでも「楽観的すぎた」のである。

ウィリアム・バンディ国防次官補は、「途方もない情報の真空」を指摘している。ロッジ大使が伝えたように、「あらゆる面で政治状況が変わった」ことからすれば、事態把握の困難もやむをえまい。しかし、クーデターから二週間たってなお、マッコーンが「ベトナム情勢を評価するのはむずかしい」と述べたとすれば、問題は小さくなかった。

馬脚現した将軍たち

不安の源は、統治の主役たる将軍たちにあった。ケネディは一一月四日、ホワイトハウスの秘密録音テープにこう吹き込んでいる。「いまや問題は、将軍たちが団結を保ち、安定した政府をつくれるか、それともサイゴンが——サイゴンの世論や知識人や学生などにとって——そう遠くない将来に抑圧的、非民主的な政府になってしまうかだ」。

彼は、一九六〇年大統領選挙でも頼った世論調査専門家ルイス・ハリスに、こう漏らした。「ジェムが間違っていたことは確かだが、それと同程度には将軍たちが正しいのだと、もっと確信できるといいのだが」。

マクジョージ・バンディ国家安全保障担当大統領補佐官は「軍政府が今後どのような道をたどるかを述べるのは時期尚早」だとした。だが、「将軍たちの連合体が長持ちしないことは、明白かもしれない」と率直に語った。

サイゴンの大使館員は、ベトナムの今後について一つの賭けを行っていた。選択肢は三つ。共産主義者が一八カ月以内に南ベトナムを支配する。彼らと戦うために米軍、それも戦闘部隊が一年以内に投入される。将軍たちが分裂のあげく、六カ月以内に再度クーデターに踏み切る。

メクリン広報担当参事官がいうように、ジェム政府崩壊でベトナム人が示した歓喜は、「民衆の忠誠心を共産主義者と競い合う厳しい闘いのさなか」にあるこの国で、アメリカがそれまで民心掌握にどれほど失敗を積み重ねてきたかという「憂鬱な証拠」にほかならなかった。しかも、その「ブームはすぐにすり切れてしまった」のだとラスク国務長官はいう。

クーデターゆえのやむをえない事情もあったかもしれない。たとえば新政府には、土地改革再活性化の期待が寄せられた。しかし、たとえ彼らがその決意だったとしても、混乱の中で過去の土地所有記録が破棄されてしまっていた。すべては一からやり直さなければならなかった。

だが実際には、ロッジが土地改革の話を持ち出した時、ファム・ダン・ラム外相は、たいして重要な問題ではないといわんばかりだった。アメリカ側にはさぞ強烈な既視感《デジャブ》があったことだろう。

あるベトナム人によれば、新政府の登場は「人の変化ではあっても、政府の交替ではまったくなく、まして革命的変革などではない」と民衆は感じていた。一一月二〇日のホノルル会議で、地方住民はこれまでと変わらず政府に無関心だとハーキンズ軍事援助司令官は報告した。ロッジは、大多数の人々が自分たちの生活がどう変わるかだけを注視していると述べた。さまざまな政治勢力は、将軍たちのお手並み拝見という様子だった。

新政府には政治的基盤が欠落していた。国民の間に「深く根づいた人気」がないことも、「統治技術」に欠けていることも、将軍たちはジェムと同じだったとソレンセンはいう。クーデター直後、フランスのシャルル・ドゴール大統領はパリで、チャールズ・ボーレン米大使に、新政府がこれまで以上に戦争に努力を傾注せざるをえず、それがジェム政府の場合と同様に、国民の不人気を招くだろうと予見した。

同情の余地もあった。新政府の指導者たちは「考えていたより大きな困難」に直面していた。「輝ける新時代」への期待が、あまりに膨らみすぎていたこともあった。

怠惰と無能

だがそれ以上に、東南アジア各地を取材した経験豊かな記者ロバート・シャプレンにいわせれば、ズオン・バン・ミン将軍に「悲しむべきほどに能力がない」ことは、日を追うごとに明らかになった。CIAのベトナム作業班を率いたクーパーは、この「政治の心得も行政能力も、哀れなほど欠けた」人物にすっかり愛想を尽かした。

ＣＩＡのコルビーはミンをこうこき下ろしている。「たとえその機会が与えられたところで権力を掌握も行使もできない」人物。「国家も他の将軍たちもリードする力も英知もない」人物。「物事を引き受けるのに必要な指導力を発揮する意志を示さず、一連の説明会や会議で仲間の将軍たちといつも相談したがり、何一つ決定を下せなかった」人物。

早くも一一月四日、ミンが「疲労し、いくぶんへとへと」になっている様子に接したロッジは、「彼が物事を率いるだけの強さを保てるか」に、疑問を禁じえなかった。結局ミンは「この国を失速の果てに墜落させ、ベトコンに利益をもたらした」（メクリン）だけだった。

一一月末、国際ジャーナリスト、大森実が現地でミンと会見している。だが、「次々に繰り出した私の質問に対し、将軍はまるで空虚な返事しか出来ず、革命でゴ政権を倒したことだけが精一ぱいで、ベトコンに対する負け戦をどうして立て直し、離反した地方農民の心をどうして中央に引き戻すか、何一つ具体策を持ち合わせていなかった」。

弱体な軍政府

ミン一人ではない。軍政府全体が「弱く、優柔不断で、統治能力がない」（コルビー）ことが判明するのに、さほど時間はかからなかった。政策も決断力もなく、今後何をなすべきか、その「糸口」さえ摑めていないようだと、トンプソン英軍事顧問団長も憂慮した。

マクナマラ国防長官はいう。ジェムの後継者たちは「無能で、手に負えなかった」。彼らは政府の運営という未経験の仕事に取り組まなくてはならなかった。彼らは宣伝の重要性すらろくにわかっていなかった。行政官としての才を示すこともなかった。共通の理想も、政策も、計画も、定見もなかった。どうしたらよいか何も知らなかった。

一二人を数える軍事革命評議会メンバーのうち、「いったい誰が本当に政府を動かしているのか、誰も知らなかった」と、クーデター直後に現地を訪れたシャプレン記者は述べている。一一月二〇日、ホノルル会議の時点でも、まだ「真の権力と影響力がどこにあるのか」（ロッジ）は明瞭ではなかった。

こうした見方には、まずいことすべてをベトナム人に帰す、アメリカ流の考え方が反映されているかもしれない。だが新政府に加わったグエン・カオ・キでさえ、のちに「ジェム打倒クーデターを組織した連中は、たしかにライバルを葬り去る陰謀には長けていたかも知れないが、といって彼らが国家を指導するにたるほど優れていることにはならない」という事実を指摘している。もちろんその中に、彼自身も含まれていた。

騒擾の残り火

政府交替は、仏教徒問題の消滅を意味しなかった。今度は、新政府のもとで立場を強めた仏教徒と、政府の庇護を失ったカトリックとの間に反目が拡がった。仏教徒による報復を心配する声、新政府が今度は反カトリック政策に乗り出すのではと怯える声もあった。

ロッジは新政府のファム・ダン・ラム外相に、仏教徒がいささかでも「反キリスト教」的に見える行動に出ないよう訴えた。トン・タト・ジン内相やチャン・バン・ドン国防相にも、「いかなるものであれベトナムで絶対に宗教摩擦を起こさない」ことが大事だとし、反キリスト教的風潮が出現すれば、「筆舌に尽くしがたいほどの災厄」がもたらされると警告した。

新指導者たちも、カトリックを刺激することや、宗教問題を再燃させることは避けたいと考えていた。彼らは、急進派仏教指導者ティック・チ・クァンが、「宗教の自由を象徴する仏教徒顧問」として政府に参加するよう望んだ。だが彼はクーデターから数日を経ずして、軍政府に批判的になった。

ブレント経済援助使節団長によれば、新政府は学生たちを「建設的な勢力」に育て上げようと目論んだ。しかし学生が「明確な政治目的を持った組織に変わりつつある」ことからすれば、それは諸刃の剣だった。

自由な報道の実現も進まなかった。ジェムとゴ・ジン・ニューの死や、その遺体にまつわる記事には圧力がかかった。検閲を通さずに記事を掲載した新聞社が、兵士に襲われる事件もあった。ある新聞は紙面に空白欄を登場させて、意地を示した。

新政府は、無責任なあるいは不誠実な報道、扇動的な記事を批判し、一部の発行禁止さえ示唆した。親共産主義や親中立の報道は認めない、革命の精神や道徳に反する報道は許さないと頑強だった。まるでジェム時代の再現である。

報復の空気

早くも一一月二日、ジェム政府崩壊で一気に放出された喜びの感情が、南ベトナム国内に「報復の爆発」を生み出していることが報告された。ジアロン宮殿やジェム一族の財産は略奪の対象となった（のちに国家に没収された）。ニュー夫人の顔を模した、チュン・チャク（徴側）、チュン・ニ（徴弐）のいわゆるチュン姉妹像も破壊された。その首は人力車《シクロ》に載せられ、引き回しの目にあった。

学生は、前政府と関わりを持つ教職員や教育官僚の追放・解雇を声高に要求し、デモを繰り返した。教育機関の内部に潜む秘密警察の手先をあぶり出す動きも本格化した。

警察署が焼き打ちにあい、秘密警察長官は逮捕された。ニューが率いた共和国青年団は武装解除・解散を命じられた。ニュー夫人を指導者に仰いだ女性連帯運動の本部も焼かれ、荒らされた。特殊部隊司令官レ・クァン・トゥン大佐は早々と殺された。政府の御用新聞『タイムズ・オブ・ベトナム』本社は襲撃され、同紙は一一月一日を最後に二度と発行されなかった。

クーデター直後、恣意的な逮捕の憂き目に遭った人々は五〇〇人ほどに達した。とくに前政府の関係者が標的となった。クーデター直前に現地を視察したクレメント・ザブロッキ下院議員が批判したように、新政府は前政府と同様、検閲、秘密警察活動、追放、投獄、恣意的裁判など専制的手法に依存し、自由や民主主義を志向する改革をことごとく拒否した。それは「ジェムなしのジェム主義」と揶揄される。

一一月二〇日、ホノルルでロッジ大使は、将軍たちが恣意的な逮捕をなくすつもりだと説明した。ブレントは、新政府の治安相も警察長官も、「政府への恐怖と憎悪を終わらせなければならない」と認識していると請け合った。だがたとえそうした指示が実際に下ったとしても、警察機構の下位レベルまで徹底させるのは容易ではなかった。

官僚の大量追放

ロッジは「包括的公職追放」の挙に出ることのないよう、新政府の指導者たちを戒めた。少なくとも経験豊かで有能な人材、新政府に忠誠を誓った人材なら活用すべきだった。

だが閣僚は揃って辞表を提出した。グエン・ジン・トゥアン国務相やグエン・ルオン財務相ら何人かは、イタリア大使館に亡命を求めた。

官僚、たとえば日本やアメリカの県や州にあたる各省の知事は、大量に追放された。建前としては、省知事の処遇は「能力・忠誠心・高潔さ」を判断基準として決められた。だがズオン・バン・ミン将軍が認めたように、もし腐敗を問題にするのなら、「現実問題としては全員」を首にしなければならなかった。

ジェムに任命された省知事など、まったく信用できなかった。前政府の官僚を一掃しなければ、国民も承知しなかった。ミン将軍は経済援助使節団のルーファス・フィリップスに、見せしめに何人かの知事を銃殺刑に処するといった「血なまぐさい解決」を得々と披瀝した。

新政府は「過去の政策と完全に決別したことを強調するため」、省知事のほとんどを除去する心づもりだった。実施に、一九六三年末までに更迭された省知事は四二人のうち三〇人を超えた。

その代償は小さくなかった。『ニューヨーク・ヘラルド・トリビューン』のヒギンズ記者がいうように、「ジェム時代の痕跡をすべて消し去ろうと、片舷傾斜《カリーニング》による航行」（船が一方に傾いて甲板をきれいにすること）を試みたことが、地方全体を大混乱に陥れてしまう。

新政府のもとで、「過去の罪と過ち」を暴き立て、「ジェム＝ニュー政府の悪を是正する」ことに活力が注入された結果は、あまりに無残だった。怯える人々は事なかれ主義に徹した。「政権崩壊に続く追放によって、ベトナムは、文民政権のほとんど全機能を失ってしまった」と、のちにベトナム和平実現に尽力したヘンリー・キッシンジャーは批判する。「政府の組織も破壊された——省知事やら郡長やら、すべての組織が駄目になったのだ」と、一九五〇年代にジェム擁立に関わったエドワード・ランズデールものちに怒りをぶちまけている。

機能障害に陥る

文民、軍人を問わず「省レベルで責任ある地位を担える資質を備えた人材の払底」が問題だった。不慣れな土地に派遣された新知事は、ただでさえ容易ならぬ現状をさらに複雑にした。「不安と不作為」（ロッジ）のあげく、ほとんどの計画が止まった。

中央官庁も、「組織的、官僚的、政治的ジャングル」と化した。上から下まで相次ぐ交替人事は、「戦争遂行の努力にかろうじて残されていた勢いと士気をさらに損ない、共産側をさらに利した」（ソレンセン大統領特別顧問）にすぎなかった。

それなりに経験豊かなジェム期の官僚を追放した後、その穴をさらに埋めるのは容易ではなかった。懸念を禁じえないラスク国務長官は、この際前政府で働いた者を再び活用し、また「高度な専門家」をアメリカが提供してはどうかと示唆した。

二頭政治が災い

政府が機能不全に陥った一因は、ズオン・バン・ミンとグエン・ゴク・ト、二人の間に権力が分割されていることにあった。クーデターから一週間後、ファム・ダン・

ラム外相はロッジに、ミンを頭とする軍事革命評議会とトが長である臨時政府との関係が不明確で、閣僚たちも試行錯誤の毎日だと漏らしている。

テイラー統合参謀本部議長は、新政府の「余命は短い」だろうことを、ひしひしと感じていた。将軍たちの統治は「政治的観点からすれば出来の悪い」ものにしか見えなかったと、国家安全保障会議のフォレスタルはいう。グエン・カオ・キ将軍はのちに、ジェムを倒した後の混乱について「フランス式の独立」から「アメリカ式の独立」への移行過程があまりに急速で、統治方法を学ぶ時間が足りなかったのだと言い訳している。

ジェムが倒れても「事態は何一つ改善されなかった」と、クラインCIA情報担当副長官はいう。「唯一の目に見える改善」は、ナイトクラブでおおっぴらに踊れるようになったことだけだったと語るのは、ゲリラ戦専門家であるトンプソン英軍事顧問団長である。

ヒギンズ記者は、アメリカの「二重基準」を手厳しく批判している。あれだけジェムに辛く当たったアメリカが、同じように欠陥だらけのミン政府に対しては沈黙を守る理由が、彼女にはまったく理解できなかったからである。

民政化への隘路

一一月一日、ズオン・バン・ミン将軍は、「可能なら二〜三日以内に」文民に権力を渡し、「一週間以内」に文民支配が形を整えるよう尽力すると語っていた。レ・バン・キム将軍は「文民指導者への迅速な移譲」を実現すると述べた。チャン・バン・ドン将軍は「明確な憲法ができたらすぐに」政府を交替すべきだとした。

軍事革命評議会は一一月六日の記者会見で、「将来、真の民主主義を確立し、新政府を選ぶこと」こそ臨時政府の役目だとした。一八日、ミンは経済援助使節団のフィリップスに、省知事や郡長なども「もし本当にそうできれば」全員文民に替えたいとさえ語った。

一一月二〇日、サイゴンに賢人会議が新設された。解散された国会に代わって幅広い分野で臨時政府の諮問に答える機関である。軍事革命評議会と協力して、憲法制定や国会選挙などに関与するはずだった。

賢人会議は総勢一一八人。軍事革命評議会が任命する者に加え、宗教関係者（カトリックから三人、仏教徒から三人、土着宗教であるホアハオから一人、同じくカオダイから一人、プロテスタントから一人）、各職種、労組、専門家、著名人、各省・都市の代表などが参集した。憲法、土地改革、私有財産、社会・文化、民主的自由などの委員会が設けられた。

ラスクは早くも一一月一日の正午頃、フルブライト上院外交委員長に、将軍たちが「二一～三日中には」全面的な文民政府への権力移譲を考えていると伝えている。五日、上院外交委員会でラスクは、新政府が持つ「文民優越」の特質とその今後に期待を表明した。

ただしCIAは一一月二日、「彼らが望んでいたほど早急には」民政移行は無理だと指摘している。どう少なく見積もっても、自由選挙による新政府形成までには三～五カ月、ないし六カ月以上かかると思われた。チャン・バン・ドンとレ・バン・キムはロッジに「六カ月かそれ以上」、ただし「二年ということはないのは確か」だと語った。ホワイトハウスのマクジョージ・バンディ国家安全保障担当大統領補佐官や彼の部下であるフォレスタルは「数カ月」程度、軍政府で我慢するつもりだった。

しかも将軍たちは「組織づくりという産みの苦しみ」（ハーキンズ）のさなかにあった。いや、むしろ彼らは「途方に暮れて」いる様子だった。一一月八日、ファム・ダン・ラム外相はロッジに、選挙実施・民政移行までどれほどかかるか「まったくわからない」が、「原則として、戦争遂行の成功と歩調を合わせながらできる限り短く」したいと語った。

権力の味

民政化への第一歩となるべき臨時政府樹立にもかかわらず、権力は「一時的に」軍事革命評議会の手にあった。政府は国防・国内治安・司法など「鍵となる閣僚」を手にした「軍の支配下」にあった。国家を運営しているのは軍だと報じられた。その議長としてズオン・バン・ミンが行政・立法の全権を握っていた。つまり新政府とは『タイム』のいう「ミン株式会社」そのものだった。将軍たちを支配する第一人者は彼だと、CIAの報告も認めていた。

首相に就任したグエン・ゴク・トは「無意味な存在」でしかなかった。彼は一九六三年以降、「無視され、ますます苦々しい存在となって生きることを許された」にすぎないと、国務省極東局のカッテンバーグはいっている。

軍事革命評議会がほとんどコーチシナ人で占められてしまい、必ずしも南ベトナム国内の幅広い勢力を代表していないことには、批判もあった。だが彼らは、国民の間に支持を拡げられるような人材、つまり潜在的なライバルを政府に入れようとしなかった。

その親仏的傾向にも不満がくすぶっていた。チャン・バン・ドンやレ・バン・キムなどはれっきとしたフランス市民だった。政府に残った官僚も、多くがフランス植民地統治時代からの生き残りだった。たとえば賢人会議創設の布告はト首相みずから文案を作成したものだった。だが、まるで「フランス植民地のような調子」に批判が集中した。

内部抗争への号砲

クーデター後「ほとんどすぐに」(グエン・カオ・キ)彼らの内部抗争が始まった。

CIAは一一月四日、将軍たちが、「ますます大きな困難」に直面しつつあると分析している。その原因は入閣すべき文民どうしの「口論」と、文民と将軍たちとの「不和」にあった。

フランス式の訓練教育を受けた人々と、アメリカ式で育った人々との対立も、徐々に表面化した。前者の代表がズオン・バン・ミンやレ・バン・キム、後者のそれがチャン・ティエン・キエムやグエン・

バン・チュウである。

メクリン広報担当参事官によれば、軍事革命評議会に結集した人々は、「嫉妬心、対立する動機、個人的野心によってばらばらに引き裂かれた」連中だった。彼らが「戦争遂行」よりも「個人的野心」を優先するさまに、ラスクは激しい憤りをおぼえた。

一一月二〇日、ホノルル会議でロッジは、「今後六カ月、将軍たちの間で深刻な不和が生じることなく切り抜けられれば幸運」だと認めた。マクジョージ・バンディ国家安全保障担当大統領補佐官はケネディ暗殺当日の朝、新政府が「いかなる路線をたどるのかまだわからないが、明らかに将軍たちの連合が長続きしない可能性がある」と語った。

ラスクの関心は「将来、将軍どうしの内部分裂を、アメリカが防げるような手だてがあるかどうか」にあった。ロッジがもたらしたのは、「彼らの国にとって何が最善だとアメリカが考えているかを、彼らに確実に理解させる」のがよいとの託宣だった。ケネディ暗殺の二日前である。

一一月二五日、ケネディの葬儀に、主だった将軍たちは誰一人参列しようとしなかった。サイゴンを出たが最後、自分がどう処遇されるかわからなかったからである。

対米依存は続く

将軍たちがぞろぞろ大使館を訪れれば、「彼らが司令部に出頭するような、間違った印象」を内外に与えてしまうことくらい、初めからわかっていた。だが実際には案の定、クーデター成功直後、彼らはご機嫌伺いよろしく大使館に雁首を揃えてやって来た。「やあ、親分、仕事はうまくやったでしょう」といわんばかりの調子だったと描写されている。

彼らを出迎えたロッジは、「きわめて熱狂的」な態度で祝意を表したと、チャン・バン・ドン将軍は回顧している。ロッジは彼らに優雅な晩餐会を提供した。「まるで何年も一緒にやってきたような」（メクリン）雰囲気だった。

将軍たちが行動を起こす前に心底求めていたのは、「事後」のアメリカによる支援である。『タイム』によれば、いまやズオン・バン・ミン将軍は誰はばかることなく、「ワシントンの子分」となることができた。ミンは「サイゴンのアメリカ人に、山ほど政治的助言を求めていた」と経済援助使節団のフィリップスはいう。

ファム・ダン・ラム外相はロッジに、「今後もアメリカの助言と支援が続くことを懇願」した。グエン・ゴク・ト新首相はフィリップスに、「アメリカ人は、みずからが信じる民主主義の原理のために立ち上がらなくてはならない。われわれの行動がわが国民の役に立つよう、彼らに害を与えることのないよう、つねに働きかけなければならない」と、まるで自分たちの頭で考えることを放棄したかのような物言いだった。

クーデター後、現地を訪れたCIAのコルビー（元CIAサイゴン支局長）の目には、新政府は「国家運営と戦争遂行の努力回復という責任を前に打ちひしがれているよう」に見えた。物事の進め方を見せてくれ。それどころか代わりにやってくれ。彼らは、アメリカ人にしきりに求める様子だった。いわば、「彼らがその中で育った、フランス植民地主義的手法の最善のもの」が必要だったのである。

アメリカの側も、「ベトナム国民の支援者、助言者、友人」たる役割を積極的に演じようとしていた。ケネディはロッジに、「この新しい政府が効率的存在になるのを全力を上げて助ける責任」があるとし、とりわけ今後数週間が重要だと伝えた。

資金枯渇を回避　南ベトナム政府は、軍事支出が国民所得のほぼ四分の一に達し、その歳入をうわまわる状態だった。一九六四年にこれまでどおり援助を与えてもなお、ほぼ一億ドルに相当する赤字が計上される見込みだった。

一一月二〇日、ホノルル会議でベル国際開発庁長官は、南ベトナムが「非常に困難で危険な経済情勢」

にあり、「戦争遂行の努力全体にとって極めて深刻」な事態がもたらされかねないとの危惧を表明した。彼は、次の一年が「戦争中で最も激しい行動の年」になろうと指摘、そのためにはより多くの資金が求められると断言した。

といって急激な資金供給を行えばインフレを激化させ、かえって「現政府が生き残れない」（マクナマラ国防長官）可能性もあった。増税や緊縮予算を押しつけるのも、得策とは思えなかった。

南ベトナムはいまや、「戦争勝利に必要な資金が枯渇する崖っぷち」にあった。新政府が財政難という「政治的爆薬を詰めた樽の上」に乗っている以上、十分な資金を確保することが重要だとマクナマラは主張した。これが「慎重に見守るべき、きわめて重大な問題」だという点で、ベルもマクナマラも一致した。

一一月二〇日、ケネディ政権最後のホノルル会議が明らかにしたのは、戦争にせよ国民生活にせよ、資金不足がありとあらゆる計画を危険にさらしてしまうこと、つまり経済・財政問題の解決が緊急の重要課題だということ、アメリカがその解決に乗り出さなくてはならないということだった。ロッジもブレント経済援助使節団長も、経済改善の鍵としてジェム期と同程度の援助が必要だと訴えた。

終わった問題のはずが

実際にアメリカはさまざまな助言を与えた。国民の支持を糾合すべく農業、公衆衛生、教育など多岐にわたる分野で成果を上げさせようと働きかけた。だがそれは新政府の「行政能力を超えていた」ことが判明した。たとえ彼らがそうしたいと思っても、諸政策を「実行する筋肉がなかった」のだとラスク国務長官はいう。

ある時、ロッジは並みいる将軍たちに向かって、「将軍諸君が政治問題に弱いことはわかっている。私が足しげくあなたたちと会って、私の豊かな経験を活用してもらうようにすれば、あなたたちを助けてあげられると思う」と語った。「将軍といえども政治を学ぶ能力はある」証拠として、彼らを大統領就任直後のアイゼンハワー（第二次世界大戦で連合軍総司令官として、ノルマンディー上陸作戦を率いた）になぞらえることさえした。こうしたいかにも保護者然とした態度が、ベトナム側にどう響いたかは想像に難くない。

一一月六日、ケネディはロッジに、「もし新政府が混乱と内部の陰謀を抑制することができ、その活力を共産主義者との競い合いに勝利をおさめるという本当の問題に集中でき、自国民の信頼を維持できれば、重大な試験に立ち向かい、合格したということになる」と伝えた。だが新政府も、そしてアメリカも、試験に合格できそうになかった。

それでも、ワシントンの関心は「日常生活が戻るにつれ、サイゴンからよそに移っていった」とテイラー統合参謀本部議長はいう。八日、国家安全保障会議のフォレスタルは、マクジョージ・バンディ国家安全保障担当大統領補佐官に、「過去数週間にわたってわれわれは南ベトナムにおける問題につきまとわれてきた」と書き送っている。大事なのはカンボジア、マレーシア、フィリピン、インドネシア、ラオス、韓国、日本などだ。ベトナムなど過去の問題扱いだった。

ジェム政府崩壊は、アメリカにベトナム政策の再検討を迫った。またそうする絶好の機会でもあった。だが国務省極東局のカッテンバーグによれば、実際には、ジェムがなぜ国民の支持を失ったかという慎重な分析も、ジェム後の政治指導者たちの特質の検証も、ベトナムにおけるアメリカの利益とは何かという再検討も、まるで行われなかった。

凶弾に倒れる直前のケネディ大統領
（1963年11月22日，ダラスにて）（AFP＝時事）

一九六三年一一月二二日、テキサス州フォートワースでの朝食会に臨んだケネディは、「アメリカなしでは南ベトナムは一夜にして崩壊する」という、苦い事実を認めなければならなかった。その数時間後、彼がダラスで兇弾に倒れた瞬間にも、ベトナムは依然として「きわめて苛立ちの種となる懸念」（ソレンセン大統領特別顧問）の対象だった。その先には、いっそうの政治的混沌と軍事的泥沼がアメリカを待ち構えていた。アメリカは南ベトナムの国内政治という戦場で、味方であるはずのベトナム人を相手に、一敗地にまみれたのである。

終章　無力な超大国

1　弱腰の理由

ジェムを動かせ

ベトナム戦争の代名詞的存在となったロバート・マクナマラ国防長官は、一九六〇年代中頃以降のベトナム政策について、アメリカが「政治的流砂という基礎の上に、勝利を目指す軍事的努力を計画」したのだと述べている。だがその言葉は、ベトナム戦争本格化以前にこの世を去ったジョン・F・ケネディ大統領の場合にも、そのまま当てはまった。

仏教徒危機という形をとって、ゴ・ジン・ジェム大統領やその弟ゴ・ジン・ニューらの統治への不満が噴出した南ベトナム（ベトナム共和国）。ケネディはそこで、「もともと不安定な基礎の上に、大規模な努力をじょじょに構築する」（マクナマラ）ことしかできなかった。

もちろんケネディ政権は、「ただじっと座って、ジェムの反仏教徒政策の操り人形にとどまることはしない」（ロジャー・ヒルズマン極東担当国務次官補）決意だった。だが困ったことに、国家安全保障会議（NSC）のマイケル・フォレスタルにいわせれば、アメリカが求める方向にジェムを動かすための手段が、「当時まったく存在しなかった」のである。

CIA（中央情報局）サイゴン支局長サイゴン支局長の経験を持ち、その後ワシントンで極東を担当していたウィリアム・コルビーによれば、「敵としての圧力」ではなく「友人としての説得」。フレデリック・ノルティング大使にいわせれば、「助言と説得」。これがジェムを変える武器だった。圧力をかけるにしても、「ジェム大統領の民族主義を阻害しない形で」なくてはならない。アメリカがジェムの「腕をねじ曲げる印象」を与えてしまえば、敵の思う壺になる。

アメもムチも無駄

サイゴンの大使館で広報を担当したジョン・メクリン参事官によれば、アメリカはジェム擁立以来、特使および大使が代わるごとに、強硬な圧力路線と柔軟な説得路線を切り換えて用いてきた。

一九五四～五五年　強硬路線（ロートン・コリンズ特使を派遣）
一九五五～五七年　柔軟路線（フレデリック・ラインハート大使）
一九五七～六一年　強硬路線（エルブリッジ・ダーブロウ大使）
一九六一～六三年八月　柔軟路線（フレデリック・ノルティング大使）
一九六三年八～一一月　強硬路線（ヘンリー・キャボット・ロッジ大使）

だがアメとムチ、そのいずれも役に立たなかった。「忍耐も外交も使い果たした」（ノルティング）アメリカが最後にたどり着いたのが、援助停止という強烈な制裁措置だった。

力ずくでジェムを変えようとしたアメリカの「信号」だったが、「ほとんど効果はなかった」とディーン・ラスク国務長官はいう。国家安全保障会議のロバート・コーマーによれば、それは南ベトナムの権力者との交渉という「不毛な出来事」の長い歴史に、新たな一ページを加えたにすぎなかった。

ジェムを支え続けたノルティングは、内政「不干渉原則のまさに中核部分」を犯すような圧力戦術に批判的だった。『ニューヨーク・ヘラルド・トリビューン』のマーガレット・ヒギンズ記者も、無用な圧力がただの「嵐」を「政治的暴風雨」に変えてしまったと嘆いた。

ジェム擁護派とはいえないヒルズマンは、国務省情報調査局長時代の一九六二年初め、「改革を求めて圧迫をかけすぎた」ことへの反省を口にした。経済援助使節団（USOM）のルーファス・フィリップスはのちに、ジェムの欠点は「説得によって変えられたはず」だったのに、アメリカ側が「強制によって変化を導こうとした」と振り返った。メクリンも、アメリカがジェム政府を「あまりにも押しすぎた」か、「間違った方向」に、そして「間違った口調で」圧力をかけてしまった可能性を認めている。

逆に、ジェムを「もっと積極的に、われわれが求める方向に本当に押しやらなかった」ことを悔やむのがコーマーである。ウィリアム・バンディ国防次官補も、「もっと強く圧迫しなかったこと」が間違いだったと見る。「政府を改革に向けて動かすために実際にそうしたよりも、もっと多くをなすべきだった」と、大統領の弟ロバート・ケネディ司法長官もいう。

カトリックの耳に念仏

もともと「アメリカ人がジェムをどうにかできる余地などほとんどなかった」と、CIAでベトナム作業班を率いたチェスター・クーパーは述懐している。ベトナム「完全撤退の脅しをかける以外に、サイゴンで影響力のてこなどなかった」からである。

何を要求しても、ベトナム人が「やさしく微笑み、肩をすぼめれば、それでことは終わり」だったとジョージ・ボール国務次官は述懐する。コーマーにいわせれば、軍事援助顧問団（MAAG）が設置された一九五〇年から米軍が撤退する一九七三年まで、いつもそうだった。

アメリカ＝南ベトナム関係は、車の運転にたとえられたことがある。両者はたしかに同じ車に乗っていた。だが、どちらが運転するか。どこに向かうか。どの道を選ぶか。いさかいが絶えなかった。軍事援助司令部（MACV）を率いるポール・ハーキンズ司令官はノルティング大使に、「国務省は、ベトコンではなくむしろジェムを敵だとみなしているようだ」と漏らした。ベトコンとは南ベトナムの反政府勢力、民族解放戦線（NLF）の蔑称である。

一九六三年一〇月初め、アベレル・ハリマン政治担当国務次官を補佐するウィリアム・サリバンは、ヒルズマンに向かって、「ベトナムにおけるアメリカの究極目的」と「ジェム＝ニューの目的」の不一致を指摘した。同じ頃、ロッジもサイゴンから、「ジェムとニューが、われわれと同じ目的を抱いているとは想定できない」と悲観的だった。

ベトナムに限られない。九月半ば過ぎ、どこであろうと「私の知る限り、アメリカはこれまで、きわめて満足のいかない政府を、一度でも制御できた例しがない」とロッジはこぼしている。CIAのコルビーはのちに、将来同じような体験をする時には「わが国の敵」だけでなく「同盟国」についても研究しなければならないと、戒めの言葉を残した。

衛星国の衛星国

南ベトナム政府軍（ARVN）のチャン・バン・ドン将軍は、ジェム大統領が「アメリカの援助を得るためにアメリカの圧力に屈するべき」か、「彼らの計画を採用するのを拒否し、援助を失うべき」かというジレンマに直面していたという。ジェムは結局、後者を選ぶことになる。

UPI通信のニール・シーハン記者によれば、当時南ベトナムにいたアメリカ人は、アメリカ政府に反抗してばかりのジェムがアメリカの傀儡視されるのを、「ナンセンス」だと見ていた。アメリカは、中国の蔣介石《ジァン・ジェシ》や韓国の李承晩《イ・スンマン》の場合と同じく、ヒルズマンのいう「自国の『衛星諸国』の衛星国」、ボールのいう「わが国の操り人形の操り人形」たる地位に甘んじなければならなかった。ケネディは「わが国の支援がなければ一カ月も持たないような政府に、アメリカの国益を従属させる」（ロバート・ケネディ）愚を犯したのである。

勝利のためには、断固たる態度でジェム政府を動かさなくてはならない。だが戦争遂行のためには、彼らの意向に配慮しなくてはならない。大きな圧力にさらされない限り、ジェムは改革を実施しない。だが露骨な圧迫を加えれば、そっぽを向かれ、しかもジェムの立場を掘り崩してしまう。先に援助を与えれば、ジェムは改革の必要など感じない。だが援助を止めれば、状況が悪化してしまう。援助停止に効果があれば、南ベトナム国民の怒りを呼び起こす。だが効果がなければ、ジェム政府は何もしない。援助を続ければ、抑圧政策を支持することになる。だが援助を止めれば、この国を弱体化させ、反政府クーデターを刺激する。

冷戦心理が災い

カリブ海に浮かぶ島国ドミニカについて、ある時ケネディはこう漏らしている。「望ましいのは第一に、民主的政権。第二に、ラファエル・トルヒーヨの反共独裁政権の継続。第三に最も望ましくないのが、フィデル・カストロ政権、つまり反米共産国家の誕生。われわれは第一を目指すべきだが、第三が避けられると確信できない限り、第二を完全に排除できない」。大統領の弟ロバートも、カストロが「ドミニカ共和国を得れば、カリブ海すべてを維持するのがむずかしくなる」ことが大きな懸念だったと認めている。だから兄の政策とは「独裁を排除し、残忍な、非人間的な政府を除去すること、しかしそれが共産主義者に取って代わられるのは避けること」だった。

自由と民主主義を掲げ、共産主義との戦いに勝利を目指す。そのためとあらば、民主主義を犠牲にすることもやむをえない。たとえば中南米では、民主化を含むさまざまな改革が唱えられ、「進歩のための同盟」も設立された。だがキューバ革命輸出の脅威を前に、独裁への反対は抑えられることが多かった。

ベトナムも同じだった。現地の「政府が改革を拒否しても、われわれは援助を減らすことはできない。なぜならそうすれば戦争遂行の努力を阻害するからだといわれている」と、ロバート・ケネディはのちに述べている。ケネディの上院時代からの側近、セオドア・ソレンセン大統領特別顧問がいうように、「ジェム一族がアメリカがベトナムを共産主義にけっして明け渡すことができないと知る以上、改革に

だった」。

応じる意志などなかった」からである。ベトナムに限らず、「国家安全保障の必要から、わが国が独裁者を援助しなければならないことがあったし、とくに真の民主主義の用意ができていない新興国ではそうだった」。

救援投手はどこに

マックスウェル・テイラー統合参謀本部（JCS）議長の補佐官ワース・バグレーは、ケネディ政権が一九六一年以来軍事優先策をとったことについて、軍事面で成功をおさめさえすれば「のちにこれと並行する政治改革を実施するよう促すことが可能だという希望」があったとしている。まず勝利。民主化はその後で十分だということである。

民主主義とは、アメリカが発展途上世界で実現すべき究極目標だった。しかし同時にそれは共産主義を封じ込め、これに勝利するための手段の一つにすぎなかった。だから民主主義の不十分さは、むしろアメリカをいっそう介入に駆り立てた。ラスクは一九六三年四月、南ベトナムが十分民主的でないことを理由にアメリカの援助に疑念を呈する見方を、「無為無策の言い訳」として排除した。

しかもメクリンによれば、「すべてのチップをジェムに賭けていた」ところにこそ、アメリカの「疾患の根」があった。その結果、ジェム支持が「金科玉条」となったからである。

一九六二年二月、ケネディはジェムが「ああいう男だが、いまのところ、彼以上の者はいないよ」と漏らしている。八月、リンドン・ジョンソン副大統領の補佐官ハワード・バリスの表現によれば、「合理的な他の選択肢がない以上、アメリカは彼と一緒にやっていくことに決定した」のである。

ジェム排除が現実の問題として浮上した後でも、ノルティングは「飛びつく場所が見つからないうちは飛ばない」よう訴えた。マクナマラ国防長官は「水平線に新たな選択肢は見えない」と主張した。「もし私が野球チームの監督で、投手がたった一人しかいないとしたら、よい投手であろうとなかろうと、その投手をマウンドに立たせておくでしょう」とジョン・マッコーンCIA長官は論じた。

2　巨大な溝

文明の衝突

国防省国際安全保障局で極東を担当していたルーサー・ハインツによれば、アメリカは「わが国が受け継いできた民主的な遺産」と、ベトナム人の「専制的な遺産と数世紀に及ぶ生活様式」との「相互作用」に直面していた。いや、その中で苦悶していたというべきだろう。ボール国務次官にいわせれば、南ベトナムの民主化とは「つなぎになる藁もなく、使える粘土といえば目的にまったく合わないというのに、制度という煉瓦をつくる」ような、絶望的な仕事だった。たとえばアメリカと南ベトナムはともに大統領制をとるが、その実質たるや、ニューヨークの摩天楼とトタン屋根の小屋ほど違うとさえいわれた。

CIAのクーパーは、アメリカが「ベトナムのように、知識のうえでも地理のうえでも、遠い国の政治的将来を変えるすべをほとんど持たなかった」のだとしている。ヒギンズ記者のいう、「西洋たるワシントンと東洋たるサイゴンの心理ギャップ」は、思いのほか大きかった。アメリカがベトナムで経験したのは、のちにいう文明の衝突そのものだったと指摘されている。

国家安全保障会議のコーマーは、自分たちが現地の「状況の革命的力学、民衆にとってのベトコンの魅力、ゴ・ジン・ジェム政府の弱体、南ベトナムの伝統的エリート層の深刻な内部対立」などを、まるで理解できなかったと認めている。

たとえばベトナムの仏教徒のことなど、ほとんどワシントンの誰も知らなかった。仏教徒危機勃発直後、ケネディは側近のフォレスタルに向かってうめいた。「いったい全体、どうやってこんなことが起こったのだ？　これはどういう連中なのだ？　なぜわれわれは事前に彼らを知らなかったのだ？」。そこにはまさに悲劇的な響きがある。

一九六三年夏の終わり、ワシントンきってのベトナム通と異名をとった国務省極東局のポール・カッテンバーグは、ケネディ政権首脳がベトナムの風土や歴史を知らぬまま、大きな災厄に突進しようとしていると感じていた。ヒギンズ記者の目には、アメリカ人が互いに、その無知の度合いを競っているように見えた。

異文化理解の努力があだに

異質な社会を理解し、それを尊重する努力がなかったわけではない。だがそれは往々にして、事態を放置する口実を提供した。

低開発で、民主主義の伝統もなく、戦争で分断された国。それでも選挙が実施され、反対党の候補者の活動も認められ、国民に不人気な法案が取り下げられている。一九六二年初め、国務省のベトナム作業班長スターリング・コットレルは、情報調査局長だったヒルズマンに、南ベトナムの現状をこう称賛した。

それからほぼ一年後、ラスク国務長官は全在外公館に、「戦時にあり、分裂し、低開発で、二〇〇〇年に及ぶ専制の伝統を持つアジアの国」としては、南ベトナムの政治・経済・社会の進歩は、なかなかのものだとする評価を送った。彼は四月、一九四一年以来平和が訪れず、国民が政治への直接参加の経験を持たず、独立から一〇年に満たない国で、すでに四度も選挙が行われ、「人々の同意にもとづく立憲体制への着実な前進」が見受けられると、誇らしげだった。

たとえば独裁。ハーキンズ軍事援助司令官はジェム大統領を「善意の独裁者」と呼んだ。「彼の国では戦争が行われていたのだから、彼は独裁者にならねばならなかったのだ」。

あるいは一族支配。家族の絆や血縁、郷里や出身地のつながりが重視されるのはベトナムの伝統だ。儒教社会における伝統的支配階級として、一族依存は当然だ。ケネディ一族も同様ではないか。実際に、サイゴンの大使館員の中には、ジェムの弟ニューをケネディの弟になぞらえて、ロバートの愛称「ボビー」の名で呼ぶ者がいた。

もしくは選挙の不正。コルビーにいわせればそれは、アメリカのボストンやシカゴ、南部諸州で実際に行われているものと、たいして変わらなかった。一九六〇年大統領選挙でのケネディの勝利にも、イリノイ州での開票操作疑惑がつきまとっていた。

民主化など時期尚早

民主主義を導入しようにも、ベトナム人にとってそれは「一九五五年まで未経験」（ノルティング）のものだった。経済援助使節団のフィリップスは一九六二年半ば、こう論じた。成功には「人々の間に強固な政治的基盤」が必要だ。しかし「多くのベトナム人は、民主的な手続きの経験も、それに対する信頼もない」。一九六三年初め、ヒルズマンとフォレスタルの現地報告は、「議会制民主主義が存在しないことをベトナムの農民が気にするとか、それが彼らの戦争への態度に大きな影響を与えるとかいう点は、疑わしい」とした。

しかも南ベトナムは「巣立ちしたばかりの国」（マクナマラ国防長官）だった。国務省の見解でも、それは「戦いの一五年と植民地支配の八〇年の中から生まれた、新しい国」だった。ちなみにベトナム共和国の正式な建国は一九五五年である。

クーパーはその回顧録で、ジェム政府成立を扱った章を「国家ならざる国家の誕生」と題している。南ベトナムは「国家の体をなしたことなど一度もない」（コーマー）国だった。

しかも旅立ちの時点から、この国は「破綻国家」（マクナマラ）だった。一九五四年のジュネーブ協定によって人為的につくり出された、地域的にも政治的にも文化的にも民族的にも「信じがたいほど雑多な」（ノルティング）国家だった。

九月末、サイゴンを訪れたマクナマラは、現地をよく知るロンドン大学のパトリック・ハネー教授から、この国の現状で民主主義が機能すると考えるなど「間抜け」なことであり、たとえ別の政府を樹立したところで、同じことだろうと聞かされた。クーデター直前、ロッジは民主的選挙など「現実的だとは思えない」し、「この国はたんにまだそうした手続きを行う用意ができていない」のだとした。ロッジはのちにも、ベトナムのような国では、選挙で重要なことを決めるのがよいとは思われていないのだと、「東アジアの出来事をアメリカの出来事と同じ基準で判断する」愚を強く戒めた。

ベトナムだけではない。アレクシス・ジョンソン政治担当国務次官代理は一九六二年六月、発展途上国の多くは「代表制民主主義」を目標にしていないと、陸軍大学で語っている。

忍耐が肝要

ノルティングには、「アメリカ式の民主主義が実現するのは何年も先」に思えた。しかも、それが「そもそもベトナム国民に適合すればの話だが」と彼は付け加えている。要するに民主化は「漸進的」でなくてはならなかった。何もかも「一晩で実施するのは無理」だった。

ケネディは「わが国はあらゆるレベルの民主主義に対処しなければならない——中にはわが国で民主主義とみなされているものと大きな隔たりを持つものもある」と語ったことがある。ある政府高官は、「赤ん坊をいきなり風呂から出す」わけにはいかないと述べた。ハーキンズは、「東洋人を急かしてはならない」と警告した。

マクナマラが一〇月に上院外交委員会で述べたところでは、少なくとも民主主義の萌芽はすでに出現していた。とすればむやみに手を出すより、じっとその成長を見守るべきだと思われた。テイラー統合参謀本部議長は同じ場で、南北戦争時のアメリカを例に引いて、「戦時には独裁者が必要」だと語っている。南ベトナムのような「内戦のまっただなか」にある国に、「いわゆる普通の民主主義的な基準」を当てはめるのは現実的とは思えなかった。

ジエム政府が倒れて三週間近く後、ベトナム政策担当者が一堂に会したホノルル会議で、ロッジは「民主化や早期の選挙実施といった全面的な要求をいま行うことが賢明かどうか疑わしい」とした。しばらくは、「政治改革や早期の選挙を求めて、将軍たちに圧迫をかけすぎない」ことが望ましい。少なくとも「数カ月」は待つべきだ。

ロッジと犬猿の仲だったハーキンズも、「この種の政府交替後、物事が片づくまでには少々時間がかかる」ものだと同調した。マクナマラも、たとえ「最良の環境下であっても」、軍政府から文民政府への権力移行は「非常にむずかしい政治的作業」であり、とりわけ経済が不安定な状態では「ほとんど不可能だろう」と、最初からあきらめ顔だった。しかもジェム後に成立したズオン・バン・ミン政府はほどなく瓦壊してしまう。

虎の背にまたがった男

ハーキンズはベトナム戦争をアメリカ独立戦争に、ジェムをジョージ・ワシントンにたとえた。ジェム放逐に与したハリマン政治担当国務次官、ヒルズマン極東担当国務次官補、ロッジ大使といった面々でさえ、彼の勇気や愛国心は率直に認めている。だがその末路は哀れだった。ジェムのような愛国者は、殺されてしまう。グエン・バン・チュウのようなアメリカの傀儡は、国民からそっぽを向かれてしまう。ある元政府軍兵士は、のちにこう吐き捨てた。

ケネディは一九六一年一月の就任演説で、「愚かしくも虎の背にまたがって権力を得ようとした者が、結局は虎に食われてしまった」として、発展途上世界の指導者がソ連や中国の走狗となる愚を犯さないよう戒めた。だが彼がジェムに用意した道が、まさにそれだった。

亡命キューバ人を組織してキューバ侵攻作戦を行った、ピッグズ湾事件。カストロ暗殺を含む破壊活動をキューバで展開した、マングース作戦。北ベトナム（ベトナム民主共和国）を相手の隠密作戦。ラオス領内での秘密戦争。いつも同じだった。クーデターへの関与を含む内政干渉は、自由世界の指導者、世界秩序の護持者たるアメリカの当然の権利だった。

一九六三年八月末、ラスク国務長官から「ジェムを弟から切り離すことが可能かどうか」と聞かれたヒギンズ記者は、その傲慢さに愕然としたという。ジェムが信頼したチャン・バン・ジン駐米代理大使は、アメリカ人は「私の家にやってきて、新しい妻を娶るようにいえるのか?」と、反発を隠さなかった。

ロッジは、ジェムの悲劇につながったアメリカの行動が、けっして「植民地主義的」ではなかったと振り返った。外国の政府打倒に関与することがいかに植民地主義的行為か、それすら思いいたらなかったのである。

問題の根源

ヒルズマンは「クーデターの最終的な責任」はジェムにあるとしている。ある国務省高官はヒギンズ記者に、ジェムがアメリカの助言を聞かなかったせいだと語った。ロバート・ケネディは、「ジェムが最小限の譲歩すらしようとしなかった」ことがすべての原因だとした。

ケネディの側近ソレンセンは、ケネディが「人民に支持されない政権」という「最悪の選択」に行き当たってしまったことを心底悔やむ。一九六三年初秋、ジェムがまったくアメリカ側の言い分に耳を傾けなくなる以前に、政治・経済・社会分野の努力をもっと築かなかったことでケネディは自分を責めていた。だがつまるところ「遅すぎた」。ジェムは耳を傾けようとしなかった」のだとソレンセンはいう。

槍玉に挙げられたのはジェム一人ではない。アメリカがジェム打倒を決意せざるをえなかったのも、「ニューの言語道断な振る舞い」のせいだったと、国務省政策企画委員長となった元マサチューセッツ工科大学教授ウォルト・ロストウはいう。国家安全保障会議のフォレスタルは、もともと「なんとかなる程度のごたごた」を「制御不能のごたごた」にしてしまったのは、ジェムとニューの二人だったと非難した。ラスクものちに、この二人が「南ベトナムを破壊に導く政策」を追求したと指摘した。

最後まで「ニューや一族の他の者と手を切ろうとしなかったこと」が、ジェムの「最大の弱点」だったと、ジェム放逐に積極的に動いたハリマンは述懐する。メクリン広報担当参事官にいわせれば、ニュー夫妻こそジェム政府に死をもたらす、強烈な「毒薬」だった。

みずから擁立した権力者を大事に守るか。あっさりと捨てるか。それを決める基準は、アメリカの意に沿い、役に立つかどうかだった。国務省極東局のカッテンバーグは、その人物が「アジアのストロングマン」たりうるかどうかが問題だったという。南ベトナムの場合それは、民族解放戦線を相手とするゲリラ戦争を勝利に導けるかどうかだった。

決断の鍵

一九六三年八月、新大使ロッジが記者に語ったように、ケネディ政権はもはやジェム一族が「この戦争に不可欠だとは考えなくなって」いた。国民の心を摑めず、効率的に戦争を遂行できないと判断されるやいなや、ジェムとの関係は白紙に戻された。

ジェム打倒には、その統治の非効率、国民の信頼喪失などによって戦争敗北の可能性が高まったことが「決定的」だったと、クーデター直後にケネディはロッジに伝えた。ラスクはのちに、自分たちが直面した問題はジェムが「生き延びられるかどうか」だったと主張した。「ジェムに関する限り、状況が手に負えなくなった」こと、政府軍や国民の離反によって「彼はこれ以上国家を運営できない」と判断したことが事態を決めた。

マクナマラ国防長官が一九六四年一月に下院軍備委員会で述べたところによれば、一九六三年秋の時点で南ベトナムには二つの道が考えられた。第一は、「ジェムが抑圧措置を続け、権力を保ち、その結果国民の支持を失い、それが対ゲリラ作戦成功の基礎であることから軍事作戦に悪影響が及ぶ」事態。第二は、「彼が抑圧措置を続け、それが国民に大きな反発を生み、彼が放逐され、クーデターが生起し、その後の再編期で……不安定と不安が生じ、軍事作戦に悪影響が及ぶ」事態。アメリカはそのいずれかを選ばなければならなかった。

たしかに共産主義との戦いのさなかにクーデターを起こさせるなど、もともとが「絶望的な外科手術」だった。しかし、「ジェムとともに行動することの成功率はもっと低い」との判断があったとメクリンは言っている。皮肉なことに、ジェムの後継者ズオン・バン・ミン将軍も、それと変わらぬ理由で見捨てられた。

自業自得

要は自業自得だった。独裁を控え、弾圧を止め、腐敗を断ち、国民に寄りそうなど、ジェムは「いつでも事態を変えることができたはず」なのに、そうしなかったからである。ウィリアム・バンディ国防次官補は、ジェムが「天命」を失ったのだと、一言で片づけている。ロッジは一九六四年に上院外交委員会で、もしジェム政府があと一カ月よけいに続いていたら、ベトナム全土が共産化しただろうと論じた。CIAのベトナム作業班長クーパーは、ジェム統治下で「ベトナム情勢はいずれ悪化しただろう」と述懐している。

一九七〇年代に緊張緩和《デタント》の立役者となるヘンリー・キッシンジャーは、ケネディがクーデターを許したことに厳しい評価を下す一人である。だがそれでも、「ジェムと一緒では勝てないと判断した点だけ」は、ケネディ政権が正しかったとする。

ボール国務次官にいわせれば、そもそも南ベトナムは「軍隊はあっても、政府は存在しない国」だった。大使館のメクリンは、ジェム政府の本質が「影法師」だったという。メクリンは、アメリカが味わった挫折の原因を「類例のない、複雑な要因」の集合体に求めている。もちろんその中心に位置するのが「政府それ自体」だった。

ベトナム人という存在、あるいはベトナムという土地そのものも問題視された。カッテンバーグによれば、そこは「強力な政治構造が存在しない」国だった。アレクシス・ジョンソン政治担当国務次官代理は、ジェム個人の欠点と並んで「南ベトナムに固有の政治的未熟さ」が政情不安の原因だとした。バンディ国防次官補は、自分たちがもっと早く「南ベトナムの構造の大きな弱点」に気づくべきだった、そもそもそれは「支援に値しなかった」と断じた。

それは将来生かすべき教訓となった。ボールは「サイゴンの政治的弱さがわが国の軍事的効率を損ない、同時に選択もしくは行動の自由を奪った」とし、広範な政治基盤を欠くような国、それも戦略的にたいして重要でない国を相手にした介入を戒めた。かつてジェム擁立にもかかわったエドワード・ランズデールはのちに、次の機会にはアメリカが「こうした紛争の政治的基盤を忘れないよう望む」と述べた。

だがケネディ政権初期に国務次官を務めたチェスター・ボウルズ駐インド大使は一九六三年七月、一九四〇年代末の中国内戦における敗北を、大部分はアメリカが「国民から乖離した、無能な支配権力に対処する効果的手段を見つけられなかったせい」だと振り返った。彼は「もしこの過ちをベトナムで繰り返せば、東南アジアでも、おそらくより決定的な形で失敗することになろう」と警鐘を鳴らした。事態はそのとおりの展開を示したのである。

3　傲慢不遜な外交

言葉は謙虚だが

ソレンセン大統領特別顧問によれば、アメリカであろうがソ連であろうが、「世界の動きに影響を及ぼすことはできてもそれを支配、掌握する能力は持っていない」ことを、ケネディは知っていた。彼は「アメリカをモデルにつくられる世界を信じていなかった」のだと、大統領特別補佐官となった歴史学者アーサー・シュレジンガーはいう。

ケネディ自身の言葉を借りよう。「われわれは、アメリカは万能でも全知でもなく――われわれは世界全人口の六％にすぎない――われわれの意志を人類の残り九四％に押しつけられない――あらゆる悪を正すことも敵をねじ伏せることもできない――したがって世界のあらゆる問題にアメリカ式解決などありえないという事実に直面しなければならない」――一九六一年一一月一六日、シアトルのワシントン大学で。

アメリカが直面する「問題は私が思っていたよりも困難」であり、「そうした問題を解決するアメリカの能力には限りがある」――一九六二年一二月一七日、テレビ・ラジオのインタビューで。

アメリカは「あるがままの世界とやっていかなくてはならない」――一九六三年六月一〇日、アメリカン大学で。

たとえアメリカが援助を与えている場合でも、相手国に「何もかもわが国が思うような行動をとらせることは期待していない――できはしない。彼らには彼らなりの利害があり、個性があり、伝統がある。すべての人々をわれわれのイメージでやるわけにはいかない。われわれが抱くイメージに従いたくない人々も非常に多い」――一九六三年九月九日、NBCのインタビューで。

アメリカ人の病

だが現実には、ボールによれば、ケネディ政権は「傲慢という風土病」に冒されていた。世界恐慌を克服し、第二次世界大戦に勝利し、日本や西ドイツ（ドイツ連邦共和国）を再建し、冷戦では自由世界を率いてきたアメリカの経験がそうさせた。

一九六三年九月末、ロッジ大使は「アメリカの思想の力によってベトナムで難事業を成し遂げられるとすれば、世界中でのわが国の評判という点で素晴らしいことではないか」と、自信のほどを披瀝している。

マクナマラ国防長官も、自分たちが「人生の他の側面と同じく、国際問題ではすぐに解決できないような問題もあるのだということ」、そして「われわれはわが国民もその指導者も全能ではないこと」に気づかなかったと反省している。ケネディがベトナムで大々的に展開した反乱鎮圧戦略こそ、そうした傲慢さの反映であり、同時にそれが「外国に干渉する能力と権利とを信じるアメリカ人の信念を助長」（シュレジンガー）する結果となった。

シュレジンガーは、「ワシントンは当時、自由世界と呼ばれていた諸国が、アメリカを模範に自己改造することを期待していたし、モスクワはモスクワで、共産世界がソ連を見習ってくれることを期待していた」という。もともとアメリカには、「アメリカの模範によって世界を改革する」傾向があった。「他国の人々よりも自分たちのほうが、彼らにとって何がよいことかよく知っているという信念」も強かった。それがいつの間にか「みずからの好むところを押しつけるという無制限の政策」を生み出した。

テイラー統合参謀本部議長が振り返ったように、「不安定でおくれた政府の脆弱性にまつわる、平和への潜在的な脅威」は、冷戦の重大な問題だった。アメリカがその是正に乗り出すのは義務であり、権利だった。とりわけベトナムは、アメリカが好きなものを何でも描ける、まっさらな白紙も同然だったとロズウェル・ギルパトリック国防副長官はいう。

虚構に乗った自己過信

マクナマラは一九六三年秋、南ベトナムの「封建時代が生んだ政治・社会・経済的組織」を「いかに二〇世紀に連れてくるか」が問題だと語った。ロッジは「アメリカはこの中世的な国を二〇世紀に連れてこようとしている」のだと述べた。「勝利を得るためには、彼らを政治的にもまた二〇世紀に連れてこなければならない」とも論じた。それは「現政府の行動を徹底的に変えるか、さもなくば新たな政府によって」可能になるはずだった。

ケネディは一九六三年六月、米ソ和解を呼びかけたアメリカン大学における演説で、アメリカが「世界が多様性にとって安全なものになるのを助ける」という遠大な目標を掲げた。だが、その多様性に、南ベトナムで独自の政治・社会体制を容認することは含まれていなかった。

マクナマラによればアメリカは、かつてニュージャージー州の修道院で学んだ経験を持つゴ・ジン・ジェムが自分たちと「西欧的価値を共有」していると、そしてベトナム人が自分たちと同じく自由と民主主義を渇望していると信じ切っていた。

だがそれは虚構だった。ボールは「『国家建設』という幻想」がベトナムでは無意味だったとする。アメリカは「みずからがつくりあげた虚構の虜囚」にすぎなかった。ケネディ政権だけではない。「三〇年間というものアメリカは民主主義を、東南アジアとりわけベトナムでアメリカと同じ、またこの点では中南米とも同じ一連の価値観を示すことができるものだとみなす傾向があった」と指摘するのは、国務省極東局のカッテンバーグである。

フィリピンやベトナムでゲリラ鎮圧に活躍したランズデールは、早くも一九六二年初め、アメリカがジェムを、「アメリカ式の鋳型」にはめ込もうとしてきたことを批判した。ベトナムという異質な世界を欧米諸国と同じように扱ったこと。そう扱える、一人前の民主国家に育て上げられると信じたこと。ベトナム人が共産主義を拒否し、欧米型の民主主義を選択すると楽観したこと。それが民主主義のショウケースとして機能すると信じたこと。これらが——やはりケネディ政権に限った話ではないが——厳しく批判されている。

建前は助言者

建前としては、ハリマン政治担当国務次官がいうように、アメリカは「彼らの家を訪れた客」にすぎなかった。ノルティング大使は一九六二年秋、アメリカはフランスと異なり、「ベトナムの政府あるいは国民の主権を侵害してはいない」と述べている。

一九六三年初め、統合参謀本部の現地視察団はこう結論づけた。「強力な民族主義的な確信」がなければ、南ベトナム政府は生き延びることができない。アメリカが果たすべき役割は「助言と説得のみ」だ。

アメリカは、「ベトナム政府の軍事・経済・政治活動に対して、命じたり管理したり指示したりする立場」にはない。

ところが同じ統合参謀本部視察団の報告が、そのわずか一行後では、アメリカが「望ましい線に沿って求められる目標を達成するため、ベトナム政府に積極的に影響を与えるよう、強い立場」に立つ必要を訴えていた。

実際に、ジェムや南ベトナム政府は、しばしば「ミ・ジェム（My Diem）」と呼ばれた。「ミ」はベトナム語でアメリカをさす「美」（わが国でいう米国）と、英語の「私の」をかけている。アメリカの所有物も同然だというわけである。

尊大な姿勢は一貫

一九六三年八月末、ロッジはチュオン・コン・クー外相から、CIAがかつてのフランスのように「この国を『子供』の国扱いするのを、止めさせて欲しい」と哀願された。しかもそれはCIAに限られた話ではなかった。ゴ・ジン・ニューもロッジに、アメリカはベトナム人を「植民地主義国の代表が保護国を相手にするかのように」扱っているとこぼした。ラオスでも、アメリカが支えるはずの右派指導者プーミ・ノサワン将軍は一九六一年末、アメリカが自分たちを「小さな子供のように」扱っていることに不平をぶちまけた。

ラスク国務長官によれば、ワシントンからサイゴンに向かって、経済、社会、政治、軍事などあらゆる分野で「絶え間のない助言の流れ」があった。彼は、「われわれが南ベトナム人に、おそらく彼らがこなせる以上の助言を与えた」こと、「南ベトナムのかなり脆弱な政府を、その能力以上に動かそうとした」ことを反省材料に挙げている。ケネディ政権はまさに、ジェム政府の「教師であり助言者であり支援者」（ノルティング）だった。

その原点はドワイト・アイゼンハワー政権にあった。経済援助使節団のフィリップスは、アメリカがジェム政府崩壊までの「一〇年近く、慎重に、また苦労して、このきわめて脆弱な新国家を建設しようとしてきた」という。ジェム擁立のその日から、アメリカは「母なる修道院長」であり「父なる司祭」（ハーキンズ軍事援助司令官）だった。

ジェムが消えた後も同じだった。国家安全保障会議のコーマーによれば、じつに二〇年にわたってアメリカは南ベトナムの「保護者であり、銀行家であり、補給源であり、顧問であり、戦争の協力者」であり続けた。

挫折したアメリカ式統治法

ベトナムはゲリラが跳梁跋扈する戦場だった。双方が人々の心を勝ち取ることを目指す、政治戦争の舞台でもあった。ケネディはジェム政府を通じて、自由と民主主義を掲げるアメリカ式統治をこの国に根づかせ、反共国家を防衛しようとした。民意を反映する政治、宗教や報道の自由、腐敗の追放、適度な分権、効率的な統治などである。

マクナマラは、「われわれは共産主義の前進を食い止めるために、南ベトナムという存在をつくり上げた。この存在を率い、われわれとともに国家建設に加わるよう、大統領、すなわちゴ・ジン・ジェムをつくり上げた」ことを認めている。

ところがケネディ政権はジェム政府の強化に「壮大な、悲痛な」失敗をおさめたのだと、メクリン参事官は悔やむ。ノルティング大使も、アメリカのベトナムでの挫折は、けっして「軍事的ではない、政治的な過ち」の結果だったと見ていた。

デイビッド・ベル国際開発庁（ＡＩＤ）長官が一九六六年に上院外交委員会で振り返ったように、「ジェムをたおした革命」とは「底のひろい、もっと民主的な社会を作りえなかった失敗の帰結」だった。経済学者でもあるジョン・ガルブレイス駐インド大使はシュレジンガーに、「問題は、われわれが革命がじつに下手なこと」なのだと語っている。

カッテンバーグはのちに、「一九六三年以降、ベトナム政治の分析がここまで一貫して、それも非常に間違っていたのはなぜか？」と悲痛な叫びを上げている。だがアメリカの過ちは、ベトナム戦争泥沼化のはるか以前に起源があった。それはケネディの時代、太平洋を挟んだジェムとの決闘劇を通じて、すでに明らかだったのである。

参考文献

1　政権参画者などの肉声（回顧録・演説集・インタビュー・録音記録）

ウィドマー、テッド編（鈴木淑美訳）『ジョン・F・ケネディ　ホワイトハウスの決断――ケネディ・テープ　50年後明かされた真実』世界文化社、二〇一三年。

コルビー、ウィリアム・E（大前正臣・山岡清二訳）『栄光の男たち――ウィリアム・コルビー元CIA長官回顧録』政治広報センター、一九七八年。

サリンジャー、ピエール（小谷秀二郎訳）『ケネディと共に』（正・続）鹿島研究所出版会、一九六六年。

シュレジンガー、アーサー、Jr.（横川信義訳）『にがい遺産――ベトナム戦争とアメリカ』毎日新聞社、一九六七年。

ソレンセン、シオドア・C（山岡清二訳）『ケネディの遺産――未来を拓くために』サイマル出版会、一九七〇年。

テーラー、マックスウェル（入江通雅訳）『ベトナム戦争と世界戦略』時事新書、一九六七年。

ハリマン、エベリル（吉沢清次郎訳）『米ソ・変わりゆく世界』時事通信社、一九七一年。

Ball, George W., *Diplomacy for a Crowded World : An American Foreign Policy*, Boston : Little, Brown, 1976.

Charlton, Michael, & Anthony Moncrieff, *Many Reasons Why : The American Involvement in Vietnam*, New York : Hill & Wang, 1978.

Colby, William (with James McCargar), *Lost Victory : A Firsthand Account of America's Sixteen-Year Involvement in Vietnam*, Chicago : Contemporary Books, 1989.

Cooper, Chester L., *The Lost Crusade : America in Vietnam*, New York : Dodd, Mead, 1970.

Guthman, Edwin O., & Jeffrey Shulman, eds., *Robert Kennedy-In His Own Words : The Unpublished Recollections of*

the Kennedy Years, New York : Bantam Books, 1988.
Hilsman, Roger, *To Move a Nation : The Politics of Foreign Policy in the Administration of John F. Kennedy*, New York : Dell Publishing, 1967 [orig. Doubleday, 1964].／ロジャー・ヒルズマン（浅野輔訳）『ケネディ外交――ニュー・フロンティアの政治学』（二巻）サイマル出版会、一九六八年。
Johnson, Lyndon Baines, *The Vantage Point : Perspectives of the Presidency 1963–1969*, New York : Holt, Rinehart & Winston, 1971.
Johnson, U. Alexis (with Jef Olivarius McAllister), *The Right Hand of Power*, Englewood Cliffs, N. J.: Prentice-Hall, 1984.
Kattenburg, Paul M., *The Vietnam Trauma in American Foreign Policy, 1945–75*, New Brunswick, N. J.: Transaction Books, 1980.
Kennedy, Jacqueline, *Historic Conversations on Life with John F. Kennedy : Interviews with Arthur M. Schlesinger, Jr., 1964*, New York : Hyperion, 2011.
Kennedy, Robert F., *To Seek a Newer World*, Garden City, N. Y.: Doubleday, 1967.
Komer, Robert W., *Bureaucracy at War : U. S. Perfomance in the Vietnam Conflict*, Boulder, Colo.: Westview Press, 1986.
Lodge, Henry Cabot, *The Storm Has Many Eyes : A Personal Narrative*, New York : W. W. Norton, 1973.
McNamara, Robert S. (with Brian VanDeMark), *In Retrospect : The Tragedy and Lessons of Vietnam*, New York : Times Books, 1995.／ロバート・S・マクナマラ（仲晃訳）『マクナマラ回顧録――ベトナムの悲劇と教訓』共同通信社、一九九七年。
――――, James G. Blight & Robert K. Brigham, *Argument Without End : In Search of Answers to the Vietnam Tragedy*, New York : Public Affairs, 1999.／ロバート・S・マクナマラ編著（仲晃訳）『果てしなき論争――ベトナム戦争の悲劇を繰り返さないために』共同通信社、二〇〇三年。
Mecklin, John, *Mission in Torment : An Intimate Account of the U. S. Role in Vietnam*, Garden City, N. Y.: Doubleday,

1965.
Nguyen Cao Ky, *How We Lost The Vietnam War*, New York : Scarborough House, 1978.
Nixon, Richard, *No More Vietnams*, New York : Arbor House, 1985.／リチャード・ニクソン（宮崎緑・宮崎成人訳）『ノー・モア・ヴェトナム』講談社、一九八六年。
Nolting, Frederick E., *From Trust to Tragedy : The Political Memoirs of Frederick Nolting, Kennedy's Ambassador to Diem's Vietnam*, New York : Praeger, 1988.
O'Donnell, Kenneth P., & David F. Powers（with Joe McCarthy）, *"Johnny, We Hardly Knew Ye": Memories of John Fitzgerald Kennedy*, Boston : Little, Brown, 1972.
Public Papers of the Presidents of the United States, John F. Kennedy, 1961, 1962, 1963, Washington, D. C.: U. S. Government Printing Office, 1962-64.
Rostow, W. W., *View from the Seventh Floor*, New York : Harper & Row, 1964.
———, *The Diffusion of Power : An Essay in Recent History*, New York : Macmillan, 1972.
Rusk, Dean,（Daniel S. Papp, ed.）, *As I Saw It : As Told to Richard Rusk*, New York : W. W. Norton, 1990.
Schlesinger, Arthur M., Jr., *A Thousand Days : John F. Kennedy in the White House*, Boston : Houghton Mifflin, 1965.／A・M・シュレジンガー（中屋健一訳）『ケネディ——栄光と苦悩の一千日』（二巻）河出書房新社、一九七四年［初版一九六六年］。
———, *Robert Kennedy and His Times*, New York : Ballantine Books, 1979 [orig. Houghton Mifflin, 1978].
Sorensen, Theodore C., *Kennedy*, New York : Harper & Row, 1965.／シオドア・C・ソレンセン（大前正臣訳）『ケネディの道』サイマル出版会、一九八七年［初版　弘文堂、一九六六年］。
Sorensen, Ted, *Counselor : A Life at the Edge of History*, New York : HarperCollins, 2008.
Strober, Gerald S., & Deborah H. Strober, *"Let Us Begin Anew": An Oral History of the Kennedy Presidency*, New York : HarperPerennial, 1994 [orig. HarperCollins, 1993].
Taylor, Maxwell D., *Swords and Plowshares*, New York : W. W. Norton, 1972.

Thompson, Robert G. K., *Defeating Communist Insurgency : Experiences from Malaya and Vietnam*, London : Chatto & Windus, 1966.

———, *No Exit from Vietnam*, London : David McKay, updated ed., 1970 [orig. Chatto & Windus, 1969].

———, *Make for the Hills : Memories of Far Eastern Wars*, London : Leo Cooper, 1989.

Tran Van Don, *Our Endless War : Inside Vietnam*, San Rafael, Ca.: Presidio Press, 1978.

2　ケネディのベトナム政策とゴ・ジン・ジェム

朝日新聞調査研究室『激動するインドシナ』朝日新聞社、一九六三年。

大森実監修『泥と炎のインドシナ――毎日新聞特派員団の現地報告』毎日新聞社、一九六五年。

シーハン、ニール（菊谷匡祐訳）『輝ける嘘』（二巻）集英社、一九九二年。

ダグラス、ジェイムズ・W（寺地五一・寺地正子訳）『ジョン・F・ケネディはなぜ死んだのか――語り得ないものとの闘い』同時代社、二〇一四年。

竹内正右『モンの悲劇――暴かれた「ケネディの戦争」の罪』毎日新聞社、一九九九年。

ハルバスタム、デービッド（泉鴻之・林雄一郎訳）『ベトナムの泥沼から』みすず書房、一九八七年［初版　原題『ベトナム戦争』一九六八年］。

ハルバースタム、デイヴィッド（浅野輔訳）『ベスト&ブライテスト』（三巻）二玄社、二〇〇九年［初版　サイマル出版会、一九七六年、のち朝日文庫、一九九九年］。

プラウティ、レロイ・フレッチャー（和田一郎訳）『JFK――CIAとベトナム戦争、そしてケネディ暗殺』文芸社、二〇一三年。

松岡完『1961　ケネディの戦争――冷戦・ベトナム・東南アジア』朝日新聞社、一九九九年。

———『ケネディと冷戦――ベトナム戦争とアメリカ外交』彩流社、二〇一二年。

———『ケネディとベトナム戦争――反乱鎮圧戦略の挫折』錦正社、二〇一三年。

宮内勝典『焼身』集英社、二〇〇五年。

Blair, Anne E., *Lodge in Vietnam : A Patriot Abroad*, New Haven, Conn.: Yale University Press, 1995.

Bouscaren, Anthony Trawick, *The Last of the Mandarins : Diem of Vietnam*, Pittsburgh : Duquesne University Press, 1965.

Busch, Peter, *All the Way with JFK ? : Britain, the US, and the Vietnam War*, New York : Oxford University Press, 2003.

Catton, Philip E., *Diem's Final Failure : Prelude to America's War in Vietnam*, Lawrence : University Press of Kansas, 2002.

Chomsky, Noam, *Rethinking Camelot : JFK, the Vietnam War, and U. S. Political Culture*, Montréal : Black Rose Books, 1993.

Freedman, Lawrence, *Kennedy's Wars : Berlin, Cuba, Laos, and Vietnam*, New York : Oxford University Press, 2000.

Galloway, John, ed., *The Kennedys & Vietnam*, New York : Facts on File, 1971.

Gardner, Lloyd C., & Ted Gittinger, eds., *Vietnam : The Early Decisions*, Austin : University of Texas Press, 1997.

Gibbons, William Conrad, *The U. S. Government and the Vietnam War : Executive and Legislative Roles and Relationships*, Pt. II (1961–1964), (4 vols.) Princeton, N. J.: Princeton University Press, 1986.

Hammer, Ellen J., *A Death in November : America in Vietnam, 1963*, New York : E. P. Dutton, 1987.

Higgins, Marguerite, *Our Vietnam Nightmare*, New York : Harper & Row, 1965.

Jacobs, Seth, *Cold War Mandarin : Ngo Dinh Diem and the Origins of America's War in Vietnam, 1950–1963*, Lanham, Md.: Rowman & Littlefield, 2006.

Jones, Howard, *Death of a Generation : How the Assassinations of Diem and JFK Prolonged the Vietnam War*, New York : Oxford University Press, 2003.

Kaiser, David, *American Tragedy : Kennedy, Johnson, and the Origins of the Vietnam War*, Cambridge, Mass.: Belknap Press of Harvard University Press, 2000.

Latham, Michael E., *Modernization as Ideology : American Social Science and "Nation Building" in the Kennedy Era*,

Chapel Hill : University of North Carolina Press, 2000.

Logevall, Fredrik, *Choosing War : The Lost Chance for Peace and the Escalation of War in Vietnam*, Berkeley : University of California Press, 1999.

Maitland, Terrence, Stephen Weiss & the Editors of Boston Publishing Company, *The Vietnam Experience : Raising the Stakes*, Boston : Boston Publishing, 1982.

Newman, John M., *JFK and Vietnam : Deception, Intrigue, and the Struggle for Power*, New York : Warner Books, 1992.

Prochnau, William, *Once Upon a Distant War*, New York : Times Books, 1995.

Rust, William J. (with the Editors of U. S. New Books), *Kennedy in Vietnam*, New York : Charles Scribner's Sons, 1985.

Schwab, Orrin, *Defending the Free World : John F. Kennedy, Lyndon Johnson, and the Vietnam War, 1961–1965*, Westport, Conn.: Praeger, 1998.

Scigliano, Robert, *South Vietnam : Nation Under Stress*, Boston : Houghton Mifflin, 1964 [orig. 1963].

U. S. Dept. of State, *Foreign Relations of the United States, 1961–1963*, vol. 1–4 (25 vols.), Washington, D. C.: U. S. Government Printing Office, 1988, 1990, 1991.

————, Historical Office, *American Foreign Policy : Current Documents, 1961, 1962, 1963*, Washington, D. C.: U. S. Government Printing Office, 1965–67.

U. S. Senate, Committee on Foreign Relations, *U. S. Involvement in the Overthrow of Diem, 1963*, Washington, D. C.: U. S. Government Printing Office, 1972.

Warner, Denis, *The Last Confucian*, New York : Macmillan, 1963.

Winters, Francis X., *The Year of the Hare : America in Vietnam January 25, 1963–February 15, 1964*, Athens : University of Georgia Press, 1997.

3 ケネディ

井上一馬『ケネディ――その実像を求めて』講談社現代新書、一九九四年。

大森実『人物現代史6 ケネディ――挑戦する大統領』講談社、一九七八年。

クラーク、サーストン（土田宏訳）『ケネディ 時代を変えた就任演説』彩流社、二〇〇六年。

グロビュー社編『ケネディ――JFK 1917-1963』グロビュー社、一九八三年。

サイディ、ヒュー（鷺村達也・佐藤亮一訳）『悲劇の大統領〈大統領ケネディ伝〉』荒地出版社、一九六四年。

サックス、ジェフリー（櫻井祐子訳）『世界を動かす――ケネディが求めた平和への道』早川書房、二〇一四年。

ジェンキンズ、ギャレス（澤田澄江訳）『フォトバイオグラフィ ジョン・F・ケネディ』原書房、二〇〇六年。

綜合社編『PEOPLE AMERICA 7 ケネディの時代』集英社、一九八四年。

ダレク、ロバート（鈴木淑美訳）『JFK 未完の人生――1917-1963』松柏社、二〇〇九年。

土田宏『ケネディ兄弟の光と影』彩流社、一九九二年。

――『ケネディ――「神話」と「実像」』中公新書、二〇〇七年。

――『アメリカ50年――ケネディの夢は消えた？』彩流社、二〇一五年。

中屋健一『ケネディ――英知と勇気の大統領』旺文社文庫、一九六五年。

――編『ケネディの時代』東京大学出版会、一九六八年。

――『ケネディとニューフロンティア』清水新書、一九八四年〔初版 原題『J・F・ケネディ』一九七一年〕。

バーンズ、ジョン・A（比護富幸訳）『ケネディからの贈り物――若きリーダーたちへ』バベルプレス、二〇一一年。

ベシュロス、マイケル（筑紫哲也訳）『危機の年――ケネディとフルシチョフの闘い』（二巻）飛鳥新社、一九九二年。

藤本一美編著『ケネディとアメリカ政治』EXP、二〇〇〇年。

松尾弌之『JFK――大統領の神話と実像』ちくま新書、一九九四年。

山本和隆『ケネディの遺産――JFKとニュー・フロンティアの時代』志學社、二〇一三年。

Bernstein, Irving, *Promises Kept : John F. Kennedy's New Frontier*, New York : Oxford University Press, 1991.

Brinkley, Alan, *John F. Kennedy*, New York : Times Books, 2012.

Brogan, Hugh, *Kennedy*, London : Longman, 1996.
Brown, Thomas, *JFK : History of an Image*, London : I. B. Tauris, 1988.
Burner, David (Oscar Handlin, ed.), *John F. Kennedy and a New Generation*, Boston : Littel, Brown, 1988.
——— & Thomas R. West, *The Torch Is Passed : The Kennedy Brothers & American Liberalism*, New York : Atheneum, 1984.
Bzdek, Vincent, *The Kennedy Legacy : Jack, Bobby and Ted and a Family Dream Fulfilled*, New York : Palgrave Macmillan, 2009.
Clarke, Thurston, *JFK's Last Hundred Days : The Transformation of a Man and the Emergence of a Great President*, New York : Penguin Books, 2013.
Davis, John H., *The Kennedys : Dynasty and Disaster 1848–1983*, New York : McGraw-Hill, 1984.
Donald, Aïda DiPace, ed., *John F. Kennedy and the New Frontier*, New York : Hill & Wang, 1966.
Firestone, Bernard J., *The Quest for Nuclear Stability : John F. Kennedy and the Soviet Union*, Westport, Conn.: Greenwood Press, 1982.
FitzSimons, Louise, *The Kennedy Doctrine*, New York : Random House, 1972.
Gadney, Reg, *Kennedy*, New York : Holt, Rinehart & Winston, 1983.
Giglio, James N., *The Presidency of John F. Kennedy*, Lawrence : University Press of Kansas, 1991.
——— & Stephen G. Rabe, *Debating the Kennedy Presidency*, Lanham, Md.: Rowman & Littlefield, 2003.
Harper, Paul, & Joann P. Krieg, eds., *John F. Kennedy : The Promise Revisited*, Westport, Conn.: Greenwood Press, 1988.
Heath, Jim F., *Decade of Disillusionment : The Kennedy-Johnson Years*, Bloomington : Indiana University Press, 1975.
Hellmann, John, *The Kennedy Obsession : The American Myth of JFK*, New York : Columbia University Press, 1997.
Hersh, Seymour M., *The Dark Side of Camelot*, Boston : Little, Brown, 1997.
Ions, Edmund S., *The Politics of John F. Kennedy*, New York : Barnes & Noble, 1967.

Kern, Montague, Patricia W. Levering & Ralph B. Levering, *The Kennedy Crises : The Press, the Presidency, and Foreign Policy*, Chapel Hill : University of North Carolina Press, 1983.

Kunz, Diane B., ed., *The Diplomacy of the Crucial Decade : American Foreign Relations During the 1960s*, New York : Columbia University Press, 1994.

Latham, Earl, ed., *J. F. Kennedy and Presidential Power*, Lexington, Mass.: D. C. Heath, 1972.

Lord, Donald C. (I. E. Cadenhead, Jr., ed.), *John F. Kennedy : The Politics of Confrontation and Conciliation*, Woodbury, N. Y.: Barron's, 1977.

Maga, Timothy P., *John F. Kennedy and New Frontier Diplomacy, 1961–1963*, Malabar, Fla.: Krieger Publishing, 1994.

Maier, Thomas, *The Kennedys : America's Emerald Kings*, New York : Basic Books, 2003.

Matthews, Christopher, *Kennedy & Nixon : The Rivalry That Shaped Postwar America*, New York : Simon & Schuster, 1996.

Meagher, Michael, & Larry D. Gragg, *John F. Kennedy : A Biography*, Santa Barbara, Ca.: ABC-CLIO, 2011.

Miroff, Bruce, *Pragmatic Illusions : The Presidential Politics of John F. Kennedy*, New York : David McKay, 1976.

O'Brien, Michael, *John F. Kennedy : A Biography*, New York : St. Martin's Press, 2005.

Paper, Lewis J., *The Promise and the Performacne : The Leadership of John F. Kennedy*, New York : Crown Publishers, 1975.

Parmet, Herbert S., *JFK : The Presidency of John F. Kennedy*, New York : Dial Press, 1983.

Paterson, Thomas G., ed., *Kennedy's Quest for Victory : American Foreign Policy, 1961–1963*, New York : Oxford University Press, 1989.

Reeves, Richard, *President Kennedy : Profile of Power*, New York : Touchstone, 1993.

Reeves, Thomas C., *A Question of Character : A Life of John F. Kennedy*, New York : Free Press, 1991.

Rorabaugh, W. J., *Kennedy and the Promise of the Sixties*, Cambridge, U. K.: Cambridge University Press, 2002.

Rubin, Gretchen, *Forty Ways to Look at JFK*, New York : Ballantine Books, 2005.

Schwab, Peter, & J. Lee Shneidman, *John F. Kennedy*, New York : Twayne Publishers, 1974.
Scott, Peter Dale, *Deep Politics and the Death of JFK*, Berkeley : University of California Press, 1993.
Siracusa, Joseph M., *Presidential Profiles : The Kennedy Years*, New York : Facts On File, 2004.
Smith, Sally Bedell, *Grace and Power : The Private World of the Kennedy White House*, New York : Random House, 2004.
Snead, David L., *John F. Kennedy : The New Frontier President*, New York : Nova Science Publishers, 2010.
Snyder, J. Richard, ed., *John F. Kennedy : Person, Policy, Presidency*, Wilmington, Del.: Scholarly Resources, 1988.
Talbot, David, *Brothers : The Hidden History of the Kennedy Years*, New York : Free Press, 2007.
Thompson, Kenneth W., ed., *The Kennedy Presidency : Seventeen Intimate Perspectives of John F. Kennedy*, Lanham, Md.: University Press of America, 1985.
Walton, Richard J., *Cold War and Counterrevolution : The Foreign Policy of John F. Kennedy*, New York : Viking Press, 1972.
White, Mark J., ed., *Kennedy : The New Frontier Revisited*, London : Macmillan Press, 1998.
Wicker, Tom, *JFK and LBJ : The Influence of Personality Upon Politics*, New York : William Morrow, 1968.

4　ベトナム戦争

生井英考『負けた戦争の記憶――歴史のなかのヴェトナム戦争』三省堂、二〇〇〇年。

石山昭男『ベトナム解放戦史』三省堂選書、一九七七年。

浦野起央『ベトナム問題の解剖――分析と資料』（正・続）外交時報社、一九六七、七〇年。

遠藤聡『ベトナム戦争を考える――戦争と平和の関係』明石書店、二〇〇五年。

小倉貞男『ドキュメント　ヴェトナム戦争全史』岩波書店、一九九二年。

開高健『ベトナム戦記』朝日文芸文庫、一九九〇年［初版　朝日新聞社、一九六五年］。

陸井三郎編『資料・ベトナム戦争』（二巻）紀伊國屋書店、一九六九年。

小沼新『ベトナム民族解放運動史』法律文化社、一九八八年。

コルコ、ガブリエル（陸井三郎監訳、藤田和子・藤本博・古田元夫訳）『ベトナム戦争全史——歴史的戦争の解剖』社会思想社、二〇〇一年。

シーハン、ニール&ウィルフレッド・バーチェット（毎日新聞外信部訳）『ベトナム戦争の内幕』毎日新聞社、一九六四年。

白井洋子『ベトナム戦争のアメリカ——もう一つのアメリカ史』刀水書房、二〇〇六年。

真保潤一郎『ベトナム現代史——帝国主義下のインドシナ研究序説［増補版］』春秋社、一九七八年［初版　一九六八年］。

谷川榮彦編著『ベトナム戦争の起源』勁草書房、一九八四年。

中野亜里編『ベトナム戦争の「戦後」』めこん、二〇〇五年。

ニューヨーク・タイムス編（杉辺利英訳）『ベトナム秘密報告——米国防総省の汚ない戦争の告白録』（二巻）サイマル出版会、一九七二年。

フープス、タウンゼンド（丸山静雄訳）『アメリカの挫折——インドシナへの軍事介入とその限界』草思社、一九七〇年。

フォール、バーナード（高田市太郎訳）『二つのベトナム』毎日新聞社、一九六五年。

———（松元洋訳）『ヴェトナム戦史』至誠堂、一九六九年。

古田元夫『歴史としてのベトナム戦争』大月書店、一九九一年。

『ベトナム戦争の記録』編集委員会編『ベトナム戦争の記録』大月書店、一九八八年。

ヘリング、ジョージ・C（秋谷昌平訳）『アメリカの最も長い戦争』（二巻）講談社、一九八五年。

松岡完『ベトナム戦争——誤算と誤解の戦場』中公新書、二〇〇一年。

マリン、アルバート（駐文館編集部訳）『ヴェトナム戦争——象vs虎』駐文館／発売・星雲社、一九九三年。

丸山静雄『ベトナム戦争』筑摩書房、一九六九年。

———編『ドキュメント現代史14　ベトナム戦争』平凡社、一九七二年。

吉沢南『ベトナム戦争——民衆にとっての戦場』吉川弘文館、新版二〇〇九年［初版一九九九年］。

———『同時代史としてのベトナム戦争』有志舎、二〇一〇年。

和田春樹ほか編『岩波講座東アジア近現代通史8　ベトナム戦争の時代——一九六〇 - 一九七五年』岩波書店、二〇一一年。

Addington, Larry H., *America's War in Vietnam : A Short Narrative History*, Bloomington : Indiana University Press, 2000.

Anderson, David L., ed., *Shadow on the White House : Presidents and the Vietnam War, 1945–1975*, Lawrence : University Press of Kansas, 1993.

———, *The Vietnam War*, New York : Palgrave Macmillan, 2005.

Ball, Moya Ann, *Vietnam-on-the-Potomac*, New York : Praeger, 1992.

Borer, Douglas A., *Superpowers Defeated : Vietnam and Afghanistan Compared*, London : Frank Cass, 1999.

Brown, Weldon A., *Prelude to Disaster : The American Role in Vietnam 1940–1963*, Port Washington, N. Y.: Kennikat Press, 1975.

———, *The Last Chopper : The Denouement of the American Role in Vietnam, 1963–1975*, Port Washington, N. Y.: Kennikat Press, 1976.

Carter, James M., *Inventing Vietnam : The United States and State Building, 1954–1968*, New York : Cambridge University Press, 2008.

Daum, Andreas W., et al., eds., *America, the Vietnam War, and the World*, Cambridge, U. K.: Cambridge University Press, 2003.

Davidson, Phillip B., *Vietnam at War : The History 1946–1975*, Novato, Ca.: Presidio Press, 1988.

DeGroot, Gerard J., *A Noble Cause ? : America and the Vietnam War*, Harlow, U. K.: Pearson Education, 2000.

Dommen, Arthur J., *The Indochinese Experience of the French and the Americans : Nationalism and Communism in Cambodia, Laos, and Vietnam*, Bloomington : Indiana University Press, 2001.

Duiker, William J., *U. S. Containment Policy and the Conflict in Indochina*, Stanford, Ca.: Stanford University Press, 1994.

Errington, Elizabeth Jane, & B. J. C. McKercher, eds., *The Vietnam War as History*, New York : Praeger, 1990.

Fishel, Wesley R., ed., *Vietnam : Anatomy of a Conflict*, Itasca, Ill.: F. E. Peacock, 1968.

Fisher, Ross A., John Norton Moore & Robert F. Turner, eds., *To Oppose Any Foe : The Legacy of U. S. Intervention in Vietnam*, Durham, N. C.: Carolina Academic Press, 2006.

FitzGerald, Frances, *Fire in the Lake : The Vietnamese and the Americans in Vietnam*, New York : Vintage Books, 1973 [orig. Atlantic-Little, Brown, 1972].

Franklin, H. Bruce, *Vietnam and Other American Fantasies*, Amherst : University of Massachusetts Press, 2000.

Frankum, Ronald B., Jr., *Historical Dictionary of the War in Vietnam*, Lanham, Md.: Scarecrow Press, 2011.

Gardner, Lloyd C., & Ted Gittinger, eds., *International Perspectives on Vietnam*, College Station : Texas A & M University Press, 2000.

Gelb, Leslie H., & Richard K. Betts, *The Irony of Vietnam : The System Worked*, Washington, D. C.: Brookings Institution, 1979.

Hall, Mitchell K., *The Vietnam War*, Harlow, U. K.: Pearson Education, 2nd ed. 2007 [orig. 2000].

Harrison, James Pinckney, *The Endless War : Fifty Years of Struggle in Vietnam*, New York : Free Press, 1982.

Hatcher, Patrick Lloyd, *The Suicide of an Elite : American Internationalists and Vietnam*, Stanford, Ca.: Stanford University Press, 1990.

Hearden, Patrick J., ed., *Vietnam : Four American Perspectives*, West Lafayette, Ind.: Purdue University Press, 1990.

Hellmann, John, *American Myth and the Legacy of Vietnam*, New York : Columbia University Press, 1986.

Hess, Gary R., *Vietnam and the United States : Origins and Legacy of War*, Boston : Twayne Publishers, 1990.

Isserman, Maurice, *Vietnam War*, New York : Facts On File, updated ed. 2003 [orig. 1992].

Joes, Anthony James, *The War for South Vietnam : 1954–1975*, New York : Praeger, 1989.

Kahin, George McT., *Intervention : How America Became Involved in Vietnam*, Garden City, N. Y.: Anchor Books, 1987 [orig. Doubleday, 1986].

——— & John W. Lewis, *The United States and Vietnam*, New York : Dial Press, 1967.

Karnow, Stanley, *Vietnam : A History*, New York : Penguin Books, 1984 [orig. Viking Press, 1983].

Kendrick, Alexander, *The Wound Within : America in the Vietnam Years, 1945–1974*, Boston : Little, Brown, 1974.

Kimball, Jeffrey P., ed., *To Reason Why : The Debate about the Causes of U. S. Involvement in the Vietnam War*, Philadelphia : Temple University Press, 1990.

Kutler, Stanley I., ed., *Encyclopedia of the Vietnam War*, New York : Charles Scribner's Sons, 1996.

Lewy, Guenter, *America in Vietnam*, New York : Oxford University Press, 1980 [orig. 1978].

Lind, Michael, *Vietnam, the Necessary War : A Reinterpretation of America's Most Disastrous Military Conflict*, New York : Free Press, 1999.

Logevall, Fredrik, *The Origins of the Vietnam War*, Harlow, U. K.: Pearson Education, 2001.

Lowe, Peter, ed., *The Vietnam War*, London : Macmillan, 1998.

Maclear, Michael, *The Ten Thousand Day War : Vietnam 1945–1975*, New York : Avon Books, 1981.

Moïse, Edwin E., *The A to Z of the Vietnam War*, Lanham, Md.: Scarecrow Press, 2005.

Morgan, Joseph G., *The Vietnam Lobby : The American Friends of Vietnam, 1955–1975*, Chapel Hill : University of North Carolina Press, 1997.

Morrison, Wilbur H., *The Elephant and the Tiger : The Full Story of the Vietnam War*, New York : Hippocrene Books, 1990.

Moss, George Donelson, *Vietnam : An American Ordeal*, Englewood Cliffs, N. J.: Prentice-Hall, 5th ed. 2005 [orig. 1990].

Moyar, Mark, *Triumph Forsaken : The Vietnam War, 1954–1965*, New York : Cambridge University Press, 2006.

Palmer, Bruce, Jr., *The 25–Year War : America's Military Role in Vietnam*, Lexington : University Press of Kentucky,

1984.
Porter, Gareth, *Perils of Dominance : Imbalance of Power and the Road to War in Vietnam*, Berkeley : University of California Press, 2005.
Post, Ken, *Revolution, Socialism and Nationalism in Viet Nam* (5 vols.), Aldershot, U. K.: Dartmouth Publishing, 1990.
Record, Jeffrey, *The Wrong War : Why We Lost in Vietnam*, Annapolis, Md.: Naval Institute Press, 1998.
Rowe, John Carlos, & Rick Berg, eds., *The Vietnam War and American Culture*, New York : Columbia University Press, 1991.
Santoli, Al, *To Bear Any Burden : The Vietnam War and Its Aftermath in the Words of Americans and Southeast Asians*, Bloomington : Indiana University Press, 1999 [orig. E. P. Dutton, 1985].
Sevy, Grace, ed., *The American Experience in Vietnam : A Reader*, Norman : University of Oklahoma Press, 1989.
Shaplen, Robert, *The Lost Revolution : The U. S. in Vietnam, 1946-1966*, New York : Harper & Row, rev. ed. 1966 [orig. 1965].
Short, Anthony, *The Origins of the Vietnam War*, London : Longman, 1989.
Smith, R. B., *An International History of the Vietnam War* (3 vols.), London : Macmillan, 1985.
Sullivan, Michael P., *The Vietnam War : A Study in the Making of American Policy*, Lexington : University Press of Kentucky, 1985.
Tanham, George K., W. Robert Warne, Earl J. Young & William A. Nighswonger, *War without Guns : American Civilians in Rural Vietnam*, New York : F. A. Praeger, 1966.
The Pentagon Papers : The Defense Department History of United States Decision-making on Vietnam (Senator Gravel Edition, 5 vols.), Boston : Beacon Press, 1971. 〈ペンタゴン・ペーパーズ（グラベル版）〉
Tomes, Robert R., *Apocalypse Then : American Intellectuals and the Vietnam War, 1954-1975*, New York : New York University Press, 1998.
Tucker, Spencer C., ed., *Encyclopedia of the Vietnam War : A Political, Social, and Military History* (4 vols.), Santa

Barbara, Ca.: ABC-CLIO, 2nd ed., 2011 [orig. 1998].

Turley, William S., *The Second Indochina War : A Concise Political and Military History*, Lanham, Md.: Rowman & Littlefield, 2nd ed. 2009 [orig. Boulder, Colo.: Westview Press, 1986].

U. S. Dept. of Defense, *United States-Vietnam Relations 1945–1967 : Study Prepared By the Department of Defense* (12 vols.), Washington, D. C.: U. S. Government Printing Office, 1971. 〈ペンタゴン・ペーパーズ（政府印刷局版）〉

U. S. Senate, Committee on Foreign Relations, *Causes, Origins, and Lessons of the Vietnam War*, Washington, D. C.: U. S. Government Printing Office, 1973.

Vadas, Robert E., *Cultures in Conflict : The Viet Nam War*, Westport, Conn.: Greenwood Press, 2002.

Westheider, James E., *The Vietnam War*, Westport, Conn.: Greenwood Press, 2007.

Wexler, Sanford, *The Vietnam War : An Eyewitness History*, New York : Facts On File, 1992.

Willbanks, James H., ed., *The Vietnam War*, Aldershot, U. K.: Ashgate, 2006.

Young, Marilyn B., *The Vietnam Wars : 1945–1990*, New York : HarperCollins, 1991.

———, John J. Fitzgerald & A. Tom Grunfeld, *The Vietnam War : History in Documents*, New York : Oxford University Press, 2002.

——— & Robert Buzzanco, eds., *A Companion to the Vietnam War*, Malden, Mass.: Blackwell Publishing, 2006 [orig. 2002].

あとがき

かつて自分の研究を、冗談まじりに有名な映画『スター・ウォーズ』に喩えたことがある。いったいいつ完結するのか誰にも、いや自分にさえ、本当のところはわからなかったからである。

大学で教鞭をとるようになってから四半世紀あまり、それはケネディとベトナム戦争というテーマに取り組んできた歳月でもあった。「参考文献」をご参照いただければ幸いだが、ケネディ政権前半の介入拡大、後半の介入破綻をめぐる外交的側面、同じく軍事的側面、これらに続く四作目が、介入破綻の政治的側面——南ベトナムの深刻な政治危機を前にケネディが味わった苦悶——を扱った本書である。

目指すところは、読者を半世紀以上前のワシントン、サイゴン、フエなどへのタイプトリップに誘う、いわば歴史ドキュメンタリーである。そこではケネディとゴ・ジン・ジェムという二人の政治家、アメリカと南ベトナムという二つの国が織りなした、壮絶な悲劇が演じられる。

ベトナム戦争は、世界的規模で展開された冷戦における、典型的な代理戦争と見なされることが多かった。それはけっして間違っていない。だが支え、支えられる関係にあったはずの、そして一枚岩の存在と見られることもしばしばだった北ベトナムと民族解放戦線の間、そして中国やソ連と北ベトナムの間にも、早い段階からかなりの軋轢が生じていた。

アメリカと南ベトナムも、同じ問題に苦しみ続けた。ともに共産主義と戦う味方どうしであるにもかかわらず、いや味方であるからこそ、互いが実に厄介な頭痛の種となった。しかも、国力や威信などからすれば世界の巨人と呼ぶにふさわしいアメリカが、こと対南ベトナム関係に限っていえば、ろくに影響力を行使できず、事態も制御できず、身もだえる思いを味わうことは少なくなかった。

一九六三年、南ベトナムを舞台に、そして太平洋を挟んで展開されたドラマは、流血を伴う政府転覆で終幕を迎えた。それは味方こそ敵、強者こそ弱者になりうるのだという、国際政治の皮肉な現実の反映である。同じようなことが一九六四年以降のベトナムでも、そして別の場所でも繰り返された。おそらくこれからも、どこかで目撃されることだろう。

本書の完成にあたっては、ミネルヴァ書房編集部の田引勝二氏に大変お世話になった。冷戦史・アメリカ外交史の専門家である佐々木卓也氏(立教大学)からご紹介いただいたのがきっかけで、それ以来種々の助言をいただき、またご迷惑をおかけしてきた結果が本書である。

最後に、いつも変わらず私を支えてくれる、妻・博子と娘・智子への感謝と愛情を込めて、いわばライフワーク完結編の筆を擱きたい。

二〇一五年四月　ベトナム戦争終結から四〇年目に

松岡　完

関連年表

年	アメリカとベトナム	世界
一九五四	7・7ゴ・ジン・ジェムがベトナム国首相に就任。7・21ジュネーブ協定でベトナム南北分割が決定。 9・8マニラ条約が東南アジア条約機構（SEATO）設立を決定。	3・1第五福竜丸事件。 5・7ディエンビエンフー陥落。 11・1アルジェリア独立戦争開始。
一九五五	2・19SEATO発足。 10・26国民投票でジェムがベトナム共和国大統領に。	4・18バンドン会議。 5・14ワルシャワ条約機構設立。 7・18ジュネーブ頂上会談。
一九五六	7月南北ベトナム再統一選挙実現せず。	2・25スターリン批判。 10・23ハンガリー動乱。10・29スエズ動乱（第二次中東戦争）。
一九五七		3・25ローマ条約調印。 5・15英が水爆実験に成功。 10・4スプートニク打ち上げ。

一九五八		2・21アラブ連合共和国成立。 8・23第二次台湾海峡危機。 9・28フランス第五共和制発足。
一九五九	1・13北ベトナムが南の武力解放方針を決定（15号決議）。 5・6 10／59法令制定。	1・1キューバ革命。 7・23ニクソン米副大統領訪ソ。 9・15フルシチョフ・ソ連首相訪米。
一九六〇	11・8ケネディが大統領に当選。11・11ジェム打倒クーデター未遂事件。 12・20民族解放戦線（NLF）結成。	1・19日米新安保条約調印。 5・1U2撃墜事件。 9・14石油輸出国機構（OPEC）設立。
一九六一	1・20ケネディが大統領に就任。 2・17駐南ベトナム大使にノルティングを任命。 4・29ジュネーブ協定に違反して軍事顧問増派決定。 5・11ジョンソン副大統領が南ベトナム訪問。 12・8ベトナム白書『平和に対する脅威』発表。	4・12ガガーリンが有人宇宙飛行。 4・17キューバ侵攻（ピッグズ湾事件）。 8・13ベルリンの壁構築。 9・1第一回非同盟諸国会議。

一九六二	1・3ジェム政府が戦略村建設計画を発表。 2・8軍事援助司令部（MACV）発足。2・27南ベトナム空軍機が大統領官邸を爆撃。	7・3アルジェリア独立。7・23ラオス休戦実現。 10・20中印国境紛争が拡大。10・22キューバ海上封鎖危機発表。
一九六三	1・2アプバックの戦いで南ベトナム政府軍が惨敗。 2・25マンスフィールド民主党上院院内総務らの南ベトナム視察報告公表。 4・4ジェムが米軍事顧問削減を要求。 5・5フエでゴ・ジン・トゥック大司教聖職在位二五周年記念行事。5・6マクナマラ国防長官が段階的撤退計画の作成を命令。5・8フエで政府と仏教徒が衝突、仏教徒危機勃発。 5・10仏教徒が政府に五項目要求を提出。5・23ノルティング大使が休暇をとり出国。5・29政府が宗教の自由保障を声明。 6・2南ベトナム政府軍（ARVN）がフエで民衆鎮圧に催涙ガスを使用。6・3フエに戒厳令発布。6・4政府と仏教徒代表が紛争解決で仮合意。6・6ホワイトハウスが対ジェ	1・14ドゴール仏大統領が英の欧州経済共同体（EEC）加盟を拒否。1・22仏独協力条約調印。 5・25アフリカ統一機構（OAU）設立。 6・3ローマ法王ヨハネス二三世死去。 6・10ケネディが平和共存を呼びかけるアメリカン大学演説。6・11ケネデ

ム圧力戦術を承認。6・11僧侶ティック・クァン・ドゥックが焼身自殺。6・16政府と仏教指導者が和解を共同声明。

6・27ロッジ新大使の任命発表。


7・8一九六〇年クーデター未遂事件の裁判開始。7・11ノルティングがサイゴンに帰還。

8・15ノルティングが出国。8・21政府軍が寺院を襲撃。政府が戒厳令を布告。国務省が仏教徒抑圧に遺憾の意を表明。

8・22ロッジ新大使がサイゴンに到着。国際開発庁（AID）がサイゴンへの人員派遣・新規援助を停止。8・23ロッジが経済援助使節団（USOM）施設に避難した僧侶と面会。8・24国務省電二四三号がジェム打倒クーデターを是認。チャン・バン・ドン将軍がCIAのコネインにクーデター支持の保証を要請。8・26国務省が寺院襲撃の実行犯として特殊部隊と警察を名指し。VOAが寺院襲撃の真相と援助削減の可能性を報道。ロッジがジェムに信任状を提出。8・27VOAが援助削減報道を取り消し。米軍人の家族によるベトナム旅行が停止。カンボジアが南ベトナムと断交。チャン・ティエン・キエム将軍が一週間以内のクーデターを予告。8・29ロッジに援助停止声明の権限付与。ドゴール仏大統領がベトナム中立化を提案。8・31政府軍首脳によるクーデターが中止。


ィが全米に公民権問題解決を訴えるテレビ演説。6・16テレシコワが女性宇宙飛行。6・20米ソ間ホット・ライン協定。6・26ケネディが西ベルリンで「私はベルリン市民」演説。

8・5部分的核実験禁止条約調印。

8・28人種差別撤廃を求めるワシントン大行進。

ウ・タント国連事務総長がジェムに人権尊重を呼びかけ。9・2ケネディがテレビ・インタビューでジェム政府の政策と人事の変更を要求。9・3非軍事分野の援助停止。9・4セイロンなどが国連総会に南ベトナムの仏教徒問題討議を要請。9・9ニュー夫人が外遊に出発。9・11援助停止に関する決定をいったん延期。9・12チャーチ上院議員らが抑圧政策中止を援助の条件とする決議案を提出。9・14国際開発庁が援助一八五〇万ドル分を凍結。9・16戒厳令解除。ヒルズマンが段階的圧力計画を作成。9・17国家安全保障会議（NSC）が段階的圧力計画を承認。9・24マクナマラ＝テイラー視察団が南ベトナムを訪問（活動は～10・1）。9・27南ベトナム国会選挙実施。

10・2国家安全保障会議が圧力戦術本格化の方針を確認。10・4南ベトナム政府が国連調査団を招請。10・5商品輸入計画・特殊部隊支援などの援助停止を決定。リチャードソンCIAサイゴン支局長が出国。米軍事顧問一〇〇〇人の撤退計画を正式決定。10・7南ベトナム新国会開会。ニュー夫人がアメリカに入国。『タイムズ・オブ・ベトナム』が援助停止を報道。ド・バン・リ南ベトナム新大使が着任。10・8国連総会が調査団派遣を決定。10・9フランスが南ベトナムと援助協定調印。10・10コネインがズオン・バン・ミン将軍にクーデターを妨害しないと約束。10・23チャン・バン・ドン将

10・9米がソ連に小麦売却を許可。
10・15韓国大統領選で朴正煕当選。

	軍がコネインに一週間以内のクーデターを予告。10・24国連調査団が到着（活動は～11・3）。10・26建国記念日に政府が冗費節減・自給自足政策を開始。10・27七人目の焼身自殺。10・29米海兵隊などがベトナム沖合に待機。10・30ズオン・バン・ミン将軍らが決起を決断。10・31ロッジの帰国予定が延期。11・1ジェムとロッジが最後の会見。ジェム政府打倒クーデター始まる。軍事革命評議会（MRC）が設立。11・2ジェムとニューの殺害。11・4ベトナムへのアメリカ人旅行制限解除。11・5臨時憲法公布。臨時政府が発足。11・6軍事革命評議会執行委員会が設立。11・7戒厳令解除。米、新政府承認を発表。11・9米、商品輸入援助再開を声明。11・20ホノルル会議。南ベトナムで賢人会議発足。11・22ケネディ暗殺。ジョンソンが大統領に昇格。	11・23初の日米衛星テレビ中継。
一九六四	1・30グエン・カーン将軍のクーデター。 2・8グエン・カーン新政府発足。 8・2トンキン湾事件。8・7トンキン湾決議。	1・27仏、中国と国交樹立。 5・28パレスチナ解放機構（PLO）設立。 10・15フルシチョフ解任発表。10・16中国が原爆実験に成功。

一九六五	2・7北爆開始。 3・2北爆恒常化。3・8海兵隊がダナンに上陸。	3・18レオーノフが宇宙遊泳。 5・2米、ドミニカに介入。 6・22日韓基本条約調印。 9・1第二次印パ戦争。

《著者紹介》

松岡　完（まつおか・ひろし）

1957年　生まれ。

1980年　東京大学卒業。

1986年　筑波大学大学院修了（法学博士）。

　　　　立命館大学専任講師，同助教授，筑波大学助教授を経て，
現　在　筑波大学人文社会系教授（政治外交史，アメリカ外交史などを担当）。

　　　　専門は，アメリカ外交史，ケネディ政権の外交政策（とくにベトナム政策）。

著　書　『ダレス外交とインドシナ』同文舘，1988年。

　　　　『20世紀の国際政治』同文舘，1992年（改訂増補版，2003年，第三版，2014年）。

　　　　『ワールドカップの国際政治学』朝日選書，1994年（増補版，1996年）。

　　　　『1961　ケネディの戦争——冷戦・ベトナム・東南アジア』朝日新聞社，1999年。

　　　　『ベトナム戦争——誤算と誤解の戦場』中公新書，2001年。

　　　　『ベトナム症候群——超大国を苛む勝利への強迫観念』中公新書，2003年。

　　　　『ケネディと冷戦——ベトナム戦争とアメリカ外交』彩流社，2012年。

　　　　『ケネディとベトナム戦争——反乱鎮圧戦略の挫折』錦正社，2013年。

共編著　『冷戦史』同文舘，2003年。

ケネディはベトナムにどう向き合ったか
——JFKとゴ・ジン・ジェムの暗闘——

2015年6月30日　初版第1刷発行　　〈検印省略〉

定価はカバーに
表示しています

著　者　松　岡　　完
発行者　杉　田　啓　三
印刷者　林　　初　彦

発行所　株式会社　ミネルヴァ書房
607-8494　京都市山科区日ノ岡堤谷町1
電話代表（075）581-5191
振替口座　01020-0-8076

太洋社・新生製本

ISBN 978-4-623-07371-9
Printed in Japan

人名索引

あ　行

アーネット（Peter Arnett）　81
アイゼンハワー（Dwight D. Eisenhower）　13, 103, 161, 209, 236
アスタ（Salvatore Asta）　76, 80, 118, 124, 161
イエス（Jesus Christ）　191
李承晩（イ・スンマン）　1, 242
ウィッカー（Tom Wicker）　44
ウェストモーランド（William C. Westmoreland）　5
ウ・タント（U Thant）　99, 146
ウッド（Chalmers B. Wood）　21
大森実　3, 225
オドンネル（Kenneth P. O'Donnell）　133

か　行

カーター（Marshall S. Carter）　108
開高健　9, 29
カストロ（Fidel Castro）　122, 144, 164, 206, 249
カッテンバーグ（Paul M. Kattenburg）　9, 39, 45, 48, 91, 135, 143, 148, 178, 202, 222, 232, 236, 246, 251, 252, 256, 259
ガリオン（Edmund A. Gullion）　51
ガルブレイス（John Kenneth Galbraith）　258
キッシンジャー（Henry A. Kissinger）　4, 11, 229, 252
ギルパトリック（Roswell L. Gilpatric）　51, 86, 94, 102, 103, 255
キング（Martin Luther King, Jr.）　83
クーパー（Chester L. Cooper）　26, 29, 32, 38, 43, 52, 118, 123, 130, 133, 145, 150, 152, 167, 175, 206, 208, 218, 224, 241, 245, 247, 252
クーブドミュルビル（Maurice Couve de Murville）　129
グエン・カーン（Nguyen Khanh）　8, 9, 67, 107, 108, 110, 162
グエン・カオ・キ（Nguyen Cao Ky）　3, 6, 8, 9, 22, 194, 226, 230, 232
グエン・ゴク・ト（Nguyen Ngoc Tho）　31, 39, 40, 42, 67, 97, 148, 162, 163, 210, 211, 218, 221, 229, 230, 232, 234
グエン・ジン・トゥアン（Nguyen Dinh Thuan）　43, 47, 54, 67, 69, 77, 94, 148, 153, 156, 157, 228
グエン・バン・チュウ（Nguyen Van Thieu）　1, 162, 185, 211, 232, 249
グエン・ルオン（Nguyen Luong）　228
グエン・レ・ジアン（Nguyen Le Giang）　211
クライン（Ray S. Cline）　5, 174, 214, 230
グリューニング（Ernest Gruening）　96
クルラック（Victor H. Krulak）　42, 69, 94, 110, 150, 178, 222
ケネディ（エドワード）（Edward M. Kennedy）　53, 99, 100
ケネディ（ジャクリーン）（Jacqueline B. Kennedy）　191, 193
ケネディ（ジョン・F）（John F. Kennedy）　2, 3, 6, 8–15, 17, 19, 22, 26, 28, 30, 33, 39, 43–45, 48–53, 56–59, 61–63, 65, 68, 72, 76, 77, 81, 87, 89–98, 100–105, 109, 111, 112, 114–118, 120–122, 129–134, 136, 138, 140, 142, 143, 145, 149, 150,

さ 行

153, 157, 159, 161, 164, 167, 168, 170–172, 175–177, 180, 181, 184, 189, 191, 193–196, 199, 202, 204, 205, 207, 209, 214, 217, 223, 233, 234, 236, 237, 239, 243–245, 247–255, 258, 259
ケネディ（ロバート）(Robert F. Kennedy) 9, 43, 50, 61, 90, 100, 103, 112, 116, 121, 122, 124, 140, 171, 174, 175, 177, 179, 200, 202, 204, 241–243, 247, 250
ケネディ一族 246
コーマー (Robert W. Komer) 149, 150, 240, 241, 245, 247, 258
ゴールドウォーター (Barry M. Goldwater) 51
ゴ・ジン・カン (Ngo Dinh Can) 22, 29, 32, 40, 191, 192
ゴ・ジン・ジェム (Ngo Dinh Diem) 1–3, 5–15, 17–35, 37–43, 45–50, 52, 54–75, 77–93, 95–102, 104–111, 113, 114, 116–124, 128–153, 155–167, 169–172, 174, 175, 177, 178, 180, 181, 183, 184, 186–191, 193–201, 203–207, 210, 212–214, 216, 218, 219, 222–230, 235, 236, 239–244, 246, 249–253, 256, 258, 259
ゴ・ジン・ジェム一族 7, 17, 22, 29, 32, 40, 49, 61, 66, 76, 79, 80, 94, 108, 163, 218, 227, 243, 246, 251
ゴ・ジン・トゥック (Ngo Dinh Thuc) 22, 29, 30, 40, 98, 100, 125, 192
ゴ・ジン・ニュー (Ngo Dinh Nhu) 2, 5, 19, 23, 24, 26, 28, 39–41, 44, 48–50, 55, 57, 63, 64, 66, 69, 71–74, 76–82, 86, 87, 89–96, 101, 106, 107, 110, 111, 117, 119–121, 124, 125, 127, 128, 133–136, 139, 141, 142, 144, 145, 147–153, 155–159, 161, 167, 169, 178, 180, 184, 187–194, 196, 198–200, 205, 206, 218, 222, 227, 239, 242, 247, 250, 251, 257

ゴ・ジン・ニュー夫妻 24, 25, 39, 41, 64, 78–80, 89, 105, 107, 112, 119, 136, 141, 158, 159, 251
ゴ・ジン・ニュー夫人 (Madame Ngo Dinh Nhu) 4, 9, 21, 23, 24, 39, 45, 49, 64, 71, 73, 78–80, 84, 89, 92, 93, 99, 100, 127, 137, 143–146, 191, 227
ゴ・ジン・ルエン (Ngo Dinh Luyen) 23, 192
コットレル (Sterling J. Cottrell) 246
コネイン (Lucien E. Conein) 63, 66, 107, 108, 112, 113, 164, 165, 167, 169, 177, 188, 189, 197, 202, 203, 206
コリンズ (J. Lawton Collins) 240
コルビー (William E. Colby) 5, 7, 8, 10, 19, 33, 34, 50, 53, 58, 59, 62, 74, 91, 110, 125, 151, 153, 156, 161, 165–168, 170, 175, 181, 190, 193, 196, 206, 207, 222, 225, 234, 239, 242, 247

サイディ (Hugh Sidey) 185
ザブロッキ (Clement J. Zablocki) 150, 164, 227
サリット・タナラット (Sarit Thanarat) 29, 99
サリバン (William H. Sullivan) 67, 78, 134, 164, 199, 242
サリンジャー (Pierre E. Salinger) 118, 138, 199, 212
蔣介石（ジャン・ジェシ） 1, 42, 95, 242
シーハン (Neil Sheehan) 9, 242
シェイクスピア (William Shakespeare) 24
ジェム →ゴ・ジン・ジェム
シハヌーク (Norodom Sihanouk) 5, 41, 93
シャプレン (Robert Shaplen) 158, 224, 226

シュレジンガー（Arthur M. Schlesinger, Jr.） 15, 25, 51, 53, 55, 60, 89, 90, 103, 132, 138, 193, 201, 204, 217, 253, 255, 258
ジョーデン（William Jorden） 8, 214, 222
ジョンソン（アレクシス）（U. Alexis Johnson） 7, 38, 65, 104, 178, 248, 252
ジョンソン（リンドン）（Lyndon B. Johnson） 6, 9, 10, 43, 67, 117, 193, 200, 205
ズオン・バン・ミン（Duong Van Minh） 5, 11, 60, 61, 65, 66, 108, 109, 111, 128, 139, 156, 159, 162, 163, 165, 166, 169, 187–192, 196, 203, 210–213, 215, 216, 224, 225, 228–230, 232, 234, 252
スターリン（Joseph V. Stalin） 58, 190
スペラ（Alphonso G. Spera） 108
スマザース（George Smathers） 195
スワンナ・プーマ（Souvanna Phouma） 19
セロング（Francis P. Serong） 8, 73
ソレンセン（Theodore C. Sorensen） 14, 84, 89, 103, 117, 121, 141, 149, 222, 224, 229, 237, 243, 250, 253

た　行

ダーブロウ（Elbridge Durbrow） 240
タイン・ティン（Thanh Tin） 6
ダグラス（William O. Douglas） 12
ダレス（Allen W. Dulles） 195
ダンガン（Ralph A. Dungan） 217
チャーチ（Frank F. Church） 44, 96, 97
チャン・キム・トゥエン（Tran Kim Tuyen） 65
チャン・ジン・デ（Tran Dinh De） 166
チャン・ティエン・キエム（Tran Thien Khiem） 5, 65, 107, 108, 110, 111, 113, 160, 162, 166, 169, 211, 232
チャン・トゥ・オアイ（Tran Tu Oai） 211, 212, 219
チャン・バン・ジン（Tran Van Dinh） 153, 250
チャン・バン・チュオン（Tran Van Chuong） 23, 28, 61, 75, 84, 145
チャン・バン・チュオン夫人 23, 75, 84, 145
チャン・バン・ドン（Tran Van Don） 3, 19, 41, 52, 65–67, 72, 76, 77, 107, 110, 118, 149, 160, 162, 164, 165, 168–170, 177, 183, 184, 186, 187, 191, 201–203, 205, 211, 226, 230–233, 242
チャン・レ・クァン（Tran Le Quang） 211
チュオン・コン・クー（Truong Cong Cuu） 83, 142, 152, 156–158, 257
チュオン・ニュー・タン（Truong Nhu Tang） 129, 168
チュン姉妹（徴側・徴弐） 24, 227
ティック・クァン・ドゥック（Thich Quang Duc） 36, 37, 40
ティック・チ・クァン（Thich Tri Quang） 38, 39, 84, 85, 146, 226
テイラー（Maxwell D. Taylor） 7, 8, 10, 27, 33, 61–63, 69, 75, 78, 87, 102–104, 110, 111, 116, 122, 128, 131–133, 135–137, 139, 140, 142, 143, 157, 158, 160, 162, 163, 167, 168, 171–173, 175, 181, 186, 193, 195, 201, 202, 206, 207, 230, 236, 248, 255
ディロン（C. Douglas Dillon） 111, 114
ドゴール（Charles de Gaulle） 93, 224
ド・バン・リ（Do Van Ly） 84, 155
ド・マウ（Do Mau） 65
トルーハート（William C. Trueheart） 26, 34–38, 45–48, 54, 64, 69, 71, 74, 80, 93, 170, 199

な　行

は　行

トルーマン（Harry S Truman） 121
トルヒーヨ（Rafael Trujillo） 243
ドルランディ（Giovanni D'Orlandi） 118, 124, 196
トン・タト・ジン（Ton That Dinh） 67, 72, 76, 169, 187, 211, 226
トン・タト・ティエン（Ton That Tien） 201
トンプソン（Robert G. K. Thompson） 11, 39, 63, 166, 168, 209, 225, 230

ナセル（Gamal Abdel Nasser） 62
ニクソン（Richard M. Nixon） 3, 6, 13, 38, 51, 53
ニュー →ゴ・ジン・ニュー
ネロ（Nero Claudius Caesar） 44
ノルティング（Frederick E. Nolting, Jr.） 5, 10, 15, 21, 26, 27, 31, 33, 34, 38, 42, 43, 45, 48, 50, 51, 54-60, 62, 64, 67, 68, 72, 74, 79, 82, 87, 89, 96, 101, 104, 109, 122, 149, 161, 172, 175, 194, 195, 209, 239-241, 244, 247, 248, 256-258

ハーキンズ（Paul D. Harkins） 4, 10, 52, 62, 73-75, 77, 79, 83, 90, 106-111, 114, 115, 148, 161, 170, 172, 173, 176, 177, 179, 181, 183-186, 202, 203, 211, 224, 231, 241, 246, 248, 249, 258
バートレット（Charles Bartlett） 103
ハインツ（Luther C. Heinz） 245
パウロ6世（Paul VI） 98, 192
バオ・ダイ（Bao Dai） 13, 39
バグレー（Worth H. Bagley） 244
バティスタ（Fulgencio Batista） 1, 122, 164
ハネー（Patrick J. Honey） 158, 162, 164, 247

パフラビ（Mohammed Reza Shah Pahlavi） 1
ハリス（Lewis Harris） 223
バリス（Howard L. Burris） 244
ハリマン（W. Averell Harriman） 7, 32, 45, 50, 51, 54, 56, 61, 62, 65, 67, 75, 79, 87, 101, 103, 104, 120, 121, 134, 157, 162, 172, 174, 175, 200, 205, 222, 249, 251, 256
ハルバースタム（David Halberstam） 7, 18, 24, 30, 33, 40, 42, 49, 59, 65, 75, 129, 188
バンディ（ウィリアム）（William P. Bundy） 8, 36, 104, 123, 134, 135, 137, 174, 175, 178, 194, 200, 209, 223, 241, 252, 253
バンディ（マクジョージ）（McGeorge Bundy） 42, 78, 79, 86, 94, 100, 108, 109, 113, 114, 117, 120, 123, 124, 131, 133, 164, 166, 169, 176, 178, 180, 185, 189, 190, 196, 199, 203, 210, 215-219, 223, 231, 233, 236
ビガート（Homer Bigart） 14
ヒギンズ（Marguerite Higgins） 7, 11, 21, 42, 57, 69, 82, 86, 90, 107, 144, 156, 170, 189, 195, 199, 210, 214, 222, 229, 230, 240, 245, 246, 250
ビッセル（Richard M. Bissell, Jr.） 195
ヒトラー（Adolf Hitler） 23, 58
ヒューズ（Thomas L. Hughes） 71, 77, 78
平井吉夫 190
ヒルズマン（Roger Hilsman） 45, 50, 60, 62, 65, 67-70, 73, 78, 80-82, 85-87, 91, 95, 97, 101, 103-106, 109, 113, 115-118, 120,

242, 246, 247, 249, 250
ブー・バン・マウ（Vu Van Mau） 75, 120, 157
ブー・ホイ（Buu Hoi） 29, 143, 146, 157
プーミ・ノサワン（Phoumi Nosavan） 28, 29, 257
ファム・ゴク・タオ（Pham Ngoc Thao） 65
ファム・ダン・ラム（Pham Dang Lam） 207, 211, 216, 224, 226, 229, 231, 234
ファム・バン・ドン（Pham Van Dong） 22
フィリップス（Rufus C. Phillips） 3, 77, 79, 95, 107, 114, 120, 140, 159, 228, 230, 234, 241, 247, 257
フェルト（Harry D. Felt） 75, 110, 148, 183, 201, 204
フォレスタル（Michael V. Forrestal） 6, 28, 31, 33, 42, 44, 45, 47, 48, 50, 55, 61, 62, 65, 68, 70, 84, 86, 91, 98, 101, 102, 104, 107, 112, 116, 123, 124, 160, 161, 166, 177, 186, 199, 200, 205, 230, 231, 236, 239, 245, 247, 250
仏陀 30, 36
ブラウン（ウィンスロップ）（Winthrop G. Brown） 28
ブラウン（マルコム）（Malcolm W. Browne） 38
プラターズ（The Platters） 129
ブラッドリー（Benjamin C. Bradlee） 52
フルシチョフ（Nikita S. Khrushchev） 190
フルブライト（J. William Fulbright） 200, 204, 231
ブレント（Joseph L. Brent） 93, 94, 135, 136, 138, 150, 161, 166, 213, 215, 219–221, 226, 228, 235
ベル（David E. Bell） 7, 92, 97, 138, 139, 219, 234, 235, 258
ヘルブル（John J. Helble） 26, 31, 32, 75, 192, 213
ヘルムズ（Richard M. Helms） 102, 195
ホー・チ・ミン（Ho Chi Minh） 12, 63
ボール（George W. Ball） 46, 47, 54, 62, 65, 67, 78, 101, 105, 135, 141, 162, 164, 171, 241, 242, 245, 252–254, 256
ボーレン（Charles E. Bohlen） 224
ホイーラー（Earle G. Wheeler） 7
ボウルズ（Chester A. Bowles） 27, 42, 48, 50, 54, 64, 253

ま 行

毛沢東（マオ・ツェドン） 1, 95
マクドナルド（Torbert Macdonald） 194, 195
マクナマラ（Robert S. McNamara） 6, 8, 10, 11, 24, 25, 33, 36, 62, 81, 86, 97, 101–104, 106, 109, 110, 115, 122, 123, 128, 131–136, 139–142, 144, 157, 158, 160–164, 171, 172, 175, 178, 193, 199, 222, 225, 235, 239, 244, 247–249, 251, 254–256, 258
マッコーン（John A. McCone） 62, 79, 89, 94, 95, 101–104, 120, 122, 124, 130, 139, 142, 161, 167, 175, 209, 211, 222, 223, 244
マニング（Robert J. Manning） 55, 69
マリア（Virgin Mary） 17
マルコス（Ferdinand E. Marcos） 2
マンスフィールド（Mike Mansfield） 5, 10, 12, 26, 28, 59, 144
ミン →ズオン・バン・ミン
メクリン（John A. Mecklin） 2, 18, 20, 21, 25, 29, 30, 33, 34, 37, 42, 47, 48, 50, 52, 59, 64, 69, 71, 75, 79, 82–84, 86, 91, 93–95, 104, 110, 120–122, 128, 129, 133, 136, 144, 145, 147, 151, 154–156,

158, 161, 170, 172, 183-185, 206, 214, 223, 225, 233, 240, 241, 244, 251, 252, 258
メンデンホール（Joseph A. Mendenhall） 76, 79, 161
モース（Wayne Morse） 96

や　行

ユダ（Judas Iscariot） 191
ヨハネ（John the Baptist） 42
ヨハネス23世（John XXIII） 35

ら・わ　行

ラインハート（G. Frederick Reinhardt） 240
ラスク（Dean Rusk） 7, 10, 21, 33, 35, 37, 45, 51, 58, 64, 65, 68, 70, 73, 75, 77, 78, 81, 85-88, 90, 92-96, 99, 102-105, 108, 109, 113, 114, 116, 117, 120, 123, 129, 134, 135, 138, 139, 142, 145, 156-161, 173-175, 177, 179, 187, 189, 193, 194, 196, 199, 201, 202, 204, 207, 208, 211, 214-216, 218, 220, 224, 229, 231, 233, 235, 240, 244, 246, 250, 251, 257
ラルエット（Roger Lalouette） 28, 74, 76
ランズデール（Edward G. Lansdale） 3, 5, 42, 48, 89, 229, 253, 256
リチャードソン（John H. Richardson） 36, 81, 95, 108, 111, 112, 115, 128, 135, 141, 161, 163, 164, 166, 167, 170-172
レ・クァン・トゥン（Le Quang Tung） 80, 101, 110, 141, 186, 187, 227
レ・バン・キム（Le Van Kim） 3, 65, 77, 81, 107, 149, 162, 186, 211, 230-232
ロストウ（Walt W. Rostow） 194, 250
ロッジ（ジョージ）（George C. Lodge） 53
ロッジ（ヘンリー・キャボット）（Henry Cabot Lodge, Jr.） 3, 5, 6, 8, 12, 51-55, 69, 73, 74, 76-80, 82-84, 86-91, 93, 95-101, 105, 106, 109-116, 118-120, 122-124, 127, 129, 130, 133-135, 138, 141-143, 147-149, 151, 153-159, 161, 162, 164-168, 170-173, 176, 178-181, 183, 184, 186, 189, 191, 192, 194-208, 210-216, 220, 221, 223-226, 228-231, 233-236, 240, 242, 248-252, 254, 255, 257
ワシントン（George Washington） 77, 249

事項索引

さ　行

た　行

な　行

は 行

ま　行

や　行

ら　行

わ　行